Ralf Gottschall
Kompostierung

Schriftenreihe der
Georg Michael Pfaff Gedächtnisstiftung

Ralf Gottschall

Kompostierung

Optimale Aufbereitung und
Verwendung organischer Materialien
im ökologischen Landbau

4. Auflage

Verlag C. F. Müller Karlsruhe

Recycling-Papier — ein Beitrag zum aktiven Umweltschutz

CIP-Titelaufnahme der Deutschen Bibliothek

Gottschall, Ralf:
Kompostierung: optimale Aufbereitung u.
Verwendung organ. Materialien im ökolog. Landbau /
Ralf Gottschall. 4. Aufl. — Karlsruhe: Müller, 1990.
  (Alternative Konzepte; 45)
  ISBN 3-7880-9798-1
NE: GT

Eine Publikation der Stiftung Ökologischer Landbau   02 90 2
(Weinstraße Süd 51, D-6702 Bad Dürkheim)

Gesamtherstellung:
Rohr Druck GmbH, Kaiserslautern

Inhaltsverzeichnis

Das Inhaltsverzeichnis auf diesen Seiten kennzeichnet für die Mietenkompostierung nur die **übergeordneten** Kapitel.
Den Themenbereichen: „Grundlegendes zur Mietenkompostierung", „Nutzen der Mietenkompostierung" und „Mistkompost in der Praxis" ist im Text jeweils ein **ausführliches** Inhaltsverzeichnis vorangestellt.

Vorwort

In den letzten Jahrzehnten hat sich die Düngungspraxis in der Landwirtschaft im allgemeinen sehr stark auf den Zukauf und den Einsatz löslicher Mineraldünger, insbesondere Stickstoffdünger, ausgerichtet. Hierbei wurden mögliche Leistungen des Systems Boden — Pflanze — Tier (N-Fixierung, Erhöhung der Löslichkeit von Nährstoffen durch erhöhte biologische Aktivität des Bodenlebens, Rezirkulierung organischer Abfälle etc.) häufig nicht oder nur sehr wenig beachtet. In vielen Fällen wurden nicht einmal die Hofdünger in die Düngungsberechnung einbezogen, ja sie wurden sogar als unerwünschtes Abfallprodukt angesehen.

Ein deutlicher Anstieg der Düngerpreise sowie ein vermehrtes Umweltbewußtsein auch in landwirtschaftlichen Kreisen haben zumindest zum Teil zu einer Korrektur dieses Verhaltens in den letzten Jahren geführt: einerseits gewinnen die Hofdünger wieder an Ansehen durch ihren Düngewert; andererseits werden auch die Probleme der großen Hofdüngermengen durch Futterzukauf bei intensiver Tierhaltung erkannt! Dieser erfreuliche und äußerst begrüßenswerte Wandel müßte langfristig zu einer umweltgerechteren Anwendung aller Arten von Düngemitteln führen. Damit würden Hofdünger und auch andere organische Abfälle wieder in ihre ursprünglich wesentliche Rolle gerückt, die sie zur Erhaltung einer dauerhaften Bodenfruchtbarkeit für eine nachhaltige landwirtschaftliche Produktion innehaben.

Besonders wichtig ist hierbei die richtige Behandlung und der optimale Einsatz sämtlicher organischer Abfälle. „Abfälle sind Rohstoffe am falschen Ort!" — Diese häufig zitierte Aussage hat nichts von ihrer Aktualität eingebüßt, insbesondere, wenn wir an die Massen organischer Abfälle denken, die jährlich in den Deponien oder Müllverbrennungsanlagen verschwinden. Dabei würde sich kaum ein anderes Material so ausgezeichnet zur Aufarbeitung durch Kompostierung und somit zur sinnvollen Rezirkulierung eignen. Betrachten wir nämlich einmal die natürlichen Vorgänge, so werden wir sehr schnell wahrnehmen, daß die erheblichen Mengen an organischem Material, welche in jedem Jahr erneut durch die Fotosynthese von den Pflanzen produziert werden, schließlich durch mikrobielle Aktivitäten abgebaut und in Form von

Humus im Boden gelagert werden. Dieser Abbauprozeß verläuft in der Natur nur sehr langsam an der Erdoberfläche bei normaler Umgebungstemperatur und unter aeroben Verhältnissen.

Dieser natürliche Prozeß kann beschleunigt werden, indem man organisches Material sammelt und damit sogenannte Komposthaufen oder -mieten formt, wobei diese Abbau-, Umbau- und Aufbauprozesse unter mehr oder weniger kontrollierten Bedingungen ablaufen. Man kann diese Prozesse bezeichnen als eine Zersetzung von heterogenem organischem Material durch eine gemischte Mikrobenpopulation in einem feuchten, warmen, aeroben (= in Gegenwart von Luftsauerstoff) Milieu.

Selbstverständlich können auch Hofdünger dieser aeroben Umsetzung = Kompostierung unterzogen werden. Dabei darf auf keinen Fall aus den Augen verloren werden, daß Behandlung und Anwendung solcher Hofdünger keinen negativen Einfluß auf die Umwelt durch Belastung der Luft sowie von Grund- bzw. Oberflächengewässern ausüben darf. Ebenso muß eine optimale Wirkung auf die Qualität pflanzlicher Produkte gewährleistet sein. Wesentlich für eine erfolgreiche Kompostierung von Hofdüngern — und zwar sowohl fester wie auch flüssiger — ist die Erreichung folgender Ziele:

1. Geruchsverminderung (besonders flüssige Hofdünger)
2. Verbesserung der Hygiene (besonders flüssige Hofdünger)
3. Verminderung der Keimfähigkeit von Unkrautsamen
4. Erhaltung oder Verbesserung des Düngewertes
5. Erhöhung der Aktivität des Bodenlebens
6. Positive Beeinflussung der Pflanzenqualität
7. Möglichst geringer Nährstoffverlust bei der Aufbereitung und Anwendung
8. Möglichst geringe zusätzliche Investitionskosten für die Landwirtschaft
9. Arbeitstechnisch akzeptable Methoden
10. Möglichst geringer Aufwand an Fremdenergie

In der vorliegenden Arbeit hat der Autor versucht, die für die Kompostierung von Hofdüngern relevante Literatur zu sichten und zusammenfassend darzustellen. Dabei ist insbesondere auf die zuvor dargelegten wesentlichen Ziele einer Kompostierung von Hofdüngern bezug genommen worden. Damit ist der heutige Stand des Wissens auf diesem Gebiet sowohl der Praxis wie auch der Wissenschaft nahegebracht. Es sollte möglich sein, aufgrund der vorliegenden Ergebnisse, sowohl in der Praxis auf den landwirtschaftlichen Betrieben verbesserte Lösungen für die Kompostierung zu verwirklichen, zudem dürfte aber auch für die Wissenschaft Anreiz geboten werden, auf diesem Gebiet weitere wichtige Grundlagenforschung zu leisten.

Witzenhausen, im Dezember 1983

Prof. Dr. H. Vogtmann
Kuratoriumsmitglied der
Stiftung Ökologischer Landbau

A. Einleitung

1. Organische Düngung — wozu?

Obwohl von führenden Agrarwissenschaftlern der letzten Jahrzehnte immer klarer erkannt wurde, welche Bedeutung die *organische Substanz*[1] für die Fruchtbarkeit der Böden einnimmt und welche Zusammenhänge hierfür verantwortlich sind, fand die organische Düngung — gerade im Widerspruch zu diesen grundlegenden Erkenntnissen — doch immer weniger Eingang in die landwirtschaftliche Praxis.

Dies machte sich im stark abnehmenden Einsatz der Gründüngung ebenso bemerkbar wie in der Vernachlässigung der *Hofdüngeraufbereitung*.

Die vereinfachte Ansicht, daß man praktisch alles, was zur immer weiteren Steigerung der Erträge benötigt wird, „aus dem Düngersack" kaufen kann, aber auch die gravierenden Eingriffe in die Tierhaltung führten mit der Flüssigentmistung gerade bei den Hofdüngern zu teilweise extrem einseitigen Bewertungen der organischen „Abfälle" die es zu „beseitigen" galt.

In Vergessenheit gerieten darüber der eigentliche Stand des Wissens — die langbekannten Ergebnisse etwa aus den *Dauerdüngungsversuchen* — und die mannigfaltigen Erfahrungen mit den landwirtschaftlich wertvollen Eigenschaften organischer Dünger.

BÖHME (z. n. MÜLLER, 1964) konnte 1930 im Hoosfield-Versuch, noch sechzig Jahre nach Beendigung einer Stallmistdüngung, die über zwanzig Jahre hinweg durchgeführt worden war, deutliche Unterschiede zu den Varianten ohne Mist nachweisen. Untersuchungen von MÜLLER (1964, S. 686 ff.) im Düngungsversuch „Ewiger Roggenbau" ergaben, daß die Variante „Stallmist II" (80 dt/ha und Jahr über fünfzig Jahre hinweg) den ungedüngten und den mineralisch gedüngten Parzellen zehn Jahre nach der letzten Mistzufuhr in ihren „bodenbakteriologischen, mykologischen und zoologischen Merkmalen" überlegen war.

KLAPP (1967, S. 182) führt ebenfalls den Hoosfield-Versuch an und schreibt, daß dort die zwanzigjährige Stallmistdüngung noch nach siebzig Jahren ertragssteigernd wirkte. Dieser Effekt sei, so KLAPP (1967)

---

[1] Um die im Sachwortregister aufgeführten Stichworte besser auffinden zu können, sind diese im Text kursiv bzw. halbfett hervorgehoben.

„kaum mit einer Nachwirkung des schwerlöslichen Anteils an N im Stallmist allein zu erklären". Die Nachwirkung einer Stallmistdüngung im Dauerdüngungsversuch Dikopshof zeigt die Abb. 1.

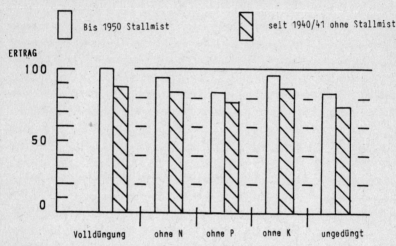

Abb. 1:
Nachwirkung langjährig verschiedener Düngeweise
(KLAPP, 1967, S. 218)

1970 schrieben SAUERLANDT und TIETJEN (S. 36): „Organische Dünger wirken direkt auf Bodeneigenschaften sowie auf die Pflanze ein, wobei die direkten Wirkungen auf das Bodengefüge die Pflanzen in gleichem, wenn nicht sogar stärkerem Maße ertragssteigernd zu beeinflussen vermögen."

MÜLLER und FÖRSTER schließlich faßten schon 1964 mit viel Weitblick für die Situation zusammen: „Viele Erscheinungen und Vorgänge der bodenbiologischen Dynamik sind empirisch bekannt und gehören zum Erfahrungsschatz der Landwirtschaft, sind jedoch häufig wissenschaftlich noch nicht ausreichend erforscht und fundiert. Aufgrund dessen kann sie der Mensch auch noch nicht zielbewußt beeinflussen. So ist beispielsweise die Zufuhr organischer Substanz zum Boden üblich und wird auch von der Praxis als wirksames Mittel zur Hebung der Bodenfruchtbarkeit angesehen. **Die positive Wirkung einer organischen Düngung hat jedoch vielfältige Ursachen, welche heute erst in einigen Fällen einzuschätzen sein dürften.**"

Anstatt jedoch von den Anfang der sechziger Jahre verfügbaren, vielversprechenden Erkenntnissen ausgehend zu erarbeiten, wie man welche organischen Materialien an welchen Standorten optimal einsetzen kann, vernachlässigte man Grün- und Hofdünger in zunehmendem Maße.

Dies führte zum Teil so weit, daß der grundlegende Einfluß der organischen Substanz etwa auf Gefüge, Wasserhaushalt und Austauschkapazität von *Böden* sowie auf das gesamte Bodenleben mit einem Male wie unerforscht und nie bekannt erschienen. Selbst die phänomenale Entdeckung, daß es mit bestimmten organischen Düngern möglich ist, eine direkte Schädlingsregulierung durchzuführen, fand und findet erschreckend wenig Beachtung.

In diesen bedauerlicherweise charakteristischen Widersprüchen der agrarwissenschaftlichen Forschung steht so die organische Düngung stellvertretend für die Verdrängung wichtiger Kulturmaßnahmen durch energieaufwendige „Ersatz"-Stoffe bzw. -Maßnahmen. Hiervon sind gleichermaßen der Anbau der Körnerleguminosen, v. a. der Ackerbohnen und Lupinen oder die Förderung sowie Nutzbarmachung des Regenwurms in der Landwirtschaft betroffen, um nur zwei weitere Beispiele für bisher vergebene Chancen zu nennen.

2. Die Ertragswirkung organischer Dünger

Die Einflüsse organischer Dünger auf den Ertragszuwachs sind nach dem derzeitigen Stand der Erkenntnisse im wesentlichen drei Bereichen zuzuordnen.

Erstens spielt dabei die Freisetzung von mineralischen Nährstoffen eine Rolle, die, je nach organischem Material, Boden, Lage, Witterung und Bewirtschaftungsmaßnahmen in einem weiten Rahmen variieren kann. Der Harnstoff in Gülle und Jauche beispielsweise wird schon während der Lagerung des Flüssigmistes sehr schnell in Ammoniumkarbonat überführt. Diese organischen Dünger enthalten dann den Stickstoff weitgehend in einer leichtlöslichen, mineralischen Form. Die N-Wirkung auf das Pflanzenwachstum ist deswegen ähnlich wie mit synthetischem löslichem Stickstoff.

Im Gegensatz dazu wird der Stickstoff im Festmist, insbesondere von Rindern und Schafen, mit fortschreitender Rotte des Mistes stark in Huminstoffe oder deren Vorstufen eingebaut. Im Zuge der Mineralisierung kann dieser N-Anteil nur allmählich und in geringeren Mengen wieder für die Pflanze verfügbar gemacht werden.

Unter welchen Umständen und in welchem Maße über die Mineralstoffe hinaus die Aufnahme *organischer Moleküle* zur Ernährung der Pflanze beiträgt, muß, ebenso wie der genaue Ablauf solcher Aufnahmeprozesse, als weitgehend ungeklärt bezeichnet werden (s. d. a. POTTENGER, 1946; VIRTANEN, 1961; WINTER und WILLEKE, 1951; ALBRECHT, 1975; RUSCH, 1968 — Zusammenfassung auch bei AUBERT, 1981, S. 99 ff.). Ebenfalls noch recht wenig weiß man über den Einfluß von „Wuchsstoffen" aus der organischen Substanz auf den Ertrag.

Einem zweiten Bereich der Ertragssteigerung ist die direkte günstige Einwirkung der organischen Substanz auf die physikalischen und chemischen Eigenschaften der Böden zuzuordnen, auf Wasser- und Lufthaushalt, Bodengefüge und Austauschkapazität.

Drittens dient organische Substanz als Nahrungsgrundlage für das *Bodenleben*. Über diesen Pfad gewinnt sie nicht nur einen zusätzlichen (indirekten) Einfluß auf die Strukturstabilität der Böden und die Freisetzung schwer zugänglicher Nährstoffe aus mineralischen Bodenteilchen durch die biologische Aktivität, sondern wirkt vielmehr noch in hohem Maße dem Schädlingsbefall an Kulturpflanzen entgegen.

Dabei sind die diesbezüglichen allgemeinen Eigenschaften organischer Materialien teilweise schon lange bekannt, wenn auch noch manche Erklärung aussteht. Erst in jüngerer Zeit hat man hingegen damit begonnen, bestimmte organische Substanzen (Gründüngung und v. a. Komposte) spezifisch, d. h. zur Kontrolle von ganz bestimmten Schadorganismen einzusetzen.

Bei der Bekämpfung von Schadpilzen, Nematoden und Insekten konnten dabei gute Ergebnisse erzielt werden. Seit Mitte der siebziger Jahre gewinnen in den USA *Rindenkomposte* als Grundlage von Gewächshaussubstraten immer weiter an Bedeutung, da sich die durch Pilze verursachten Fuß- und Wurzelkrankheiten („root-rot") in Kulturböden auf Torfbasis auch bei intensivem Einsatz synthetischer Fungizide nur mehr schwer beherrschen lassen. Aber auch im Freiland konnten mit Rindenkomposten schon gute fungizide Wirkungen erzielt werden.

Trotz der augenscheinlichen Erfolge in diesem Bereich der biologischen Schädlingsregulierung einerseits und trotz der nach wie vor nicht auslotbaren Gefahren, die auf der anderen Seite mit dem Einsatz synthetischer *Biozide* zur Schädlingsbekämpfung für Mensch und Ökosystem in Kauf genommen werden „müssen" (s. d. a. LÖTSCH, 1980; KICKUTH, 1982), wird man der Forschung auf diesem neuen Anwendungsgebiet der organischen Düngung zur Zeit leider kaum mehr als ein Mauerblümchendasein bescheinigen können.

Von Einzelfällen abgesehen ziehen es die wirtschaftlich und politisch Verantwortlichen noch vor, auch den progressiv ansteigenden Gefahren der Resistenz von Schädlingen mit der Breitseite forcierter Entwicklung immer neuer Biozide zu begegnen.

Die so geschaffene Situation mutet durchaus grotesk an, wenn man bedenkt, daß auf der einen Seite mit 15 bis 60 Mio. DM in einem Umfang Mittel in die Entwicklung eines einzigen „Pflanzenbehandlungsmittels" investiert werden, wie sie kaum notwendig gewesen wären, um die Pflanzenschutzwirkung kompostierter Materialien umfassend zu erforschen und aus diesen Grundlagen eine praxisreife Methode zur Regulierung verschiedener Schadorganismen abzuleiten. Gelder für solche Forschungszwecke fehlen heute nach wie vor.

Die längst überfällige Berücksichtigung von Tatsachen und die ernsthafte Überprüfung von Möglichkeiten — vornehmlich durch den ökologischen Landbau — verdeutlicht: Eine zielgerichtete Nutzung des „Abfall"-Potentials der Landwirtschaft muß als eine wesentliche Chance für die Annäherung an Landbaumethoden angesehen werden, die sich in der Logik der Natur begründen.

Alleine rund 200 Mio. t Hofdünger gilt es pro Jahr bestmöglich aufzubereiten und einzusetzen. Sie stellen auch heute noch einen erheblichen Anteil der auf die landwirtschaftliche Nutzfläche ausgebrachten Nährstoffe (s. Tab. 1).

Weitere Anwendungsbereiche bestehen mit der Kompostierung von Obst- und Traubentrestern, Rinden, Grünmüll [2]) und Siedlungsabfällen nicht nur im landwirtschaftlichen Bereich. Sehr wohl ließe sich aber ein guter Teil der hier gewonnenen Komposte in Landwirtschaft und Gartenbau einsetzen, könnten damit Nährstoffe, die über Vieh, Getreide und Gemüse aus dem landwirtschaftlichen Betrieb herausgeführt werden, zurückfließen, ohne daß ein hoher Einsatz an Energie für die Herstellung mineralischer Düngemittel betrieben werden müßte.

---

[2]) Organischer Teil des Hausmülls aus getrennter Sammlung.

Beoachtungs-zeitraum in ∅	Düngung in kg Reinnährstoff/ha LF *)					
	über **Handelsdünger**			über **Stallmist**		
	N	P_2O_5	K_2O	N	P_2O_5	K_2O
1935-38	19,8	25,7	37,6	32,0	16,0	44,9
1950/51	25,6	29,6	46,7	31,9	16,0	44,8
1965/66	63,0	60,1	85,8	43,7	21,8	61,2
1976/77	99,7	66,9	90,1	56,2	28,1	78,7

*) = bis 1965/66 Angaben je ha LN

Tab. 1:
Verbrauch an Reinnährstoffen im Deutschen Reich bzw. Bundesgebiet
(REISCH z. n. Ruhrstickstoff AG (Hrsg.), 1980)

Mit der vorliegenden (gewiß nicht vollständigen) Sammlung aus Forschung und Praxis soll deswegen ein weiterer Schritt versucht werden, den im land- und gartenbaulichen Bereich Tätigen die Kompostierung näherzubringen, sie mit der optimalen Aufbereitung und Verwendung organischer Materialien vertraut zu machen, die ich als eine der wichtigsten Maßnahmen im Rahmen einer fruchtbaren Landwirtschaft ansehe.

3. Aus der Geschichte der Hofdüngeraufbereitung

Unterschiedliche Verfahren der Hofdüngeraufbereitung sind der Menschheit seit langem bekannt. Hier im Überblick die einzelnen Stationen:

— Als älteste überlieferte Kompostierung wird das **Heißgärverfahren** aller anfallenden organischen Reste in China vor 4000 Jahren angesehen (Sicherung einer anhaltenden Bodenfruchtbarkeit bei hoher Siedlungsdichte im Gegensatz zu den alten Hochkulturen im euroasiatischen Bereich).

— Unter A. THAER (1752-1828) kommt die **Humustheorie** zur Anwendung.
Die Pflanze soll aus Humus und Wasser aufgebaut sein, deswegen wird dem Boden Humus zugeführt. Die schnellstmögliche Umwandlung des Frischmistes in Humus sucht man durch die Rotte im feucht

und fest gehaltenen Miststock zu erreichen. Schon zur damaligen Zeit werden recht unterschiedliche Bemühungen bei der Hofdüngeraufbereitung unternommen. Zwar sind die *Stapelmistverfahren* in muldenförmigen Dungstätten bekannt, wo der Mist Lage für Lage ausgebracht, festgetreten und eventuell gewässert wird. Oft wird die Dungstätte aber vernachlässigt, und auch die abfließende Jauche wird nicht aufgefangen.

Unterschiedliche Systeme bestehen damals bereits bei der Ausbringung des Mistes. Um eine bessere Nachwirkung zu erreichen, sieht man es als zweckmäßig an, den Mist sofort unterzupflügen. Zum Teil wird er jedoch nur oberflächlich gebreitet, um eine schnellere, direktere Wirkung zu erzielen (s. a. „Top Dressing" bei THAER). Diese Mulchtechnik beschreibt SCHWERTZ (z. n. SAUERLANDT und TIETJEN, 1970, S. 15) anhand der Vorgehensweise eines Bauern: „Ich breitete in meiner Praxis den Dung aus, sobald er ausgefahren war und ließ ihn im Herbst solange liegen, bis er grün durchwuchs."

— **Die Mineralstofftheorie** nach SPRENGLER und LIEBIG löst die Humustheorie ab.

Als einzig notwendige Düngemaßnahme gilt der Ersatz entzogener Nährstoffe, der Humus soll überflüssig sein: Boden dient nur zur Vermittlung von Nährstoffen.

— Nach der Erstellung der **Bakterientheorie,** die PASTEURS Untersuchungen über Bakterien und Pilze ermöglicht, entbrennt ein Kampf zwischen LIEBIG und PASTEUR um die Berechtigung ihrer Theorien.

LÖHNS vertritt wie PASTEUR die Ansicht, daß alle organische Substanz nach der Mineralisation als Pflanzennahrung dient.

Der Pasteuranhänger KLETTE veröffentlicht 1862 eine Schrift, in der er darauf hinweist, daß die Mineralstofftheorie lediglich die chemische Seite der Pflanzenernährung berücksichtigt und keine Erklärung für die Wirkung des Hofdüngers auf die Bodengare abgibt.

Auf diesen Grundlagen entwickelt KRANTZ Anfang des zwanzigsten Jahrhunderts die *„Edelmistbereitung",* ein gemischtes Verfahren, in dem aerobe Bakterien die Umsetzung während der ersten drei Tage übernehmen und Temperaturen von 60°C erreicht werden können. Anschließendes Festtreten soll den so aufgeschlossenen

Mist konservieren, alle Bakterien entweder durch hohe Temperaturen oder Luftabschluß abtöten (Heubazillus, Bazillus calfactor u. a. sind jedoch anaerob bis zu 75°C lebensfähig). Das Verfahren verlangt bei sorgfältiger Durchführung einen enormen Arbeitsaufwand, soll jedoch bessere Ergebnisse aufweisen als eine Verwendung von Frischmist. Ähnlich wird der *„gebremste Mist"* hergestellt.

Im Zuge der Bakterientheorie werden die anderen Mikroorganismen, das Bodenleben allgemein, vernachlässigt.

Es wird nicht berücksichtigt, daß jedes Bodenlebewesen, das auch den Mist besiedelt, eine spezifische Aufgabe wahrnimmt und daß deren harmonische Wechselwirkung zur Erhaltung eines ausgeglichenen Wachstumsmilieus der Pflanze bzw. zu einer guten Rotte notwendig ist. Die Überbewertung der Bakterien führt so zu einer ebenso einseitigen Theorie, wie vorher bei der zu den Mineralstoffen kritisiert. Die abgeleiteten Verfahren der Hofdüngeraufbereitung bleiben notwendigerweise mangelhaft.

— Die **chemische Konservierung** des **Mistes** soll Vorteile bringen. Ziel ist vor allem die Verhinderung von Stickstoffverlusten in Form von NH_3. 1856 empfiehlt FELLENBERG-ZIEGLER, die Düngerstätte mit Gips zu bestreuen (Bindung von N als $[NH_4]_2 SO_4$). Weiterhin werden Schwefelsäure, Kainit, Eisen- und Kupfersulfat sowie Superphosphat angewendet — die Erfolge bleiben gering.

— In der Folge werden seit Anfang des zwanzigsten Jahrhunderts die verschiedensten Vorschläge unterbreitet:

— 1924 empfiehlt STEINER die Aufbereitung organischen Materials in **Erdhügeln** unter aeroben Bedingungen (Mietenkompost mit Erdbeimischungen) sowie einem durch Anwendung von Heilpflanzenpräparaten gesteuerten Verlauf.

— Sir Albert HOWARD entwickelt 1943 in Indien — angeregt von den traditionellen Aufbereitungsverfahren — die *Indore-Kompostierung,* wobei eine Mischung von organischem Material und Erde in Löchern kompostiert wird, um eine Austrocknung zu verhindern.

— In den 50er Jahren und Anfang der 60er Jahre wird die Hofdüngeraufbereitung eingehender erforscht, die Schwerpunkte liegen jedoch auf der *Stapelmistbereitung,* hier wiederum auf der Wirksamkeit der Nährstoffe.

Die Erforschung und Verbesserung der **Erdmistbereitung** (= Kompost) durch SAUERLANDT, RHODE sowie SPOHN u. a. (bei Müllkomposten) findet nur ein geringes Echo.

Der Stapelmist wird als Methode mit geringem Arbeitsaufwand und Vorteilen gegenüber der ungeordneten Lagerung bis heute empfohlen.

Die konventionelle Forschung über die Behandlung von Festmist wird damit abgeschlossen, neue Probleme wirft der Flüssigmist auf.

Die bio-dynamischen Betriebe entwickeln die Mietenkompostierung nach STEINER und PFEIFFER weiter.

— RUSCH stellt 1968 die Vorteile einer **Oberflächenkompostierung** als Analogon zum natürlichen Nährstofffluß/Bodenaufbau im Wald heraus.

— Seit Mitte der 70er Jahre wird u. a. vom Forschungsinstitut für biologischen Landbau (FIBL) aus an einer umfassenden Überprüfung der Kompostierungsverfahren auf naturwissenschaftlicher Basis gearbeitet. Dabei werden wesentliche Vorzüge einer aeroben Mistverrottung nachgewiesen.

Literatur:

HOWARD, 1948; RHODE, 1956; RUSCH, 1968; SAUERLANDT, 1956; SAUERLANDT und TIETJEN, 1970; SPOHN.

B. Grundsätzliche Überlegungen zur Aufbereitung von Festmist

1. Verfahren zur Aufbereitung von Festmist

Um eine Basis für die Diskussion über die Aufbereitung fester Hofdünger zu schaffen, gilt es zunächst einmal, die oft wenig exakt beschriebenen unterschiedlichen Verfahren genauer zu umreißen.

Während man heute praktisch nur noch Stapelmist auf der einen Seite und Mistkompost auf der anderen Seite kennt, wurden früher noch weitere Aufbereitungsmethoden angewandt. Zu den obigen zwei Misten wäre dementsprechend noch der Kaltstapelmist und der Edelmist nach KRANTZ hinzuzufügen. Tiefstallmist steht im Endeffekt in der Mitte zwischen Lagerung und Aufbereitung. Außer bei der Schafhaltung findet man ihn heute ebenfalls nur noch selten.

Eine weitere Untergliederung wurde früher nach der Temperatur des Mistes während der Aufbereitung getroffen, und zwar in *Kaltmiste, Warmmiste* und *Heißmiste.*

Recht gut läßt sich zwischen den verschiedenen Behandlungsverfahren unterscheiden, wenn man die beiden grundlegenden Faktoren der Mistbehandlung berücksichtigt:

— Soll der Mist überhaupt aufbereitet werden oder nur gelagert? Erfolgt also eine geordnete **Aufbereitung** oder eine ungeordnete **Lagerung** (sogenannte Hofmieten oder wilde Mieten)?

— Wird der Mist unter Luftzufuhr oder unter Luftabschluß aufbereitet?

Der **Kaltstapelmist** wird absichtlich unter starker Durchnässung und Luftentzug *(anaerob)* angesetzt. Die Temperaturen im Mist erreichen dabei meist nur die Außentemperatur.

Früher wurde der Mist zu diesem Zweck vom Stall weg flach in der „Mistkuhle" gebreitet, festgetreten und gewässert. Manchmal trieb man das Vieh zum Festtreten darüber. Die Ränder des so allmählich entstehenden Stapels wurden mit kotreichem Mist abgedichtet. In kleineren Betrieben wurde dieses schichtenweise Aufsetzen in der *„Württemberger Dunglege"* praktiziert, einem flachsiloähnlichen Bohlenverschlag, der meist auf einer Betonumrandung angebracht war.

Abb. 2 und 3:
Stapelmist, wie man ihn heute nicht mehr sieht und die
Württemberger Dunglege

22

Schon bei der Kaltstapelung waren und sind in den wenigen Fällen, in denen sie heute noch angewendet wird, etliche Varianten zu beobachten. Dies verdeutlicht, daß man weniger auf die Bezeichnung sehen, als auf die genaue Beschreibung der Aufbereitung achten sollte.

Als Beispiel sei die Vorgehensweise eines Empfershäuser Bauern angeführt, der eine Württemberger Dunglege in abgewandelter Form benutzt. Hierbei breitet er den Mist nicht, sondern setzt ihn paketweise neben- und übereinander. Da er nicht wässert und die Einstreumenge sehr hoch liegt, kann die Aufbereitung nicht mehr als rein anerobe Kaltstapelung bezeichnet werden. Der Bauer erzählte mir auch, er wolle den Mist nicht unbedingt von der Luft abschließen, sondern praktiziere diese Methode aus arbeitswirtschaftlichen Gründen. Die einzeln gesetzten Stapel seien nämlich mit dem Frontlader wesentlich einfacher zu handhaben, als der Mist im ungeordneten Haufen. (Es sei dahingestellt, ob das Argument Arbeitswirtschaft hier zutrifft.)

Die Kaltstapelung soll v. a. der Verminderung der C- und N-Verluste bei der Hofdüngeraufbereitung dienen, weswegen man für diese Methode auch oft den Begriff *„Mistkonservierung"* oder „Mistsilage" verwendet.

Beide Begriffe treffen jedoch in keiner Weise den wirklichen Sachverhalt. Vielmehr verwirren sie, weil sie unterstellen, allein durch den Luftentzug könne das wertvolle Ausgangsprodukt Mist in kaum veränderter Form ebenso wie eine Futtersilage biochemisch „stabilisiert" werden.

Nun ist es aber zur Bereitung einer guten Futtersilage nicht nur notwendig, den Zutritt der Luft zu unterbinden. Ebenso muß ein ausgewogenes Eiweiß/Stärke-Verhältnis vorliegen und der pH-Wert in den sauren Bereich gebracht werden, um die Konkurrenzfähigkeit der Milchsäurebakterien gegenüber den Buttersäurebildnern und Fäulniserregern zu sichern. In dieser Hinsicht tut der Bauer auch alles, um eine Infektion des Silageguts mit schmutzigem oder fauligem Material zu unterbinden.

Das Gras wird zwar bei der Silagegewinnung durch das Anwelken nach dem Schnitt enzymatisch bereits etwas aufgeschlossen, dies geschieht jedoch kaum bei Mais und Zuckerrübenblatt. Das Gras darf auch nie in nassen Klumpen auf der Fläche faulig werden!

Im Mist hingegen liegt schon der größte Teil der Substanzen enzymatisch bearbeitet vor. Insbesondere herrschen im Darm der Tiere bereits mehr oder weniger Bedingungen, die eine *Fäulnis* der Eiweißverbindungen bewirken.

Während es bei der Silagebereitung um eine gesteuerte Vergärung geht, also darum, mit der entstehenden Milchsäure unter anaeroben Bedingungen unerwünschte Mikroorganismen abzutöten und den weiteren Abbau des Futters zu verhindern, geschieht bei der Stapelmistbereitung gerade das Gegenteil. Die hier vorhandenen *anaeroben Mikroben* setzen nämlich organische Substanz um und obwohl auch Milchsäure entstehen kann, findet doch eine starke Eiweißfäulnis statt.

Im Gegensatz zum Verfahren der Kaltstapelung stellt die ***Kompostierung*** des Mistes eine gesteuerte Umsetzung organischer Substanz unter Luftzufuhr *(aerob)* dar (s. Abb. 4, S. 32 a).

Kompostiert man in der Miete, werden dabei oft Temperaturen von 50 bis 80° C erreicht. Wird der möglichst frische Mist in Form einer „organischen Nährdecke" (meist als sogenannter Mistschleier von ca. 80 bis 120 dt/ha) auf der Fläche fein verteilt und liegengelassen oder nur flach in die oberste luftführende Bodenschicht eingearbeitet, so spricht man von einer „Oberflächenkompostierung".

Die Kompostierung kennzeichnet Aufbereitung und Verwendung organischer Dünger bei den biologischen Landbaumethoden. Eine Aufbereitung der Hofdünger unter Luftabschluß wird abgelehnt.

Die **„Wilde Miete"** entsteht als ungeordnete Lagerung von Festmist am Hof, meist jedoch an den Feldrändern, wo der Mist einfach vom Streuer abgeschoben wird (s. Abb. 5, S. 32 a).

Wilde Mieten werden entsprechend ihrem „Aufsetzen" gekennzeichnet durch:

— *Inhomogenität.* Dies betrifft zum einen die fehlende Mischung des Materials, zum anderen aber auch die Luftführung im Haufen. Diese kann stark variieren, nimmt normalerweise nach unten hin schnell ab, während die obersten Schichten u. U. austrocknen. Nasse, dichte Bereiche mit hohem Kotanteil wechseln mit Bereichen, in denen fast nur Stroh liegt;

— eine mehr oder minder starke Schichtung noch von der Lagerung am Hof her, besonders ausgeprägt bei Tiefstallmist;

— eine große, ungeschützt daliegende Oberfläche (zerrissene und zerklüftete Haufen).

Während so in den Bereichen mit zu hohem Strohanteil und der entsprechenden Luftzufuhr eine ungehemmte, weil ungesteuerte Rotte einsetzt, mit der hohe gasförmige N-Verluste verknüpft sind, entstehen in den dichten, anaeroben Bereichen unerwünschte organische Verbindungen (s. d. a. Kap. B 2.3).

Auch Auswaschungsverluste entstehen, da ja der Sickersaft nicht aufgefangen wird.

Hohe Nährstoffverluste bei Hofmieten, wie früher die ungeordneten Haufen genannt wurden, beobachteten NEHRING und SCHIEMANN (1952 a).

Infolge der hohen Angriffsflächen gegenüber Wind und Wetter erfolgte in diesen Untersuchungen sehr schnell eine Auskühlung der Haufen, so daß die Temperatur unter 30° C blieb (der Versuch lief im Spätwinter/Frühjahr). Dies weist bereits darauf hin, daß die Verluste bei der Hofdüngeraufbereitung nicht nur von der Temperatur abhängen.

Analysen der organischen Substanz in den Misten ergaben, daß der Z. G. (Maß für die Bildung von Huminstoffen und damit für die Qualität des „Humus"; s. d. a. Kap. C 2.6) und ebenso der Anteil des Lignin-Humin-Komplexes bei der Stoffgruppenanalyse gering blieb, was darauf hinweist, daß eine ungelenkte Umsetzung der organischen Substanz in Hofdüngern der Humifizierung und Huminstoffneubildung nicht förderlich ist.

Wegen der hohen Arbeitsbelastung der Aufbereitung des Mistes im Kaltstapel ist man nun bei „üblicher" Bewirtschaftung immer mehr von diesem geordneten, anaeroben Verfahren abgerückt. Es wird zwar immer noch **Stapelmist** hergestellt, d. h. der Mist wird auf einen Haufen gepackt, der, v. a. wenn Hochförderer, Mistkran oder Frontlader eingesetzt werden, auch sehr hoch sein kann. Das Festtreten und Bewässern sowie das Abdichten der Mieten mit kotreichem Mist aber unterbleibt (s. Abb. 6).

Stapelmiste der „neuen Version" findet man v. a. auf mittleren und großen Betrieben, während Klein- und Nebenerwerbsbetriebe zum Teil noch die alte Kaltstapelung durchführen (s. Abb. 7, 1. Farbtafel).

Die bisherigen Ausführungen machen bereits zweierlei deutlich:

— Stapelmiste stellen heute meist kein *Aufbereitungs-* sondern nur noch ein *Lagerungsverfahren* des Mistes dar;

— entsprechend der betriebsweise variierenden Behandlung des Stapelmistes unterscheiden sich auch die Endprodukte beträchtlich.

So kommt es mitunter auch vor, daß ein Stapelmist schon beinahe einem Mistkompost gleicht, weil der Bauer den Mist noch fein säuberlich in die Dunggrube des Hofes packt, viel Stroh im Stall verwendet, nicht festtritt und auch keine Jauche oder Wasser zum Mist ansetzt.

SCHULZ (1952) schreibt zu seinen vergleichenden Versuchen mit Erd- und Stapelmisten, daß bei hohen Einstreumengen Luft im Stapel bleibt, bzw. wieder zugeführt werden kann, da durch das Stroh im Mist ein Mosaik kleiner Hohlräume selbst bei starker Pressung auftritt. Das Stroh wirkt hier quasi als das Aerenchym („Luftgewebe") des Mistes.

Abb. 8 nach KOHLENBRANDER und DE LA LANDE-CREMER (z. n. STRAUCH et al., 1977, S. 269) veranschaulicht dieses Problem noch weiter. Hier erreicht „anaerober" Mist mit einer Stroheinstreu von

Abb. 6:
Stapelmiste der „neuen Version"

6 kg/Tier und Tag bereits Temperaturen über 50°C. „Anaerob" beschreibt dabei also lediglich den (erfolglosen) Versuch, die Luft am Zutritt zum Miststapel zu hindern.

Da heute jedoch die Tendenz vorherrscht, Arbeitszeit einzusparen, die Einstreumenge zu minimieren und auch allgemein der Wert der Hofdünger vernachlässigt wird, sind die Stapelmiste eher im Umkreis von Kaltstapelung bis Wilde Miete anzusiedeln.

Wenn also im weiteren Vor- und Nachteile des „Stapelmistes" erörtert werden, so geschieht dies folglich unter dem Blickwinkel einer mehr oder minder ungeordneten Lagerung bzw. anaeroben Aufbereitung des Mistes.

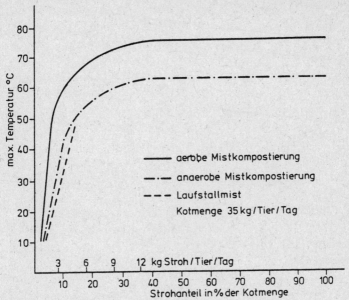

Abb. 8:

Temperaturverlauf bei der Festmistbereitung in Abhängigkeit vom Strohgehalt (KOHLENBRANDER und DE LA LANDE-CREMER z. n. STRAUCH et al., 1977, S. 269)

2. Stapelmist

2.1. Ziele der Miststapelung

Um die Nachteile ungeordneter Hofmieten zu vermeiden, wurde und wird die Stapelmistbereitung von vielen Wissenschaftlern als geeignete Methode der Hofdüngeraufbereitung empfohlen.

KLAPP (1967, S. 213) beschreibt die Ziele einer solchen Behandlung des Festmistes wie folgt:

— Einengung eines weiten C/N-Verhältnisses durch Zersetzung des Leichtzersetzlichen;

— relative Anreicherung der Huminstoffe oder doch ihrer Vorstufen aus dem Kot, den Ligninen der Streu und Bakterienprotein;

27

— Aufschließung der nicht zur Humusbildung verbrauchten Proteine und der Nährstoffe des Kots ("Mineralisierung");
— darüber hinaus Vernichtung von Unkrautsamen und Krankheitserregern.

Um diese Zielsetzung zu erfüllen, soll der Mist bei einer sorgfältigen Stapelung gut feucht- und festgehalten werden.

Dazu bereits einige kurze Anmerkungen:

— es wird nicht diskutiert, inwieweit der angestrebte Luftabschluß dem Ziel der Huminstoffanreicherung widerspricht. Durch die neuere Forschung wurde nachgewiesen, daß viele Teilreaktionen der Huminstoffbildung sauerstoffbedürftig sind (s. d. a. Kap. C 2.6 „Humus und Huminstoffe");

— die von KLAPP verlangte Mineralisation der nicht zum Humusaufbau benötigten Proteine wird unter Luftabschluß nicht vollständig durchgeführt. Da der Abbau der Proteine spätestens nach der Ammonifikation unterbrochen wird, reichert sich im Stapelmist Ammonium an;

— trotz der meist hohen Ammoniakkonzentrationen im Stapel ist nicht anzunehmen, daß ein wesentlicher Teil der Unkrautsamen und der Krankheitserreger im Stapel abgetötet werden, wenn die Temperatur um 30°C gehalten werden soll (KLAPP, 1967, S. 215) (wobei die Vernichtung von Krankheitserregern natürlich auch von der zeitlichen Länge der Stapelung abhängt).

Die Art der Stapelmistbereitung ist unter den Wissenschaftlern, die einen konventionellen Landbau vertreten, nicht unumstritten. Während viele auf einen möglichst weitgehenden Luftabschluß schwören, gibt es auch Gegenstimmen, die auf einen „Warmmist" unter starker Drosselung der Luftzufuhr abheben. So schreibt SCHLIPF (1952, S. 66) zur Kaltstapelung:

„Es entstehen erhebliche Masse- und N-Verluste sowie ein sehr ungleicher Mist, der oben strohig und in den unteren Schichten speckig wird. Dieser (der speckige Mist) wird fälschlicherweise oft noch geschätzt. In Wirklichkeit ist er ein Fäulnisprodukt, das sich nur sehr schwer zersetzt."

SCHLIPF empfiehlt deshalb bei einer Einstreu über 6 kg/GVE das „gewöhnliche Stapelmistverfahren", bei dem der Mist gebreitet und festgetreten wird.

Knüppelroste am Mietenfuß sollen der Jauche ermöglichen, abzufließen. Bewässert wird nur im Sommer, wenn die Gefahr der Austrockung besteht.

Stroharmer Mist soll nach dem selben Autor erst nach einigen Tagen festgetreten werden, so daß eine Warmgärung von 30 bis 40° C gewährleistet ist. Die Schichtung kann hierbei bis zu einer Höhe von 2 m durchgeführt werden.

2.2. Stickstoffverluste

Warum trotz aller Widersprüche zwischen Zielsetzung und Verfahren bei KLAPP (1967) Stapelmist bereitet werden soll, verdeutlicht die Aussage auf S. 215:

„Damit (Festtreten und Feuchthalten) werden die hauptsächlichen Verlustquellen (an C und N) — hoher Luftgehalt des Miststockes und starkes Ansteigen der Temperatur — großenteils ausgeschaltet."

Noch deutlicher drückt es SCHECHTNER (z. n. AKÖ, 1976, S. 52) aus:

„Die Wirksamkeit der Wirtschaftsdünger war (in den Gumpensteiner Versuchen) zu 90 bis 95 % auf den Nährstoffgehalt zurückzuführen."

Niemand wird bestreiten, daß der Stapelmist gegenüber den *wilden Feldmieten* hinsichtlich der Lagerungs- und Auswaschungsverluste wesentliche Vorteile bietet. Auch im Vergleich zu den aeroben Kompostierungsverfahren liegen die **Lagerungsverluste** an Stickstoff beim Stapelmist wohl niedriger. Mit Sicherheit läßt sich dies aber nicht schließen, wie die außerordentlich unterschiedlichen und zum Teil widersprüchlichen Ergebnisse aus der Literatur zeigen (s. Tab. 2).

OTT und VOGTMANN (1980) weisen auf eine Veröffentlichung von ROEMER et al. (1959) hin, nach der die N-Verluste ganz wesentlich von der Qualität des Ausgangsmaterials und der Sorgfalt der Behandlung abhängen. So sollen bei sehr guter Aufbereitung nur 20 % des Gesamt-N verlorengehen, nach Aufbereitung mittlerer Güte aber 40 % und nach schlechter Aufbereitung 60 %.

Auf keinen Fall kann man annehmen, daß Luftabschluß, selbst wenn er vollständig ist, die Stickstoffverluste grundsätzlich verhindert.

Auch unter anaeroben Bedingungen findet ja ein Abbau der organischen Substanz statt, wodurch Kohlenstoff- und Stickstoffverluste

Material	Stickstoff-verlust (%)	Referenz
Kaltmist [1]	10—15	RÜBENSAHM und RAUHE (1964)
Warmmist [2]	21,8	ROEMER et al. (1959)
Heißmist [4]	22,8	
Stapelmist gestampft [1]	25	BECKER-Dillingen (1934)
Stapelmist nicht gestampft [2]	50	
Stapelmist gestampft [2]	30,3	ROEMER et al. (1959)
Frischmist locker auf verrottetem Mist gestapelt [2]	16,9	z. n. VOGTMANN und OTT (1980)
Stapelmist gestampft und Jauche hinzugegeben [1]	16	DIEHL (1959)
Stapelmist nicht gestampft [2]	35	MAIWALD z. n. KLAPP (1967) S. 214
Kaltmist [1]	11	
Heißgärmist [4]	16	
Einfacher Stapelmist [2]	15	
Flachgelagerter, festgetretener Mist [2]	23	
Stapelmist [2]	14,8 (11,8[a])	TIETJEN (1963)
Silomist (warm) [3]	19,6	
Silomist (kalt) [3]	26,6	
Hofmist [2]	23,5	NEHRING und SCHIEMANN (1952)
Stapelmist [4]	9,5	
Erdmist I [5]	0,5	
Erdmist II [5]	5,8	
Indore Komposte [4]	∅ 30	
Stapelmist I [1]	9,6	SCHULZ (1952)
Stapelmist II [2]	28	
Erdmist I [5]	18,1	
Erdmist II [5]	26	
Erdmist [5]	∅ 10,8	RHODE (1956)
Mistkompost (umgesetzt) [4]	31	VOGTMANN und OTT (1980)
Mistkompost (nicht umgesetzt) [4]	28	

[1] = anaerobe Behandlung
[2] = partiell aerobe, dann anaerobe Behandlung
[3] = anaerobe Behandlung von Frischmist unter Jauche zur Biogasgewinnung
[4] = aerobe Behandlung
[5] = aerobe Behandlung und Erdzusatz
[a] = unter Einbezug des Stickstoffes im Sickersaft

Tab. 2: Stickstoffverluste bei unterschiedlicher Hofdüngeraufbereitung

zustandekommen (STADELMANN, 1981). Kohlenstoff kann dabei auch in Form von CO gasförmig verlorengehen, solange intermediärer Sauerstoff beim Stoffumsatz freigesetzt wird. Kohlenstoff gast aber vor allem in Form von CH_4 (Methan) ab. Auch mit dem Sickersaft wird organische Substanz ausgewaschen.

Ähnliches gilt für den Stickstoff. Infolge von Mineralisierung und Harnstoffabbau wird NH_3 *(Ammoniak)* gebildet, das je nach pH-Wert und Temperatur mehr oder minder stark gasförmig entweicht. Unter Verbrauch der abbaubedingt vorhandenen Sauerstoffreste kann Stickstoff in Form von N_2O *(Distickstoffoxid)* verlorengehen, weil der verfügbare Sauerstoff nicht dazu ausreicht, den ersten Schritt der Nitrifikation vollständig zu vollziehen. Damit wird aus dem NH_4 kein NO_2 (Nitrit) gebildet, sondern eine Zwischenstufe der Oxydation (SEILER und CONRAD, 1981).

Dieser Fall könnte besonders für die heute üblichen, vernachlässigten Stapelmiste gelten, in denen zonenweise in geringen Mengen Luft eingeschlossen ist.
Selbst beim Unterpflügen des Mistes wären Verluste dieser Art prinzipiell möglich, da durch die Luftzufuhr bei der Einarbeitung N_2O aus der *Nitrifikation,* nicht aus der *Denitrifikation* gebildet werden könnte.
Welchen quantitativen Einfluß eine möglicherweise vorhandene N_2O-Entbindung auf die Gesamtstickstoffverluste beim Stapelmist ausüben kann, ist nicht bekannt. N_2O-Bildungsraten, die nach Düngung mit mineralischem Stickstoff an Böden gemessen wurden, schwanken zwischen 0,01 bis 0,2 % bzw. 3 bis 15 % des zugeführten N (s. d. SEILER und CONRAD, 1981). Sicherlich lassen sich solche Ergebnisse auch nicht ohne weiteres auf die Hofdüngeraufbereitung übertragen.

Eine zusätzliche Verlustquelle entsteht beim Stapelmist durch die Denitrifikation von bereits im Frischmist vorhandenem NO_3 *(Nitrat),* wenn dieser Anteil im Normalfall auch gering sein dürfte. Im allgemeinen nimmt man heute an, daß bei der anaeroben Aufbereitung von Festmist im Durchschnitt etwa 15 bis 25 % des Gesamt-Stickstoffs und bei der aeroben Aufbereitung 20 bis 35 % des Gesamt-Stickstoffs bei der Lagerung verlorengehen (s. d. a. Kap. C 2.5.2.).

Eine Bilanzierung der Stickstoffverluste bleibt jedoch zumindest solange unzulänglich, als nicht die Verluste einkalkuliert werden, die bei der **Ausbringung** des Mistes entstehen. Genaugenommen müßte man sogar die Umsetzung des Dünger-N im Boden prüfen und die Denitrifikation bzw. möglichen Verluste an NO_3 durch Auswaschung berücksichtigen. Infolge der überwiegend organischen Bindung, in der Stickstoff im Kompost vorliegt, geht man davon aus, daß auch die Nitratauswaschung bei Kompostanwendung reduziert wird. Die im konventionellen Landbau oft geübte Ausbringung des Stapelmistes vor den Hackfrüchten auf die Herbst/Winterfurche des vorhergehenden Jahres legt andererseits verstärkte *Nitratauswaschung* nahe. V. a. aber sind bei der Ausbringung von Kompost keine gasförmigen Stickstoffverluste zu befürchten, da die NH_3-N-Gehalte im Mistkompost schon nach kurzer Rottezeit stark fallen und bei der Anwendung des Kompostes meist weniger als 1 % des Gesamt-N in Form von Ammoniumstickstoff vorliegt. Demgegenüber können die Verluste an *NH_3* aus dem Stapelmist bei der Ausbringung sehr groß sein, wie die Tabelle 3 zeigt.

Dies hängt mit den hohen *NH_4*-Gehalten im Stapelmist zusammen, wie bereits im letzten Kapitel angesprochen (s. a. Tab. 4).

Zeit nach dem Ausbringen	Stickstoffverluste (%)		
	Dezember	März	April
	Sonne Frost	Bedeckt Regen: 10,7 mm	Klar, Wind Regen: 4,7 mm
6 Stunden	2 *)	3	19
1 Tag	2	3	22
2 Tage	— *)	3	24
4 Tage	15	10	29

*) nicht bestimmt

Tab. 3:
N-Verluste bei der Ausbringung anaerob aufbereiteten Stallmists
(IVERSEN, z. n. RAUHE, 1968 a)

Temperatur	NH_4-N in % vom Gesamt-N	
	Aerob	Anaerob
15°C	5	75
35°C	2	18

Tab. 4:
NH_4-N-Gehalt verschieden behandelter Festmiste
(BAYENS, z. n. VOGTMANN, 1980)

Abb. 4: Feldmiete aus Mistkompost, mit Stroh abgedeckt

Abb. 5:
„Wilde Mieten" am Feldrand

Abb. 7a-d:
Platznot einerseits, „altes Handwerkszeug" andererseits führen in

kleineren und mittleren Betrieben zum mehr oder minder akkurat gestapelten Mist

Abb. 9: Faulzonen im Stapelmist

Abb. 10: Zonen mit frischem bzw. anaerobem Material (Stapelmist) (links) werden von den Wurzeln gemieden; die Kompostschicht in der Erde wird durchwachsen (rechts).

32 d

Ausschlaggebend ist bei den N-Verlusten von Stapelmist, wie schnell nach der Ausbringung eingearbeitet wird. Die früher aus diesem Grund oft geübte schnelle und tiefe Einbringung des Düngers mit dem Pflug bringt auf der anderen Seite wieder die bekannten Nachteile einer Vergrabung frischer organischer Materialien, die zum Teil etwa mit der „Rübenbeinigkeit", auch ihren deutlichen Ausdruck gefunden haben.

Eine andere Empfehlung zur Reduzierung der N-Verluste, nämlich den Stapelmist möglichst bei bedecktem Wetter auszubringen, weist den Nachteil auf, daß zu solchen Zeitpunkten auch der Boden oft feucht und damit empfindlich gegen Reifendruck ist.

Insgesamt gesehen kann man nach dem derzeitigen Stand des Wissens also kaum von einer Überlegenheit des einen oder anderen Verfahrens hinsichtlich der Stickstoffverluste reden.

2.3. Nachteile des Stapelmistes

Wie bereits erwähnt, wird im biologischen Landbau die Aufbereitung organischer Dünger unter Luftabschluß abgelehnt und aus diesem Grund der Kompostierung des Mistes der Vorzug gegeben. Die Gründe für diese negative Einstellung gegenüber dem Stapelmist werden im folgenden erläutert.

Aus den dabei geschilderten ungünstigen Eigenschaften des Stapelmistes kann nun nicht geschlossen werden, daß der *anaerob* behandelte Mist immer und unter allen Umständen sämtliche dieser negativen Wirkungen entfaltet. Das hängt natürlich ganz von den Gegebenheiten ab und je eher der Stapelmist bei nur oberflächlicher Vermischung mit dem Boden eine aerobe Umsetzung erfährt, desto schneller werden z. B. Schadstoffe abgebaut und desto mehr kann die organische Substanz des Mistes noch dem Boden zugute kommen.

Andererseits folgt daraus aber, daß der Stapelmist unter keinen Umständen ein optimaler Dünger ist, und die Bauern im biologischen Landbau weisen mit gutem Grund darauf hin, daß Stapelmiste den Boden zunächst nur belasten und erst viel später noch eine günstige Wirkung entfalten.

Gänzlich vergeudet wird der Wert des Mistes auf jeden Fall, wenn er zusätzlich zu seiner anaeroben Aufbereitung auch noch tief in den Boden eingebracht wird. In Zonen ohne nennenswerte Durchlüftung beschreitet der Stapelmist dann weiter seinen Abbau unter anaeroben Bedingungen und kommt manches Mal, etliche Jahre später beim Pflügen, vertorft wieder zum Vorschein.

Gerät der Stapelmist aber in den Bereich der *Pflanzenwurzel,* so schadet er zusätzlich noch. Aufgrund seines Gehaltes an schädlichen Stoffen für die Wurzel und infolge der Konkurrenz mit der Wurzel um den Sauerstoff, den die Mikroorganismen verbrauchen, die den Mist weiter umsetzen, stirbt die Wurzel ab. Wachsende Wurzeln meiden Zonen, in denen Stapelmist liegt, wie dies gut aus der Wurzelkastenaufnahme in Abb. 10 s. S. 32 d zu ersehen ist.

Gleiches gilt im übrigen für den *frischen Mist,* der ebenfalls nur leicht in die obersten, luftführenden Bodenschichten eingearbeitet werden darf. Außer der Konkurrenz um den Sauerstoff im Wurzelbereich wirkt sich beim zu tief eingebrachten Frischmist negativ aus, daß beim Abbau der frischen organischen Substanz durch die Mikroorganismen wurzelhemmende Substanzen freigesetzt werden (RUSCH, 1968, S. 125 ff.). Ein Problem kann beim Frischmist auch ein zu weites *C/N-Verhältnis* darstellen.

Den möglichen negativen Auswirkungen des anaeroben Hofdüngers liegt ein prinzipielles Geschehen in der Natur zugrunde. Unter Luftabschluß *(anaerob)* verlaufen die Abbauwege organischer Substanz nämlich grundsätzlich anders als bei Anwesenheit von Luft *(aerob)*, genauer, von Sauerstoff.

Die Eiweißverbindungen gehen unter Luftabschluß in *Fäulnis* über und die Kohlenhydrate werden vergoren. Dadurch werden allerlei für die meisten Lebewesen giftige oder zumindest unangenehme Substanzen gebildet. Aus dem Abbauweg unter Luftabschluß resultiert jedoch noch ein anderer für die Landwirtschaft wesentlicher Effekt. MÜLLER (1965) gibt an, daß anaerobe Zersetzer wesentlich mehr organische Substanz abbauen müssen, um ihren Betriebsstoffwechsel in Gang zu halten als aerobe Mikroben, da die aeroben Umsetzungen mehr Energie liefern als die anaeroben. Infolgedessen bleibt den Anaerobiern weniger organische Substanz für den Baustoffwechsel übrig (Pasteur-Effekt). Während also aerobe Mikroorganismen wegen des intensivierten Baustoffwechsels viele Nährstoffe aufnehmen und damit organisch binden, ist dies bei Anaerobiern in geringerem Umfang der Fall. Hier liefert die Umsetzung viele Verbindungen mit dem Charakter von Zwischenprodukten, die für den Baustoffwechsel unbrauchbar sind, andererseits aber erst nach Sauerstoffzufuhr abgebaut werden.

Durch den anaeroben Abbau der *Proteine* im Mist werden verschiedene Giftstoffe gebildet. Dazu gehören etwa die Faulbasen *Putrescin* und *Cadaverin.* Sie entstehen aus der Aminosäure Lysin (Cadaverin) bzw. aus Ornithin oder Arginin (Putrescin). Aus Tyrosin entsteht Tyramin. *Indol* und *Skatol* (Methylindol), deren geruchsintensive Wirkung von der Gülle her bekannt ist, werden aus der aromatischen Aminosäure Tryptophan gebildet (MÜLLER, 1965, S. 448 ff. und HARPER et al., 1975, S. 702). Aus den schwefelhaltigen Aminosäuren kann *Äthylmercaptan,* Methylmercaptan und H_2S *(Schwefelwasserstoff)* entstehen (BUDDECKE, 1973, S. 445).

Bei der reduktiven Desaminierung werden außerdem Fettsäuren gebildet, die unter anaeroben Bedingungen sehr stabil sind und das Pflanzenwachstum beeinträchtigen können (MÜLLER, 1965, S. 454). Bei der Vergärung der Kohlehydrate und Fette entstehen ebenfalls niedermolekulare *organische Säuren,* wie z. B. *Milchsäure, Essigsäure* und *Buttersäure.*

Benzoesäure entsteht unter Luftabschluß aus Phenylalanin bzw. aus Hippursäure. Die Hippursäure kann als N-Ausscheidungsform in gleichen Mengen im Harn von Pferden vorhanden sein wie der Harnstoff (MÜLLER, 1965, S. 457).

Schließlich gibt FOURMAN (z. n. SCHEFFER und ULRICH, 1960) noch an, daß aus Proteinen bei anaerobem Abbau verschiedene *phenolische Verbindungen* entstehen, die die Keimung hemmen.

Ein Teil mehr oder minder toxischer Verbindungen aus dem Proteinstoffwechsel findet sich bereits unter den anaeroben Bedingungen im Darmtrakt der landwirtschaftlichen Nutztiere. Dort werden sie zum Teil resorbiert, in der Leber an Sulfat oder Glucuronat gekoppelt und über die Niere ausgeschieden. Ein anderer Teil gelangt direkt mit dem Kot in den Mist (HARPER et. al., 1975, S. 702). Unter den anaeroben Bedingungen des Stapelmistes werden sie durch den Abbau der noch unaufgeschlossenen Proteine angereichert.

Bedenken bestehen hinsichtlich solcher Stoffe, sowohl was das Bodenleben und insbesondere was die Mikroorganismen in der *Rhizosphäre* anbelangt, als auch in bezug auf direkte Schädigungen der Pflanze. Darüber hinaus befürchtet man von seiten des biologischen Landbaus,

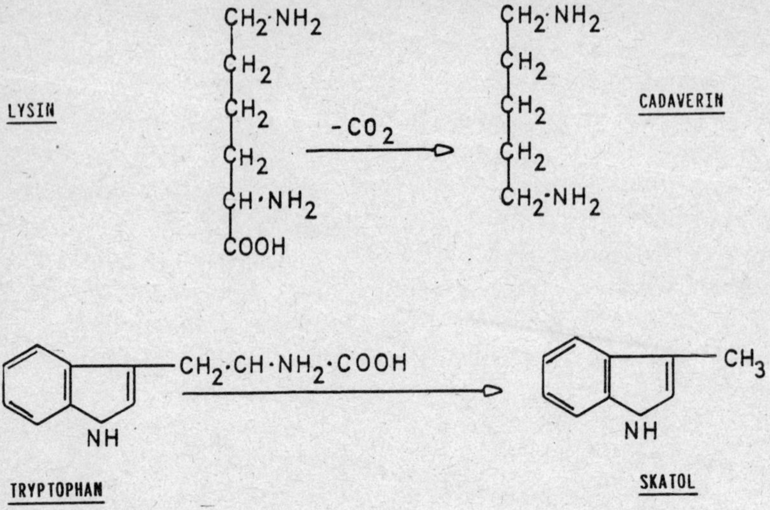

Abb. 11:
Umwandlung von Aminosäuren im anaeroben Bereich
(nach NEHRING, 1972)

daß ein Teil dieser Verbindungen von der Pflanze aufgenommen wird und damit die Qualität der Lebensmittel verringert (s. d. a. AUBERT, 1981, S. 99 ff.).

Eine weitere Frage stellt sich bezüglich des Wertes, den der Stapelmist für das *Bodenleben* besitzt. Bodenbiologische Untersuchungen weisen daraufhin, daß die weitere Zersetzung im Boden überwiegend von jenen Lebewesen vollzogen wird, die den Mist auch schon im Stapel besiedelten, wenn er nicht gänzlich neuen Bedingungen unterworfen wird (FRANZ bzw. MAIWALD z. n. RHODE, 1956 bzw. SEKERA, 1977). Um überhaupt als Bodennahrung zu dienen, muß ein solcher Mist auf jeden Fall in den luftführenden Bodenschichten verbleiben und darf nicht untergepflügt werden.

Die Abtötung von *Unkrautsamen* und *Krankheitserregern* im Stapelmist ist zwar nach längerer Lagerzeit auch zu erwarten, erreicht aber nicht im geringsten die Wirkung, wie sie bei der Kompostierung des Mistes erzielt wird.

Die Faulstoffe wirken auf manche Erreger hemmend oder toxisch, und bei höheren Temperaturen kann die Abtötung von schädlichen Keimen vollständig sein (s. d. STRAUCH et al., 1977, S. 34 ff. und S. 265 ff.). Andere Krankheitserreger werden nach Angaben von RHODE (1956) jedoch durch Faulstoffe gefördert, z. B. die Erreger von Hühnerpest, TB, Milzbrand und Rotlauf. Gasbrandbazillen konnten nach seinen Angaben auf einem Nährboden, bestehend aus 18 Aminosäuren, Biotin und verschiedenen Salzen, nur dann überleben, wenn zusätzlich Putrescin vorhanden war.

Während bei sorgfältiger Kompostierung keine Verschleppung von latent vorhandenen Krankheiten befürchtet werden muß, was bedeutet, daß der Erreger über den Mist zum Futter und wieder zurück zum Tier gelangt, wodurch dann möglicherweise ein akuter Krankheitsverlauf hervorgerufen wird, so ist diese Gefahr, v. a. bei kurzen Lagerungszeiten des Stapelmistes, nicht auszuschließen.

Eine Einschränkung der Infektionsquellen mit der Kompostbereitung kann auch von Bedeutung sein, wenn mit Zukaufkälbern oder Ferkeln Krankheitserreger gratis mitgeliefert werden.

Weiterhin ist die Übertragung von Pilzen, die an Ernterückständen überwintern (z. B. Spelzenbräune), mit dem Stapelmist nicht von vornherein auszuschließen.

Auch locken die Gase, die bei der Faulung organischer Stoffe entstehen, Schadinsekten an (Kohl-, Rettich-, Möhren- und Zwiebelfliegen).

Die im Stapelmist gebildete Buttersäure dient dem Saatschnellkäfer, dessen Larve der *Drahtwurm* ist, als Geschlechtslockstoff. RHODE (1956) gibt an, einen verstärkten Befall mit Drahtwürmern und *Kartoffelkäfern* bei Kartoffeln beobachtet zu haben, wenn sandigen Böden

Art der Düngung	Prozentsatz befallener Pflanzen		
	Sand	sandiger Lehm	lehmiger Sand
Ungedüngt	0	2,8	0
Mineraldünger	2,8	25,0	2,8
Edelmist (gut verrottet)	11,1	11,1	5,6
Hofmist (schlecht verrottet)	55,6	36,1	52,8

Tab. 5:
Einfluß der Hofdünger auf die Schwarzbeinigkeit von Kartoffeln (RUSCHMANN, z. n. ROEMER et al., 1952, S. 407)

faulende Massen zugeführt wurden. In eine ähnliche Richtung deuten Ergebnisse von RUSCHMANN (Tab. 5 z. n. ROEMER et al., 1952). RHODE (1956) schreibt weiterhin, daß Stapelmist infolge einer Ionenkonkurrenz die *Mineralstoffaufnahme* der Pflanze hemmen kann, da die gebildeten Faulbasen an der Spitze der folgenden lyotropen Reihe biologisch wirksamer Kationen stehen: Putrescin $>$ Cadaverin $>$ ... Histamin $>$ ... Ba^{2+} $>$ Acetylcholin $>$ Ca^{2+} $>$ Mg^{2+} $>$ Eserin. Nach Putrescinzugaben entwickelten kalireich ernährte Gerstenpflanzen Kali-Mangelsymptome.

An der Oberfläche faulender Mistbatzen können überdies Bodenmineralien reduziert werden. Fe (III)-Verbindungen gehen in blau-schwarze Fe (II) bzw. Fe (II/III)-Verbindungen über (Eisensulfide, Vivianit), wie sie für die Hydromorphierung von Böden (Pseudovergleyung und/oder Vergleyung von Böden unter dem Einfluß teilweiser oder ständiger Staunässe) normalerweise kennzeichnend sind. Solche Verbindungen beeinflussen *Bodenstruktur,* Wurzelwachstum und die Löslichkeit der Bodenphosphate negativ.

Wenn auch die genauen Mechanismen der möglichen negativen Wirkungen des Stapelmistes noch nicht eingehend untersucht wurden, so sprechen die bisher bekannten Tatsachen doch bereits eine deutliche Sprache, die Anlaß genug dazu gibt, eine geeignetere Form der Hofdüngeraufbereitung zu wählen.

Die Ausfaulung organischer Substanz ist als langandauernder Zustand in den Nährstoffkreisläufen der Natur kaum zu finden. Nach einer *aeroben* Vorrotte auf der Bodenoberfläche werden organische Bestandsabfälle vom Bodenleben allmählich „eingearbeitet". Unterliegt organische Substanz unter *Luftabschluß* der Inkohlung, so scheidet sie zunächst aus den Nährstoffkreisläufen aus.

3. Mistkompost (Überblick)

Die Mistkompostierung beruht zur Hauptsache nicht auf der Zielsetzung möglichst geringer Nährstoffverluste bei der Aufbereitung, sondern auf der Überlegung, mit der Mistbehandlung einen insgesamt wertvollen Dünger zu schaffen. Negative Auswirkungen wie beim Stapelmist sind mit reifem Kompost ausgeschlossen. Gleichwohl soll junger Kompost, der noch umsetzt, nicht in die Wurzelzone der Pflanze gelangen, sondern nur oberflächlich eingearbeitet werden.

Zu einer umfassend angelegten *Hofdüngeraufbereitung* zählt natürlich auch eine möglichst weitgehende Einschränkung der Nährstoffverluste. Darüber hinaus soll aber die Form, in der die Nährstoffe vorliegen, verändert werden. Das bedeutet zum einen, daß leichtlösliche Nährstoffe, v. a. der Stickstoff, organisch eingebunden werden sollen. Damit will man einen kontinuierlichen Nährstoffstrom zur Pflanze erreichen und eine Treibdüngung vermeiden.

Umgekehrt strebt man an, *schwerverfügbare Nährstoffe* gerade aus den mineralischen Zuschlagstoffen der Kompostierung, wie dem Steinmehl, durch die mikrobielle Aktivität aufzuschließen. Wichtige Gesichtspunkte sind darüber hinaus der Einfluß des Kompostes auf den Humus, seine Gehalte an Wirkstoffen sowie die Nützlingsbesiedelung, der Abbau von Schadstoffen bzw. eventuell vorhandenen Biozidrückständen und anderes mehr (s. Kap. C 2.6.—2.10.).

Bei der Oberflächenkompostierung erwartet man, daß der schleierdünn ausgebrachte Mist vom Bodenleben verdaut wird, woraus dann ebenfalls eine indirekte Ernährung der Pflanze resultiert.

Die Aktivierung des *Bodenlebens* gerade durch solche frischen organischen Substanzen wird als eine zentrale Aufgabe im biologischen Landbau betrachtet.

Insgesamt gesehen sieht man die Kompostierung als eine der wichtigsten Maßnahmen im Spektrum jener Möglichkeiten an, mit denen Bodenfruchtbarkeit erreicht oder erhalten werden kann.

Auf einem fruchtbaren Boden gedeihen gesunde Pflanzen und dergestalt wird die Gesundheit und Fruchtbarkeit der Tiere sichergestellt.

Beides zusammen jedoch, gesunde Pflanzen und Tiere, müssen als Voraussetzung für die Vitalität des Menschen gewertet werden!

Als größter *Nachteil* der Kompostierung müssen die Verluste an organischer Substanz während der Rotte angesehen werden. Betrachtet man die Hofdünger als integrierten Bestandteil des Gesamtanbausystems, so wird deutlich, daß dieser Nachteil durch eine möglichst intensive Gründüngungsnutzung ausgeglichen werden muß.

Als wesentlicher Nachteil der Mistkompostierung war früher die enorme Arbeitsbelastung anzusehen. Die heute gängigen Verfahren sind der Stapelmistbereitung arbeitswirtschaftlich aber nicht mehr unterlegen. Ein starker Anstieg der Arbeitsbelastung ergibt sich allerdings, wenn einmal oder mehrmals umgesetzt werden soll/muß.

4. Tiefstallmist und „Edelmist" nach KRANTZ

Tiefstallmist

Während die Aufbereitung des Festmistes meistens außerhalb des Stalles erfolgt, stellt der Tiefstallmist einen Sonderfall dar, da hierbei Sammlung und „Aufbereitung" des Mistes im Stall vor sich gehen.

Die reiche *Stroheinstreu* im Tiefstall ermöglicht eine aerobe, kohlenstoffreiche Anfangsrotte des oberflächennahen Mistes. Dieser wird dann durch den Tiertritt allmählich verfestigt und gerät unter Luftabschluß.

Während der Anfangsrotte verpilzt der Mist stark und kann Temperaturen bis zu 60°C erreichen. Manche biologisch bewirtschafteten Betriebe machen sich diesen Effekt beim Offenfrontstall für Sauen zunutze.

Von Nachteil beim Tiefstall ist der hohe Platz- und Strohbedarf, zum Teil wird über mangelnde Sauberkeit bei den Tieren geklagt. Außer Stroh sollte man vorteilhafterweise Steinmehl oder Tonmehl einstreuen.

Abb. 12:
Tiefstall für Milchkühe. Rechts eingestreute Liegefläche, Mitte Freßplätze mit mechanischer Entmistung, links Futtertisch

Nachteilig kann sich beim Tiefstall auswirken, daß der späteste Zeitpunkt der Ausbringung des Mistes erreicht wird, wenn der Stall „voll" ist. Die Abhängigkeit des Ausbringungszeitpunktes von der Stallkapazität kann damit den günstigsten Einsatz des Mistes, d. h. die Anwendung zu einer bestimmten Kultur, verhindern.

Der oft schon stark verrottete Tiefstallmist läßt sich gut bei Hackfrüchten und Mais anwenden. Die Einarbeitung erfolgt, wie bei allen „unreifen" Rotteprodukten, nur in die oberen Bodenbereiche.

Edelmist

Dem Tiefstallmist ähneln der „Edelmist", der nach dem Verfahren von KRANTZ hergestellt wird und der sogenannte gebremste Mist.

Beim Edelmist *(Heißmist)* werden drei oder vier Miststapel in jeweils gleichen Zeitabständen mit Mist lose beschichtet. Alle drei bzw. vier Tage kommt auf einen Stapel also eine neue Schicht zu liegen. Bevor diese aufgebracht wird, tritt man den alten Mist fest und wässert ihn. Die einzelnen Stapel werden exakt aneinandergesetzt und mit Brettern abgedeckt; die Außenflächen des Gesamtstapels verschmiert man mit Kot (s. d. a. KÖNEMANN, 1981).

Ziel des Verfahrens ist es, eine intensive mikrobielle Umsetzung innerhalb von drei bis vier Tagen zu erreichen, während die jeweils neue Mistschicht noch locker auf dem Stapel liegt. Die dabei entstehende Hygienisierungswärme von etwa 60°C soll die anaeroben Mikroben abtöten, der anschließende Luftabschluß durch das Festtreten und Wässern die aeroben Mikroorganismen beseitigen. Solcherart keimfrei wird der Mist angeblich „konserviert" und steht nach einer vier- bis fünfmonatigen „Reifephase" als Dünger zur Verfügung.

Diese Keimfreiheit kann jedoch nur als Wunschdenken bezeichnet werden, da es Mikroorganismen gibt, die sowohl die hohe Temperatur über die kurze Zeit wie auch die anaeroben Zustände verkraften. Dauersporen, die von bestimmten Bakterien gebildet werden, sind auf diese Art kaum zu vernichten und keimen, sobald die Temperatur absinkt. Auch eine Besiedelung des Stapels von außen wird bei absinkender Temperatur zum neuerlichen Aufbau einer Mikrobenpopulation führen.

Der Wert des Edelmistverfahrens war von Anfang an umstritten und ist es auch heute noch. Manche Autoren rühmen die besonders gute Nährstoffwirkung und eine sichere Strohzersetzung beim Edelmist. Andere

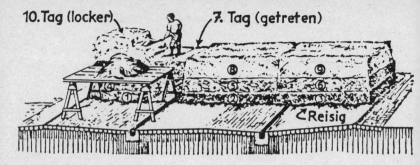

Abb. 13:
„Edel"- bzw. „Heißmist" nach KRANTZ
(z. n. KÖNEMANN, 1981)

Autoren hingegen vertreten die Ansicht, daß ein prinzipieller Vorteil gegenüber den normalen Stapelverfahren keineswegs zu bemerken sei. Heute wird die Edelmistbereitung wegen der damit verbundenen Arbeitsbelastung meist rundweg abgelehnt (KLAPP, 1967, S. 212 ff.).

Die Wertschätzung, die der Edelmist bzw. der „gebremste Mist" zum Teil im biologischen Landbau genießt (VOITL et al., 1980, S. 104 ff.), ist mir schwer verständlich. Will man einen noch nicht zu stark umgesetzten Hofdünger verwenden, so kann dies ohne weiteres in Gestalt junger Komposte geschehen bzw. zum Teil mit dem Frischmist selbst.

Demgegenüber vermeidet man mit der Kompostierung die erwähnten Nachteile einer anaeroben oder teilweise anaeroben Aufbereitung und obendrein hat man weniger Arbeit damit.

Das genaue Gegenteil der Edelmistbereitung wird mit dem Aufbereitungsverfahren der Gruppe Lemaire-Boucher, einer Richtung des biologischen Landbaus in Frankreich, praktiziert. Um den strohreichen Mist nicht der Luft auszusetzen, soll er zunächst festgetreten werden. Vier bis fünf Monate vor der Ausbringung kompostiert man ihn dann auf der Miete. Untersuchungen zu diesem Verfahren sind dem Autor nicht bekannt.

C. Kompostieren — Allgemeine Grundlagen und Mistkompost

1. Oberflächenkompostierung

1.1. Verwendung der Hofdünger bei den verschiedenen Richtungen des biologischen Landbaus

Auf die Frage „Was ist Kompost und wie kompostiert man?" erhält man meist recht unterschiedliche Antworten und je nachdem, worauf die Gesprächspartner besonderen Wert legen, sind auch verschiedene Antworten möglich.

Erhebliche Zweifel müssen zwar angemeldet werden, wenn die Stellungnahme lautet: „Man werfe alle organischen Abfälle auf einen Haufen, übe sich in Geduld und siebe, nachdem man der Natur zwei bis drei Jahre die Arbeit überlassen hat, den fertigen Kompost ab."

Zutreffend sind jedoch außer Antworten zu den verschiedenen Verfahren der Mietenkompostierung auch jene, die sich auf die Rotte organischen Materials in den obersten, luftführenden Bodenbereichen beziehen.

Gemeinsam hat dieses Verfahren, die Flächenkompostierung, mit der Mietenkompostierung, daß organisches Material von *Mikroorganismen* und Bodentierchen unter Luftzufuhr umgesetzt wird. Wie bereits im Kapitel B 2.3. angesprochen, unterscheidet sich dieser *aerobe* Weg des Ab-, Um- und Aufbaus organischer Substanz grundsätzlich von jenem, der unter Luftabschluß *(anaerob)* vollzogen wird.

Produkte der anaeroben Umsetzungen werden im biologischen Landbau oft als „lebensfeindlich" bezeichnet.

Obwohl die Hofdüngeraufbereitung die Nachteile anaerober Umsetzungen zeigt, kann deswegen nicht alles Anaerobe verdammt werden. Die extreme Einstellung „aerob ist gut" — „anaerob ist schlecht (böse)" führt zu einer starren und unfruchtbaren Beschreibung der Natur. Was sich als Prinzip der Dualitäten in der Natur beobachten läßt, zeigt sich auch in der Landwirtschaft, daß sich nämlich das Leben erst aus der Spannung der Gegensätze ergibt. Anaeroben Zuständen kommt in der Landwirtschaft sicherlich ihr Platz zu, sei es als Umwelt für asymbiontische stickstoffixierende Mikroorganismen oder für solche, die Stoffe mit Pflanzenschutzcharakter produzieren, wie von COOK (1978) am Beispiel des Äthylen beschrieben. Genauer müßte man sagen, dies gilt für die „partielle" Anaerobiose, d. h. für einen zeitlich und räumlich begrenzten anaeroben Zustand bzw. eine Situation mit stark gedrosselter Sauerstoffzufuhr. Im Boden herrscht ja nie ein nur aerober oder aber umgekehrt ausschließlich anaerober Zustand. Überdies ist die Natur dynamisch. Eine kleine luftgefüllte Pore beispielsweise wird durch den Sauerstoffverbrauch der in ihr lebenden aeroben Mikroorganismen arm an Sauerstoff. Der Sauerstoffpartialdruck sinkt, und es siedeln sich Anaerobier an, obwohl auch noch aerobe Mikroben vorhanden sind. Sie vermehren sich, und mit dem weiteren Sauerstoffverbrauch gehen die Aerobier, falls sie vollkommen auf den Sauerstoff angewiesen, d. h. obligat aerob sind, immer mehr zurück.

Doch der nächste Augenblick kann in dieser Kleinst-Welt bereits alles umwerfen. Durch die Bewegung eines Bodentierchens etwa oder durch den Wasserentzug einer Pflanzenwurzel aus benachbarten Poren strömt wieder Luft in den beobachteten Lebensbereich und je nach der Sauerstoffkonzentration der frischen Luft bzw. der Empfindlichkeit der anaeroben Mikroben gegenüber Sauerstoff wird sich die Population in der Pore wieder mehr oder minder schnell verändern, da die Anaerobier dezimiert werden.

Obwohl sich diese Betrachtungsweise eines recht groben Rasters bedient — z. B. hängen die Lebensvorgänge der Mikroorganismen ja noch von viel mehr Faktoren ab — zeigt sie das Grundsätzliche, daß man einen reinen Zustand scheinbar immer nur anstreben kann. Der Zustand eines Bodens ist deswegen nie einfach aerob, sondern es existiert immer nur eine bestimmte Sauerstoffkonzentration an einem bestimmten Ort zu einer bestimmten Zeit. Diese kann im nächsten Augenblick schon eine andere sein, und wenn wir sagen, der Zustand wird anaerob, so beschreiben wir auch nur einen Grenzzustand, der durch immer weiter abnehmende Sauerstoffkonzentrationen gekennzeichnet wird.

Doch zurück zur Kompostierung:

Wenn auch die Bewirtschaftung bei den einzelnen biologischen Landbaumethoden unterschiedlich ist, so stimmen die verschiedenen Richtungen doch in wesentlichen Grundlagen überein. Dementsprechend variieren die Empfehlungen für manche Kulturmaßnahmen oft beträchtlich, ein gemeinsamer Rahmen existiert jedoch.

So besteht etwa Einmütigkeit darüber, die Hofdünger einer aeroben Umsetzung zu unterwerfen. Bezüglich der genauen Verfahrensweise werden hingegen unterschiedliche Meinungen vertreten.

Nach Maßgabe des **organisch-biologischen** Landbaus soll der Festmist möglichst frisch und an der Bodenoberfläche verwendet werden, damit „eine volle biologische Potenzübertragung von organischen Düngern auf den Mutterboden" stattfindet (RUSCH, 1968, S. 167). Jeder organische Dünger soll nach RUSCH als „Nährdecke" am besten auf der Bodenoberfläche liegenbleiben, um allmählich vom Bodenleben eingearbeitet und verdaut zu werden. Dabei wird die organische Substanz durch die „Zellgare" (Zone vorwiegender mikrobieller Aktivität) nach unten in die „Plasmagare" verlagert, wo sie als zellfreies, makromolekulares Speichersubstrat („Humus") vorliegt und der Ernährung der Pflanze dient.

AUBERT (1981, S. 152) gibt an, daß der Mist im organisch-biologischen Anbau nicht immer als *Mulch*- bzw. *organische Nährdecke* verwendet wird, sondern daß auch eine leichte Einarbeitung mit Grubber, Scheibenegge etc. in die oberen Bodenbereiche vorgenommen werden kann. Dies empfiehlt sich v. a., wenn einer Austrocknung des Mistes vorgebeugt werden soll. Auch die Stickstoffverluste bleiben dadurch geringer.

AUBERT vertritt jedoch auch die Ansicht, daß die Mulchdecke eine vermehrte N-Bindung aus der Luft bewirkt, wodurch die Stickstoffverluste ausgeglichen werden. Im organisch-biologischen Landbau existieren nach AUBERT (1981) zahlreiche Gruppen, die unterschiedliche Zielsetzungen vertreten. Er schreibt: „Im organisch-biologischen Landbau gibt es bedingungslose Befürworter des Komposthaufens ... und es gibt nicht minder bedingungslose Befürworter der Flächenkompostierung ..."

RUSCH (1968) lehnt die Mietenkompostierung vollkommen ab, weil in der Miete schon die Zellgarung, d. h. die hauptsächliche mikrobielle Aktivität, abläuft, die nach seiner Ansicht im Boden stattfinden sollte. Dadurch kommt es nicht zu der bereits angesprochenen „Übertragung der biologischen Potenz", und der Mietenkompost wird entsprechend als „abgewertetes" Material angesehen. Nach RUSCH ist ein reifer Kompost reine „*Plasmagare*" und nicht dazu in der Lage, den Stoffumsatz im Boden in der für hohe Erträge notwendigen Weise zu fördern.

Nach den Grundsätzen von STEINER wird im **biologisch-dynamischen** Landbau die Ansicht vertreten, „daß der Dünger in einer Verlebendigung der Erde bestehen muß, damit die Pflanze nicht in die tote Erde kommt und es schwer hat, aus ihrer Lebendigkeit heraus das zu vollbringen, was bis zur Fruchtbildung notwendig ist" (STEINER, zit. 1975).

Um eine solche Wirkung des Düngers zu erzielen, wird der Festmist auf der Miete kompostiert, wobei verschiedene Zuschlagstoffe zur Anwendung kommen und zur Rottesteuerung spezielle Kräuterpräparate eingesetzt werden.

Obwohl die biologisch-dynamisch arbeitenden Bauern als Verfechter der Mietenkompostierung bekannt sind, wird auf etlichen Betrieben auch Frischmist bzw. angerotteter Mist verwendet. Dies gilt v. a. bei den Hackfrüchten, die, so HEINZE (1975, S. 63), eine „direkte Wachstumsanregung" benötigen.

Im weiteren gibt HEINZE noch an, daß STEINER die Mietenkomposte besonders für Gras, Obst und Gemüse empfohlen habe.

In Anbetracht der oft unergiebigen Auseinandersetzungen um die Hofdünger ist es sehr zu begrüßen, daß man sich von seiten beider Richtungen bemüht, dogmatische Standpunkte zugunsten eines fruchtbaren Austausches an Erfahrungen aufzugeben.

Dies sehe ich nicht nur als notwendig an, um die gemeinsame Sache, einen Landbau, der sich an der Natur und den Lebensprinzipien orientiert, voranzutreiben. Vielmehr halte ich die strikte Durchführung des einen oder des anderen·Extrems bei den meisten Betrieben gar nicht für durchführbar und bei den wenigsten Betrieben für sinnvoll.

1.2. Einschränkungen hinsichtlich der Verwendungsmöglichkeiten von Frischmist und Mistkompost

Reife Komposte können praktisch immer ausgebracht werden. Auch Kopfdüngung ist möglich. Jüngere Komposte werden oberflächlich eingearbeitet und sollten nicht zu dicht vor der Saat angewendet werden. Damit wird eine rechtzeitige Verarbeitung durch das Bodenleben ermöglicht, und auch das *Saatbett* kann sich noch setzen.

Die Anwendung des Mistkompostes wird also nur durch wenige grundsätzliche Faktoren eingeschränkt (s. d. K. C 2.13.). Bei der Düngung mit Mistkompost geben vielmehr folgende Fragen den Ausschlag:

Welches Rottestadium scheint hinsichtlich der angestrebten Düngerwirkung am geeignetsten? Ist es für bestimmte Düngezwecke sinnvoller, Mistkompost oder Frischmist einzusetzen?

Bei der Oberflächenkompostierung wird eine kontinuierliche Ausbringung des Frischmistes in kleineren Gaben angestrebt. Daß es Faktoren gibt, die solchen Bemühungen entgegenstehen, dürfte klar sein.

An erster Stelle sei dabei die Witterung genannt. Wird der Mist vor längeren *Trockenperioden* gemulcht, so trocknet er aus und verliert dadurch Stickstoff in Form von Ammoniak, der doch über das Bodenleben in Pflanzennahrung umgewandelt werden sollte.

Ausgedehnte Niederschläge verlagern die löslichen Bestandteile des Mistes in tiefere Bodenschichten.

Damit werden:

— gelöste Salze, v. a. des Stickstoffs und des Kaliums sowie eventuell Hemmstoffe aus dem Mistabbau in zum Teil großen Mengen in den Wurzelbereich der Pflanze oder tiefer gespült:

— auf einer Brache Nährstoffe in den Unterboden bzw. weiter in das Grundwasser verlagert.

Die von RUSCH (1968) angeführte Ausbringung des Mistes im Winter muß wegen der Nährstoffverluste und v. a. der *N-Auswaschung* unterbleiben.

Dies gilt auch für bewachsene Böden, obwohl hier, namentlich beim Grünland, die Auswaschung reduziert ist. Auf keinen Fall darf Frischmist im Winter auf den nackten Acker.

Bereits im Frischmist ist normalerweise wasserlöslicher Stickstoff vorhanden. Weiterer löslicher Stickstoff wird bei zwar stark gedrosselter, aber dennoch auch im Winter über längere Zeit stattfindender *Mineralisation* (STADELMANN, 1981) v. a. aus dem Harnstoff gebildet. Außerdem kann Harnstoff auch ohne das Zutun von Mikroorganismen in die Bestandteile NH_3 (Ammoniak) und CO_2 (Kohlendioxid) zerfallen.

Infolge der gehemmten Aktivität des Bodenlebens und des fehlenden Nährstoffbedarfs der Kulturen kann der größte Teil des so freigesetzten Stickstoffs im Winter von Boden und Pflanze nicht umgearbeitet, d. h. organisch gebunden werden.

Außerdem besteht je nach Wetter (eventuelle Regenschauer, Tauwetter) und Gefälle des Standortes die Gefahr, daß organische Substanz und Nährstoffe oberflächlich abgewaschen werden und im nächsten Graben oder Bach landen. Man sollte sich dabei auch immer überlegen, daß jeder Nährstoff zuviel in Grund- und Oberflächengewässern einer zuwenig auf dem Acker oder der Wiese ist.

Eine Ausnahme des bisher Gesagten bildet die Ausbringung des Mistes auf den noch gefrorenen Boden kurz vor Vegetationsbeginn. V. a. auf Tonen oder tonigen Lehmen weiß man es zu schätzen, daß die im Frühjahr meist sehr nassen Böden zu diesem Zeitpunkt noch gut befahren werden können. Die Empfehlung lautet aber auch hier, keinen Frischmist zu verwenden, in dem viel Ammonium-Stickstoff bzw. Harnstoff zu finden ist, sondern einen jungen Kompost (zwei bis vier Monate alt), der keine sofort löslichen Stickstoffverbindungen mehr enthält und langsamer umsetzt, d. h. vom gerade erwachenden Bodenleben besser verdaut werden kann.

Des weiteren müssen bei der Düngung mit frischem Mist Fruchtfolgefragen und der Stand der Kultur berücksichtigt werden. Wegen der Entwicklung von Hemmstoffen durch die zersetzende Mikroflora darf der Mist nicht kurz vor der Saat bzw. dem Pflanzen ausgebracht werden. Eine weite Zeitspanne bis zur Saat muß auch gewählt werden, weil der Frischmist den Boden sehr auflockert und ein Absetzen des *Saatbetts* verhindern kann. Ebenfalls empfiehlt sich eine Frischmistdüngung nicht zu manchen jungen Kulturen wegen möglicher Wachstumshemmung.

Den Mist, der nicht schnell ausgebracht werden kann, lagert man im organisch-biologischen Landbau auf niedrigen *Walmen* bis zu einer Höhe von 0,5 m, um ausreichende Luftzufuhr zu gewährleisten. Man sollte ihn statt dessen besser richtig kompostieren. Mit einer Abdeckung läßt sich die Miete gegen Regen schützen, der die niedrigen Haufen schon bei geringen *Niederschlagsmengen* durchtränkt. Auch hat es sich bewährt, auf diese erste Schicht nach zwei bis drei Wochen eine zweite, und nach weiteren zwei bis drei Wochen eine dritte Lage in gleicher Höhe aufzubringen. Die Sorge, dadurch würde die unterste Lage anaerob, ist unbegründet, solange der Mist nicht zu naß ist bzw. nur *wenig Stroh eingestreut* wurde. Die Luftzufuhr wird jedoch gedrosselt und dadurch der Abbau gebremst sowie ein Um- und Aufbau organischer Stoffe in der Miete eingeleitet. Auf diese Weise ergibt sich ein Kompost, der im Alter von zwei bis vier Monaten noch eine gute Nahrungsquelle für die Bodenorganismen abgibt und andererseits schon die wesentlichen Vorteile des Mistkompostes aufweist (s. d. Teil C 2 dieser Arbeit). Mit Ausnahme der organischen Substanz werden dem Boden und der Pflanze über den Mistkompost alle Nahrungsbestandteile, die der Frischmist enthält, gleichermaßen zugeführt.

Die Aktivierung des Bodenlebens erreicht zwar deswegen nicht jenes Maß, das mit frischen organischen Düngern zu erzielen ist. Diese Tatsache jedoch zur Basis des Arguments zu gestalten, der Mist würde durch die Kompostierung seine „biologische Potenz" verlieren, zeugt eigentlich von einer recht eingeschränkten Sichtweise. Damit hängt nämlich alles von einem schnellen und intensiven mikrobiellen Umsatz ab; für die vielfältigen wertvollen Eigenschaften des Kompostes jedoch bleibt kein Raum mehr.

Es kann für diese Behauptung auch nicht als schlagkräftiger Beweis angesehen werden, daß bei der Neukultur eines Bodens mit dreijähriger Kompostierung noch kein befriedigender Ertrag nachzuweisen war, wie RUSCH (1968, S. 165) aufführt. Wer auf einem quasi toten Sandboden mit Komposten arbeitet, die über ein Jahr alt sind, braucht sich nicht darüber zu wundern, daß er nichts in den Umsatz bekommt. Im übrigen hängt die Umsetzung der organischen Substanz im Boden nicht allein von der Nahrungsgrundlage der Mikroorganismen ab, sondern noch von einer Reihe weiterer Faktoren (s. d. Kap. C 2.6.). Bei entsprechender Steuerung läßt sich so gerade bei jungen Komposten eine recht gute Umsetzung erzielen, wenn erwünscht. Es muß jedenfalls als maßlos betrachtet werden, wenn RUSCH behauptet, nur mit der Oberflächenkompostierung des Mistes ließen sich gute Erträge bei gleichzeitig guter Qualität erzeugen, nicht jedoch mit der Kompostierung des Mistes in der Miete, wodurch nur eine gute Qualität zu erzielen sei. Dagegen sprechen auch genügend Betriebsergebnisse.

Anstatt auf Biegen und Brechen die Flächenkompostierung des Mistes zu verfolgen, sollte man im Ackerbau ein verstärktes Gewicht auf die *Gründüngung* legen. Hier läßt sich nämlich noch einiges tun, wie etwa die von WEICHEL (1980) eingeführte Frässaat beim Mais zeigt. Bei diesem System werden aus einem stehenden Kleebestand Reihen ausgefräst, in die dann der Mais gesät wird. Den zwischen dem Mais wachsenden Klee schlegelt man ab und benutzt ihn als Mulch in den Maisreihen.

1.3. Die Umsetzung von Frischmist und Mistkompost im Boden

Hinsichtlich der Anwendung von Frischmist und Mistkompost sollen in den folgenden Abschnitten einige Erläuterungen gegeben werden. Zunächst sei noch die Umsetzung dieser Dünger im Boden angesprochen.

Oft hört man, die Oberflächenkompostierung mit Frischmist werde durch eine schnelle, triebige Wirkung gekennzeichnet. Andererseits soll keine Frischmistdüngung erfolgen, wenn die Pflanzen einen unmittelbaren Nährstoffbedarf aufweisen (AUBERT, 1981, S. 151). Der scheinbare Widerspruch hebt sich auf, wenn man die Wirkung einer Flächenkompostierung mit Frischmist gliedert in:

— die direkte *Verfügbarkeit der Nährstoffe*

— und die *Umsetzungsgeschwindigkeit* der organischen Substanz des Mistes.

Die beiden folgenden Abbildungen stellen diese unterschiedlichen Merkmale dar (wobei keine Berechnungen zugrunde liegen, sondern nur die Verhältnisse angegeben werden sollen).

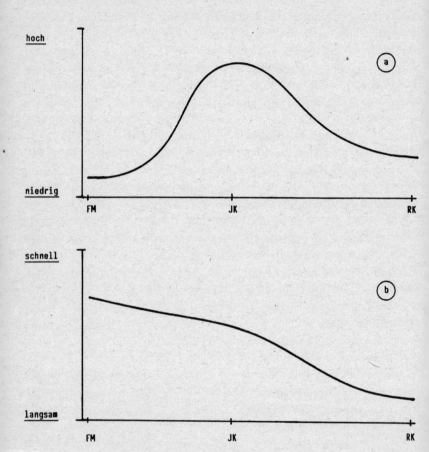

Abb. 14:

a) Kurz nach der Ausbringung pflanzenverfügbarer Nährstoffanteil von Frischmist (FM), jungem Kompost (JK) und reifem Kompost (RK) (relativ)

b) Umsetzungsgeschwindigkeit von Mist und Kompost (relativ)

50

Betrachtet man zuerst die Verfügbarkeit der Nährstoffe, so wird klar, daß mit der enormen Aktivität eines gesunden Bodenlebens, hervorgerufen durch die reichlich vorhandenen Kohlenstoffquellen im Frischmist, auch erhebliche Mengen an anderen Nährstoffen, wie Stickstoff und Phosphor, in die zunehmende Mikrobenmasse eingebunden werden (sogenannte *Stickstoff-Sperre*).Die damit vorübergehend aus dem Verkehr gezogenen Nährstoffe sind für die Pflanze nicht verfügbar, werden aber wieder frei, sobald die Mikroorganismen der „ersten Generation" abgestorben sind und ihrerseits zersetzt werden. So beginnt das Spiel von neuem und die „vorverdauten" Nährstoffe werden von der Pflanze aufgenommen bzw. an andere Mikroben „weitergegeben".

Damit verdeutlicht sich auch der Einfluß der Einstreumenge an Stroh, von der abhängt, wie weit das C/N-Verhältnis im Mist wird.

Anders sieht es bei den jungen Komposten aus. Hier wurde das Stroh ja schon aufgeschlossen und das C/N-Verhältnis eingeengt. Damit stehen bei der Mineralisierung des Kompostes mehr Pflanzennährstoffe im Verhältnis zum Kohlenstoff zur Verfügung als beim Frischmist. Der so entstehende Überschuß an Nährstoffen, die nicht mikrobiell gebunden werden, steht der Pflanze zur Verfügung.

Mit zunehmender *Kompostreife* jedoch werden die Nährstoffe, v. a. der Stickstoff, stärker in die Huminstofffraktion des Kompostes eingebunden und so als Folge einer langsameren *Mineralisierung* der humifizierten organischen Substanz langsamer freigegeben.

Auf der anderen Seite gilt es, die Umsetzung der *organischen Substanz* zu betrachten. Frischmist wird rasch vom Boden verarbeitet, binnen weniger Wochen kann der größte Teil der organischen Substanz vom Bodenleben „verdaut" sein.

Entgegen dieser schnellen Umsetzung erfolgt die des Kompostes langsamer, und zwar um so langsamer, je reifer der Kompost ist, wegen der Widerstandsfähigkeit der gebildeten Huminstoffe gegen die mikrobielle Zersetzung.

1.4. Kultur- und standortangepaßte Anwendung der Oberflächenkompostierung

Bei allen Betrachtungen zum Umsatz der organischen Substanz im Boden muß dessen notwendiger „Grundgehalt" an Humus immer im Auge behalten werden, weil kein fruchtbarer Ackerbau ohne eine Humusgrundlage möglich ist (s. d. a. die Diskussion im Kap. C 2.6.2.). Gerade aufgrund dauernden „Umsatzes" bei oft gleichzeitig fehlender Rücklieferung der organischen Substanz arbeitet der heutige Ackerbau zum Teil schon längst in den „roten Zahlen", bedürfen die Ackerböden einer erheblichen Steigerung des Humusgehaltes, um (wieder) fruchtbar zu werden.

Unter der dauernden Bodendecke des **Grünlandes** hingegen liegen *Humusgehalt* und Bodenstruktur besser. Deswegen kann auf dem Grünland eher mit leicht umsetzbaren organischen Düngern gearbeitet werden. Ja, man kann sogar beinahe sagen, hier muß eher mit Frischmist als mit Mistkompost gearbeitet werden, da bei der weitgehend fehlenden Bodenbewegung die Mineralisation so weit gedrosselt ist, daß Kompost hier nicht immer zu den erwarteten Erträgen führt (zur Kompostdüngung auf dem Grünland s. a. Kap. C 2.13.). Auch liegen auf dem Grünland, bedingt durch den dichten Wurzelfilz, die Voraussetzungen für ein intensiveres Bodenleben günstiger als auf dem Acker.

Deswegen kann auch ein Grünland, das längere Zeit nur mineralisch gedüngt wurde, mit kleinen Gaben von Frischmist oder mit jungem Kompost allmählich wieder an die Umsetzung frischer organischer Materialien gewöhnt werden. Mit der Zeit bildet sich dann ein Bodenorganismus heraus, der selbst große Frischdüngergaben problemlos „verdaut" und weitgehend in Ertrag umsetzt.

Auf Wiesen in kalten Lagen bzw. mit ausgesprochener *Sommertrockenheit* empfiehlt AUBERT (1981, S. 152) Kompost auszubringen, und zwar im Frühjahr oder Frühsommer, weil dort die mikrobielle Aktivität für eine schnelle Umsetzung des Frischmistes zu gering sei. Dagegen stehen jedoch in Berglagen auch günstige Erfahrungen organisch-biologischer Bauern.

Anders sieht es wieder auf dem **Acker** aus, der, wie oben angesprochen, von Zeit zu Zeit organische Dünger mit höherem Dauerhumusgehalt benötigt.

Gleichwohl schätzen nach den bisherigen Erfahrungen manche Ackerkulturen frischen Mist bzw. jungen Kompost mehr als reifere Mistkomposte. Dazu zählen v. a. Mais und Raps. Ähnliches gilt für Hackfrüchte wie Rüben und Kartoffeln. Trotzdem wird bei den Kartoffeln oft ein, wenn auch jüngerer, Kompost vorgezogen, um eine vorbeugende Wirkung gegen *Pilzkrankheiten* und *Kartoffelkäfer* zu erzielen (s. d. a. Kap. 2.8.).

Zu schlecht geratenen Untersaaten lohnt nach manchen Erfahrungen ein Mistschleier, wenn in den nächsten Tagen Regen erwartet werden kann (HEYNITZ, 1975, S. 109). Dazu muß sich die Untersaat allerdings schon Luft durch die Häckselstrohdecke verschafft haben.

Vom *Standort* her gesehen bringt der oft zitierte „mittlere, lehmige, gut gepufferte und durchlüftete Boden" die Nährstoff- und Ertragswirkung der Oberflächenkompostierung natürlich besonders deutlich zum Ausdruck.

Anders verhält es sich mit den extremen Böden.

Auf **schweren, tonigen** Böden (PV = 35-42 %, VG = 1,5-1,6) mit hohen Nährstoffgehalten wird es zunächst das Ziel sein, eine Strukturverbesserung und Erwärmung zu erzielen sowie das Porenvolumen zu erhöhen und den Wasserhaushalt zu verbessern. Dies sind auch unabdingbare Voraussetzungen für eine Steigerung der mikrobiellen Aktivität. Um die oben angesprochenen Zwecke zu erreichen, bietet sich die Düngung mit Mistkompost an. Falls eine Gründüngung auf diesen Böden möglich ist, dient sie als hauptsächliche Mikrobennahrung. Man bediene sich ihr dann so viel wie möglich.

Ohne Möglichkeiten der *Gründüngung* ist die Oberflächenkompostierung eines Teils des Mistes angebracht.

Starke Bedeutung gewinnt der Kompost auch auf **leichten, sandigen** Böden (PV = 55-65 %, VG = 0,9-1,2), wo das vorrangige Ziel die Verbesserung des Wasserhaushalts sein muß. Auch im Hinblick auf die Nährstoffspeicherung und auf einen dem pflanzlichen Bedarf angepaßten Nährstofffluß ist hier der Mistkompost angebracht, der durch *Jauche* und Oberflächenkompostierung je nach Düngeziel ergänzt wird.

Auf den tonmineralarmen, sandigen Standorten spielen die Huminstoffe aus dem Kompost eine besonders wichtige Rolle als Ionenaustauscher und damit auch zur Verminderung von Verlusten an gelösten Nährstoffen.

Ein Problem stark sandiger Böden besteht auch in ihrem schnellen Umsatz organischer Stoffe, bedingt durch die gute Durchlüftung. Bedenkt man, daß mit jeder Bodenbearbeitung eine weitere Anheizung des Stoffumsatzes erfolgt, so kann man sich leicht vorstellen, daß hier der Frischmist die Gefahr einer „Strohfeuerwirkung" und damit einer stoßartigen, triebigen Düngung mit sich bringt.

Für alle Böden mit übermäßig schnellem Umsatz der organischen Substanz, was insbesondere für die Böden in tropischen Bereichen gilt, kann der Kompost als „Speicher" und „Bremser" von großer Bedeutung sein.

1.5. Abschließende Betrachtung

Wie die bisherigen Ausführungen zeigen, werden sowohl Mieten- wie auch Flächenkompostierung durch spezifische Eigenschaften gekennzeichnet. *Entscheidet der Bauer aufgrund seiner Düngeziele sowie nach eingehender Betrachtung der Sachlage und seiner bisherigen Erfahrungen, so kann er sich die jeweiligen Vorteile der Verfahren zunutze machen.*

Nach dem derzeitigen Stand des Wissens gibt es für den biologischen Landbau eigentlich kein entweder/oder, sondern nur ein sowohl als auch bei den aeroben Verfahren der Aufbereitung und Verwendung von Festmist.

Die bisher recht lückigen Kenntnisse auf dem Gebiet der organischen Düngung machen jedoch eine intensive Forschung hinsichtlich der Umsetzung von verschiedenen Hofdüngern im Boden notwendig. In diesem Zusammenhang sollte man auf die Frage der Nitratauswaschung ein besonderes Augenmerk legen.

In der Tabelle 6 sind zum abschließenden Überblick die wesentlichen Merkmale von Frischmist und Mistkompost zusammengetragen.

Es zeigt sich, daß die Nährstoffgehalte nur einen Teil der Wirkung von Hofdüngern beinhalten und daß Frischmist und Mistkompost darüber hinaus sehr wichtige Eigenschaften zukommen. Diese sind beim Kompost vielfältiger, zum Teil direkter Art.

Bei der Oberflächenkompostierung bleibt in dieser Hinsicht zu berücksichtigen, daß der Mist in erster Linie Bodennahrung ist und so eine günstige Wirkung indirekt zeigt, d. h. über die Stimulierung des *Bodenlebens*.

Eigenschaft/Wirkung	Frischmist	Mistkompost
— Umsetzung	schnell	je nach Reife mittel bis langsam
— Verfügbarkeit der Nährstoffe	nicht sofort verfügbar	z. T. direkt verfügbar
— Nährstoffspeicher	weniger	mehr
— Humusform	eher Nährhumus	eher Dauerhumus
— Stimulierung des Bodenlebens und somit Krümelung, Nährstoff- mobilisierung etc.	stark	je nach Reife mittel bis schwach
— Bildung von Wirkstoffen (Verpilzung etc.)	schwächer	stark
— Erhöhung des Porenvolumens	über Bodenbelebung	direkt
— Einfluß auf den Wärmehaushalt des Bodens	gering	günstig
— Wasserhaltekapazität	mittel	hoch
— Allgemein	Kurzfristige Boden- fruchtbarkeit (2 bis 8 Monate)	Längerfristige Boden- fruchtbarkeit (> 12 Monate)

Tab. 6:
Eigenschaften und Wirkungen von Frischmist sowie von Mistkompost

Als besonders bemerkenswertes Beispiel sei hierfür die *Krümelung* des Bodens unter dem Einfluß organischer Dünger genannt. In der Tabelle 7 sind entsprechende Versuchsergebnisse wiedergegeben, und es beeindruckt, wie hier die Krümelung noch in der 3. bis 7. Woche nach erfolgter organischer Düngung zunahm. Mc CALLA (z. n. STÖCKLI, 1946) stellte fest, daß die Stabilität der Bodenkrümel bei der höchsten Gabe an organischer Substanz noch nach 70 Tagen doppelt so hoch war wie im Boden ohne organischen Zusatz.

Eine Untersuchung zur Aggregatstabilität unter dem Einfluß organischer Substanz führen auch SCHEFFER und SCHACHTSCHABEL (1979, S. 152) an. Die günstige Wirkung der organischen Düngung bei diesen Versuchen von GUTAY, COOK und ERICKSON (1956) läßt sich aus der Tabelle 8 ablesen.

Organische Substanz	Tonnen per acre **)	Zeit in Tagen						
		0	3	6	10	16	30	60
Kontrolle	0	4,5	4,0	4,3	5,1	5,3	5,2	—
Dextrose	2	4,5	5,8	5,9	6,4	5,4	5,7	5,9
	4	4,5	11,0	10,1	20,3	6,0	6,2	5,6
	8	4,5	14,3	86,1	92,2	27,6	9,3	6,6
	16	4,5	19,1	351,1*)	436,7*)	38,2	28,8	8,8
Weizenstroh	2	4,5	5,7	5,3	6,4	5,4	5,2	5,4
	4	4,5	5,7	6,5	8,5	6,8	5,6	7,5
	8	4,5	6,1	6,8	9,4	6,5	6,6	7,9
	16	4,5	6,4	10,1	14,6	8,3	7,5	8,2
Süßklee	2	4,5	4,4	5,5	6,5	5,5	5,5	5,6
	4	4,5	5,1	5,7	7,7	7,0	6,9	7,6
	8	4,5	5,9	6,6	10,0	8,1	7,1	7,9
	16	4,5	5,0	7,5	10,7	9,7	7,5	8,4

*) = Pilzmycel
**) = 1 acre = 0,405 ha

Tab. 7:
Stabilität der Krümel von Böden unter dem Einfluß organischer Stoffe
(McCALLA, z. n. STÖCKLI, 1946)
Angabe in der für die Zerstörung der Bodenkrümel notwendigen
Anzahl Wassertropfen gegebener Größe

Durchmesser der Aggregate (mm)	wasserstabile Aggregate	
	ohne Düngung (%)	mit Düngung (%)
> 4	8,2	20,8
4 —2	7,6	12,0
2 —1	9,3	11,8
1 —0,5	12,4	15,8
0,5 —0,25	23,7	17,5
0,25—0,10	4,1	2,5
> 0,5	37,5	60,4
> 0,10	65,3	80,4

Tab. 8:
Wirkung einer kombinierten Grün- und Stallmistdüngung
auf die Bildung wasserstabiler Aggregate
(GUTTAY et al., z. n. SCHEFFER und
SCHACHTSCHABEL, 1979, S. 151)

Da die auf der Lebendverbauung (verklebende bzw. stabilisierende Eigenschaften von Pilzmycelen, Bakterienkolonien und Haarwurzeln) basierende Aggregierung nur von kurzer Lebensdauer ist, wenn die organische Düngung ausbleibt, kann nur ein kontinuierlicher Nachschub von organischer Substanz die biologische Aktivität des Bodens und damit die Krümelstabilität aufrechterhalten.

Wie bereits im Kap. A 2 kurz angesprochen, basiert die Oberflächenkompostierung auf Erfahrungen und Erkenntnissen, die zum Teil schon recht alt sind.

So schreibt auch SCHLIPF (1952, S. 69) im „Praktischen Handbuch der Landwirtschaft":

„Durch längeres Obenaufliegen des gebreiteten Düngers erhält der untätige bindige Boden eine vorzügliche Gare, aber es sind Verluste durch Verdunstung von NH_3 unvermeidlich. Deshalb ist im allgemeinen ... ein baldiges Unterpflügen vorzuziehen.

... Auf schweren und kalten Böden darf der Mist nur flach untergepflügt werden. Gewöhnlich bringt man ihn auf 6 bis 12 cm unter."

2. Mietenkompostierung

Grundlagen der Mietenkompostierung

Inhaltsübersicht des Kapitels

2.1. Definition und Zielsetzung

Die Kompostierung ist der vom Menschen steuerbare Prozeß zusammenhängender Umbauvorgänge organischer Substanz unter Einwirkung von Bodenfauna und -flora, bei dem einerseits der Luftzufuhr entsprechende aerobe Abbauwege beschritten und andererseits mit zunehmendem Rotteverlauf spezifische hochmolekulare Verbindungen aufgebaut werden.

Der Name Kompost stammt aus dem Lateinischen und bedeutet „Zusammengesetztes", „Gemenge".

Von der Flächenkompostierung unterscheidet sich die Mietenkompostierung durch die Sammlung der organischen Reststoffe, die auf walmenförmigen oder trapezförmigen „Kompostmieten" angesetzt werden; durch die hohe Temperatur, die aufgrund der wärmeisolierenden Wirkung der Miete in der Anfangsphase mikrobieller Aktivität entsteht und durch zum Teil andersgeartete biochemische Stoffumsetzungen (s. d. a. Kap. C 1.1.).

Wie bereits im Kap. B 3. angesprochen, geht es bei der Kompostierung nicht vornehmlich um die weitestmögliche Reduzierung von Nährstoffverlusten bei der *Hofdüngeraufbereitung*. Diese Bestrebung spielt zwar selbstverständlich auch eine Rolle, die Zielsetzung der Kompostierung an sich ist jedoch umfassender.

Im folgenden wird ein Überblick zu der Zielsetzung der Kompostierung in der Miete gegeben. Obwohl man mit diesem Verfahren insgesamt gesehen erst am Anfang steht, konnten schon wesentliche Ziele erreicht werden, während die Verwirklichung anderer aussteht.

Bei der Kompostierung bemüht man sich darum, den Düngewert des Ausgangsmaterials zu erhalten bzw. zu verbessern.

An einzelnen Aspekten wären in dieser Hinsicht zu nennen:

— eine bessere Verfügbarkeit des Stickstoffs für die Pflanze infolge der Einengung des C/N-Verhältnisses;

— die dem pflanzlichen Bedarf angepaßte Nachlieferungsmöglichkeit von Nährstoffen aus dem Kompost, womit eine stoßweise, triebige Ernährung der Pflanze vermieden werden soll;

— der mikrobielle Aufschluß schwerlöslicher Mineralien aus Zuschlagsstoffen wie Gesteinsmehl während der Rotte;

— der gezielte Einsatz der mit zunehmender Kompostreife gebildeten Dauerhumusfraktion zur Erhaltung bzw. Verbesserung des Humus im Boden und der damit verbundenen günstigen Auswirkungen auf die physikalischen und chemischen Bodeneigenschaften;
— der Abbau von keim- und wuchshemmenden Substanzen sowie (teilweise) von Rückständen organischer Schadstoffe, z. B. möglicher Biozidrückstände.

Dabei sollen gleichzeitig Nährstoffverluste möglichst eingeschränkt werden:
— durch Reduzierung von N-Verlusten während der Aufbereitung;
— durch das Auffangen von Sickersäften;
— durch eine Minimierung gasförmiger N-Verluste bei der Ausbringung der Dünger;
— durch die Reduzierung der Nitratauswaschung bei der Anwendung von Kompost.

Mit dem Kompost soll überdies eine vorbeugende Pflanzenschutzwirkung erzielt werden:
— durch die Bildung verschiedener „Wirkstoffe" während der Rotte;
— durch die Besiedelung des Kompostes mit Nützlingen;
— durch eine Aktivierung des Bodenlebens.

Weiterhin strebt man an, Unkrautsamen und Krankheitserreger durch die Kompostierung abzutöten.

Die aerobe Aufbereitung von Hofdüngern soll dazu beitragen, Umweltbelastungen durch die Landwirtschaft zu reduzieren:
— hinsichtlich des Gestanks bei der Ausbringung von Hofdüngern (hauptsächlich bei Flüssigmist);
— hinsichtlich der Aus- und Abwaschung von Nährstoffen von der landwirtschaftlichen Nutzfläche.

Daher soll insgesamt gesehen mit dem Kompost ein positiver Einfluß auf den pflanzlichen Ertrag und dessen Qualität ausgeübt werden:
— durch eine Minimierung schädlicher bzw. unerwünschter Inhaltsstoffe in der Pflanze, wie Nitrat und freie Aminosäuren;
— durch eine Anhebung des Gehaltes an wertgebenden Inhaltsstoffen der Pflanze, wie bestimmten Mineralstoffen sowie Vitaminen und Geschmacksstoffen.

Gleichzeitig müssen die Bemühungen der Schaffung eines Arbeitsverfahrens mit akzeptablem Aufwand an Zeit und Energie gelten.

Natürlich werden viele der hier angesprochenen Zielsetzungen auch durch andere Kulturmaßnahmen beeinflußt.

Betrachtet man den landwirtschaftlichen Betrieb mit seiner engen Verflechtung der unterschiedlichen Bereiche als „Organismus", so erscheint dies allerdings selbstverständlich.

2.2. Voraussetzungen

So vielfältig sich die positiven Einflüsse des Kompostes im Pflanzenbau bemerkbar machen, so sorgfältig und umsichtig muß die Aufbereitung des organischen Materials durchgeführt werden, die zu diesem wertvollen Rotteprodukt führen soll. Alle Maßnahmen bei der Kompostierung zielen darauf ab, den in der Miete tätigen Lebewesen optimale Umweltbedingungen zu schaffen.

Das **Nährstoffangebot** und die Verfügbarkeit der Nährstoffe müssen den Mikroorganismen genügen, die für die Umsetzungen der ersten Rottephasen verantwortlich sind.

Entsprechend ist bei der Kompostierung ein **Kohlenstoff/Stickstoff-Verhältnis** (C/N-Verhältnis) von 22 bis 40 : 1 anzustreben (VOGTMANN, 1981). Nach SPOHN (o. J. S. 33) liegt das günstigste *C/N-Verhältnis* bei 20 bis 30 : 1. GRAY und BIDDLESTONE (z. n. GRAEFE, 1982) geben ebenso wie HILL (1975) als optimales C/N-Verhältnis für die Kompostierung von Müll 30 bis 35 : 1 an.

Bei C-Mangel (zu enges C/N-Verhältnis) können die Mikroben nicht genügend körpereigene Substanz bilden. Sie verbrauchen und fixieren demgemäß auch weniger Stickstoff, der so in hohem Maße gasförmig verlorengeht.

Bei einem Überschuß an Kohlenstoff (C/N-Verhältnis über 40 : 1) stellt der verhältnismäßig im Minimum vorliegende Stickstoff einen limitierenden Wachstumsfaktor für die Mikroorganismen dar. Die Rotte kommt dadurch nicht richtig in Gang, und der überschüssige Kohlenstoff muß erst von den Mikroben „verheizt" werden, d. h. er entweicht als CO_2.

Nach MÜLLER (1965) werden Bakterien durch ein mittleres C/N-Verhältnis von 4 bis 5 : 1 gekennzeichnet und Pilze durch eines von 6 bis 10 : 1. Da die Mikroben Kohlenstoffquellen außer für den Baustoffwechsel aber auch für den Betriebsstoffwechsel benötigen, muß die organische Substanz, die zur Ernährung dieser Mikroben dient, möglichst ein weiteres C/N-Verhältnis aufweisen. Legt man nach MÜLLER (1965, S. 78) eine C-Ausnutzung für den Baustoffwechsel von 5 bis 10 % bei den Bakterien bzw. 30 bis 40 % bei den Pilzen zugrunde, so ergäbe sich ein optimales C/N-Verhältnis von 40 bis 100 : 1 bzw. 15 bis 33 : 1.

Als weiteres wichtiges Lebenselement benötigen die Organismen im Kompost **Wasser**. Andererseits verdrängt das Wasser natürlich die ebenso benötigte **Luft** aus den Poren des Materials. Daraus folgt, daß es eine Ober- und Untergrenze des *Wassergehaltes* im Kompost gibt. Eine Übersicht hierzu wurde von GOLUEKE (1972) erstellt.

Material	Wassergehalt
Theoretisch möglich	100 %
— Stroh	75—85 %
— Holzabfälle, Sägemehl	75—90 %
— Papier	55—65 %
— „Nasse" Abfälle (Gemüserüstabfälle, Rasenschnitt, Küchenabfälle)	50—55 %
— Hausmüll	55—65 %
— Mist (ohne Einstreu)	55—65 %

Tab. 9:
Maximal zulässige Wassergehalte bei der Kompostierung (GOLUEKE, 1972)

Strukturreiches Material, wie beispielsweise *Baumrinde*, rottet, selbst wenn es stark durchnäßt ist, während strukturschwaches Grünmaterial bei gleichem Wassergehalt bereits in Fäulnis übergeht.

Mangelnde Stroheinstreu wirkt sich beim Mist in doppelter Hinsicht negativ aus. Zum einen sinkt dadurch der Trockensubstanz- und steigt der Wassergehalt. Zum anderen dient das Stroh auch als luftführendes System, das einen befriedigenden Gasaustausch gewährleistet, d. h. gleichermaßen für den Zufluß des Sauerstoffs und für den Abfluß des CO_2 sorgt.

Aus diesem Grund ist für Festmist ein Wassergehalt von 75 bis 80 % als absolute Obergrenze anzusehen. Günstige Rottebedingungen liegen bei Wassergehalten von 55 bis 70 % vor. Frischmiste mit einem Wasseranteil, der unter 70 % liegt, findet man nur bei einstreureicher Haltung.

Dies gilt v. a. für die Haltung im Tiefstall. Auch die Fütterung spielt eine erhebliche Rolle, da wasserreiches Futter (z. B. Futterrüben) eher zu einem nassen Mist führt. Kommt die Rotte aber erst einmal in Schwung, so wird schnell überflüssiges Wasser verdunstet (HIRSCH-HEYDT, 1978; RHODE, 1956).

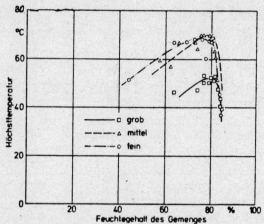

Abb. 15:
Höchsttemperatur in einer 20 cm hohen Strohschicht
bei unterschiedlichem Zerkleinerungsgrad und Feuchtegehalt
(BAADER et al., z. n. STRAUCH et al., 1977)

Unter 45 bis 50 % Wasser im Kompost beginnt die Rotte zu stocken. Bei 30 % ist die Mikrobentätigkeit bereits stark eingeschränkt und kommt schließlich um 15 % zum Erliegen (GOLUEKE, 1972).
In der Praxis bedient man sich zur Überprüfung des Wassergehaltes im Kompost der sogenannten *Faustprobe*. Eine Handvoll des Rohmaterials wird zusammengedrückt und beobachtet, ob Wasser austritt. Ist dies nicht der Fall und das Material bröckelt auseinander, wenn die Hand geöffnet wird, so muß Wasser zugesetzt werden. Rinnt jedoch ein deutlich erkennbarer Saftstrom an der Hand herunter, so ist der Kompost andererseits zu naß. Bei optimaler Feuchtigkeit sollen bei der Faustprobe kleine Wasserperlen zwischen den Fingern hervortreten. Das gepreßte Material behält dann nach dem Öffnen der Faust in etwa seine Form.

In unserem Klimabereich treten eher Probleme mit zu nassen Mieten als mit zu trockenen Mieten auf.

SEIFERT (1969) schreibt:

„Jene natürliche Zutat zum Kompost, die am meisten Schwierigkeiten bereitet, ist ein Zuviel an Regen ... Anscheinend ergibt ein Jahresniederschlag von etwa 700 mm das richtige Maß von Feuchtigkeit in einem Komposthaufen."

Wichtiger ist es noch, die Verteilung der *Niederschläge* zu betrachten. In manchen Gegenden kann der Kompost im Sommer gut gelingen, während er im Herbst im Regen ertrinkt. Es kann nicht genug betont werden, daß starke Niederschläge eine gute Kompostbereitung vollständig zunichte machen! Hier hilft auch keine Strohabdeckung mehr.

Zu trockene Mieten können bei zusätzlichem Bedarf an Stickstoff mit *Tier- oder Brennesseljauche* übergossen werden, ansonsten mit Wasser. Außer in den niederschlagsarmen Zonen Deutschlands, wie dem Oberrheingraben, können in trockenen Sommern, wie 1976 und 1982, auch in Mittelgebirgslagen Probleme mit zu trockenen Mieten auftreten. V. a. Mieten, die direkt der Sonne ausgesetzt sind, werden hiervon betroffen. Eine Strohabdeckung mildert die Feuchtigkeitsverluste und besser noch ein Erdmantel, was sich aber nur im Garten praktizieren läßt.

Wie bereits angesprochen, muß in der Kompostmiete eine gewisse Struktur vorhanden sein, um zu verhindern, daß das feuchte Material zusammensackt, verdichtet und so unter Luftabschluß gerät. Außerdem muß die Miete locker aufgesetzt werden. Ein solcher Kompost kann ohne Mühe aufgegraben werden. Andererseits erschwert eine zu locker aufgesetzte Miete wegen der starken Durchlüftung die Temperaturführung. Dadurch können Temperaturen entstehen, die 70°C übersteigen und wegen der damit verbundenen hohen Nährstoffverluste unerwünscht sind.

Auf eine sorgsame **Durchmischung** des Materials vor dem Aufsetzen muß stets geachtet werden. Eine gut durchmischte *(homogene)* Miete läßt keine Schichtung erkennen, wenn man sie nach dem Aufsetzen aufgräbt.

Vielseitig zusammengesetzte Mieten, Mischungen aus groberem und feinerem, trocknerem und feuchterem, kohlenstoffreichem und stickstoffreichem, tierischem und pflanzlichem Material weisen meist günstige Bedingungen für die Rotte auf.

2.3. Verwendbare Materialien

2.3.1. Die Rohstoffpalette

Die Palette kompostierbarer Materialien ist außerordentlich breit. Dadurch besteht die Möglichkeit, vielfältig zu kombinieren und einseitige Materialien durch Zumischen anderer Stoffe auszugleichen (s. Tab. 53 im Anhang).

Dabei ist die Beimischung darauf gerichtet, die im Kap. C 2.2. beschriebenen optimalen Rottebedingungen zu erreichen.

Während der Mist meist gute Voraussetzungen für die Kompostierung bietet, spielt die Zumischung verschiedener organischer Rohstoffe bei Müll, *Haushaltsabfällen* etc. eine große Rolle. Bei der großtechnischen Kompostierung des N-armen und relativ trockenen Mülls bedient man sich hierzu normalerweise des *Klärschlamms*.

Die strukturschwachen Haushaltsabfälle lassen sich mit stengeligem Grünmaterial aus dem Garten aufbessern.

Aus der getrennten Sammlung des organischen Anteils im Stadtmüll (sogenannter Grünmüll) läßt sich bestes Material für die Kompostierung gewinnen.

Eine gute Struktur weist die *Baumrinde* auf. (Allerdings ist darauf zu achten, daß die Rinde nicht mit Insektiziden belastst ist!) Aufgrund des weiten C/N-Verhältnisses müssen hier stickstoffreiche Materialien zugesetzt werden. Dabei gewinnt der Harnstoff immer mehr an Bedeutung. Mit ihm lassen sich Komposte sehr ähnlicher Güte und Zusammensetzung gewinnen, was von einigen Seiten zwecks Standardisierung von Kultursubstraten auf Rindenbasis gefordert wird. Andererseits verbraucht die Herstellung von Harnstoff Energie. Außerdem muß er als relativ unökonomischer Stickstoffzuschlag angesehen werden, da auch bei einer Aufteilung der Zugabe, der Stickstoff aus dem Harnstoff besser verfügbar ist als der Kohlenstoff aus der Rinde, was zu erhöhten Stickstoffverlusten führt. Hühnermist und Klärschlamm eignen sich ebenfalls zur Kompostierung der Rinde. Dabei ergibt sich das Problem, schadstoffarme Rohprodukte zu finden (Futterzusätze, Schwermetalle).

Um eine befriedigende Stickstoffversorgung zu erreichen, ist es bei der Kompostierung im Garten — und zum Teil war es dies auch früher in der Landwirtschaft — gebräuchlich, *Blutmehl, Fleischmehl* oder ähnliche Stickstoffträger einzusetzen. Zur Phosphorversorgung dient das *Knochenmehl*. Alle diese Rohstoffe sind jedoch teuer, weil sie auch zur Herstellung von Futtermitteln dienen. Schaut man sich einmal richtig um, so findet man oft einen preiswerten (oder kostenlosen) Ersatz dafür (s. a. Tab. 53).

Beim Zusammenmengen verschiedener Materialien muß immer auf eine gleichmäßige Durchmischung geachtet werden. Grobe Zumengstoffe sind zu zerkleinern.

2.3.2. Festmist

2.3.2.1. Die tierischen Ausscheidungen

Mist besteht aus den Bestandteilen Kot und Harn, die bei den meisten Tierarten getrennt, bei Vögeln jedoch zusammen in einer sogenannten Kloake gesammelt und ausgeschieden werden.

Hinzu kommen eventuell Futterreste und bei Festmist natürlich die Einstreu. Die folgende Tabelle zeigt die Zusammensetzung von Kot und Harn nach den Grundbestandteilen Trockensubstanz (TS) und organische Substanz (OS) gegliedert.

Infolge der rohfaserreichen Fütterung liegt der Anteil an OS im Wiederkäuermist höher, der Ascheanteil niedriger als bei Tieren mit einhöhligem Magen (Monogastriden), wie Huhn und Schwein. Schwerzersetzliche Futterbestandteile wie Zellulose und Lignin werden im Kot relativ angereichert.

		Wassergehalt	Organische Anteile	Anorganische Anteile	Quelle
Kot	Rind	80—88	10—16	4	STRAUCH et al.,
	Schaf, Ziege	65—75	20—30	10	1977, S. 22
	Schwein	65—85	10—20	10	
	Huhn	75—80	10—15	10	
Harn	Rind	92,5	3	4,5	RAUHE,
	Schaf	87,5	8	4,5	1968 b, S. 944
	Schwein	94	2,5	3,5	
	Pferd	89	7	4	

Tab. 10:
Organische und anorganische Anteile sowie Wassergehalt des Kots und des Harns landwirtschaftlicher Nutztiere (in %)

	Lignin %	
	im Futter	im Kot
Weizenstroh	13,7	18,3
Weizenstroh	13,0	16,5
Thimotheeheu (Phleum)	10,7	24,0
Kleeheu	12,7	26,7
Luzerneheu	10,0	23,7
Luzernesilage	12,5	30,1
Maissilage	6,9	22,6

Tab. 11:
Lignin im Futter und im Kot (in aschefreier Substanz)
nach BECKER und MOSLENER bzw. ELY und MOORE
(z. n. SAUERLANDT und TIETJEN, 1970, S. 178)

2.3.2.1.1. Nährstoffe in Kot und Harn

Die Nährstoffkonzentrationen in Kot und Harn variieren beträchtlich. Selbstverständlich unterscheiden sie sich von Tierart zu Tierart. Aber auch innerhalb einer Tierart sind weite Spannen festzustellen, was mit der vielschichtigen Situation zusammenhängt, der die Resorption von Nährstoffen aus dem Futter einerseits und die Ausscheidung von endogenen (körpereigenen) Nährstoffen andererseits unterliegt.

Hierbei spielen etwa das Alter der Tiere, ihr Leistungsbereich und die Versorgungslage, d. h. also die Fütterung, eine Rolle.

Eine Milchkuh z. B. weist im ersten Drittel der Laktation bei vielen Mineralstoffen eine negative Bilanz auf. Sie deckt den Bedarf für hohe Leistung aus verschiedenen Depots, die sie im letzten Drittel der Laktation bzw. während des Trockenstehens wieder auffüllt.

Aus diesem Grund bilanziert man Aufnahme und Ausscheidung von Mineralstoffen meist über eine längere Periode hinweg und gelangt so zu einem Mittelwert, zu einer durchschnittlichen, prozentualen Angabe, die jedoch nichts über die Verhältnisse in einem bestimmten, kurzen Zeitraum aussagt.

Die beiden Ausscheidungsprodukte Kot und Harn weisen normalerweise sehr verschiedene Anteile der jeweiligen Nährstoffe auf (s. Tab. 12).

Nährstoffe		Rind				Schwein	
		Kot		Harn		Kot	Harn
N	(%)	55	59	45	41	29	61
P	(%)	93	98	7	2	72	28
K	(%)	40	22	60	78	39	51
Ca	(%)	93	—	7	—	—	—
Mg	(%)	85	—	15	—	—	—
S	(%)	55	—	45	—	—	—
Cl	(%)	25	—	75	—	—	—
Quellen:		KORIATH/ SALTER et al.		KORIATH/ SALTER et al.		SALTER et al.	SALTER et al.

Tab. 12:
Durchschnittlicher Anteil der ausgeschiedenen Nährstoffe
in Kot und Harn (KLOEPPEL, z. n. KORIATH, 1975;
SALTER und SCHOLLENBERGER, 1939)

Tierart	N	P	K	Ca
Milchkühe	80	80	95	95
Milchkühe	72	75	90	—
Bullen	75	85	87	—
Färsen	78	78	86	—
Mastschweine (Getreidemast)	72	82	90	71
Mastschweine	72	83	90	—
Schafe	68	87	92	—

Tab. 13:
Ausscheidung der mit dem Futter aufgenommenen Nährstoffe
bei verschiedenen landwirtschaftlichen Nutztieren (in %)
(nach KORIATH et. al., 1975;
SALTER und SCHOLLENBERGER, 1939)

In der Tabelle 13 wird ein Überblick zu dem mit den Exkrementen ausgeschiedenen prozentualen Anteil der Gesamtnährstoffe aus dem Futter gegeben. Wie die Tabelle zeigt, werden je nach Nährstoff zwischen 70 und 95 % der mit dem Futter aufgenommenen Nährstoffe wieder ausgeschieden.

2.3.2.1.2. Die Nährstoffe im einzelnen

Der **Stickstoff** liegt im Kot in Form unverdauter Futterbestandteile, Mikrobenmasse und Abbauproduktion körpereigener Substanz vor. Der Anteil des wasserlöslichen Stickstoffs liegt dementsprechend niedrig.

Im Harn stellen verschiedene stickstoffreiche Verbindungen die Entgiftung des Körpers von Ammoniak (NH_3) sicher, der als Spaltprodukt des Eiweißabbaues entsteht.

Dabei wird der aus Proteinen abgespaltene Stickstoff in Form der Aminosäure auf andere Moleküle übertragen. So durchwandert er verschiedene Umbauwege, an deren Ende das Trägermolekül in eine energieliefernde Einheit und eine Stickstoffverbindung, wie *Harnstoff,* gespalten wird. Letztere scheidet der Körper aus (FLOREY, 1970).

An erster Stelle steht bei den Stickstoffverbindungen, die über den Harn ausgeschieden werden, meist der Harnstoff. Er liefert beim Rind durchschnittlich 80 % und beim Schaf 60 % des Harn-Stickstoffs (NEHRING, 1972, S. 176).

Beim Pflanzenfresser können aber auch maßgebliche Teile des Stickstoffs in Form der Hippursäure ausgeschieden werden (MÜLLER, 1965).

Die *Harnsäure* (2,6,8-Trioxipurin) entsteht im Stoffwechsel aller Tiere über Desaminierung und Oxydation der Purinbasen (Bestandteile der Nukleinsäuren) (PENZLIN, 1977, S. 273 ff.).

Bei den Vögeln wird die Harnsäure auch als Endprodukt des Eiweißabbaus synthetisiert.

Ein weiterer Umbau der Harnsäure in Harnstoff ist nicht möglich, da den Vögeln hierzu das Enzym Uricase fehlt.

Aus dem Harn stammt der überwiegende Anteil des wasserlöslichen Stickstoffs im Mist. Harnstoff zerfällt leicht in NH_3 und CO_2 (s. d. Kap. C 2.5.2.).

Die Harnsäure wird in Wasser nur schwer gelöst (PENTZLIN, 1977).

Dieser Umstand widerspricht eigentlich der aus der Praxis bekannten Erfahrung, daß Geflügelmist „schnell und hitzig" wirkt.

Wissenschaftliche Untersuchungen bestätigen die schnelle Wirkung des *Hühnerdungs* (MAAS und BELAU, 1978). Die genannten Autoren befanden in Hühnergülle, bei einem NH_3-N-Anteil von 25 %, rund 62 % des Gesamtstickstoffs als wasserlöslich.

Die in den Versuchen verwendete Schweinegülle wies etwa 44 % wasserlöslichen Stickstoff und 30 % NH_3-N auf, bei allerdings sehr hohen TS-Werten. In der Rindergülle wurden 52 % wasserlöslicher Stickstoff gefunden, bei 55 % NH_3-N. Dies deutet auf eine lange Lagerzeit der Rindergülle hin, in deren Verlauf der größte Teil des Harnstoffs bereits abgebaut worden ist.

Die **Phosphor**ausscheidung schwankt wie bei vielen Mineralstoffen mit der Tierart und Versorgungslage der Tiere.

Bei erwachsenen Kühen wird ein Absorptionsquotient von etwa 55 %
des Futter-P angenommen. Bei Monogastriern (Pferd, Schwein) bzw.
funktionell monogastrischen Tieren (Kalb) kann die Absorption bis
über 90 % steigen. Diese Tiere scheiden jedoch zum Teil erhebliche
Anteile des aufgenommenen Phosphors wieder über die Niere aus,
womit sie ihren P-Haushalt steuern (BOEHNCKE, 1980 b, S. 25 ff.).
Beim erwachsenen Wiederkäuer hingegen erfolgt diese Steuerung über
den Speichel. Das Tier entzieht dem Blutplasma Phosphor und gibt ihn
in den Speichel ab. Ein Teil dieses Phosphors wird im Darm rückresor-
biert, ein anderer Teil als endogener Phosphor ausgeschieden, d. h.
als P, der den Stoffwechsel des Tieres bereits einmal durchlaufen
hat.

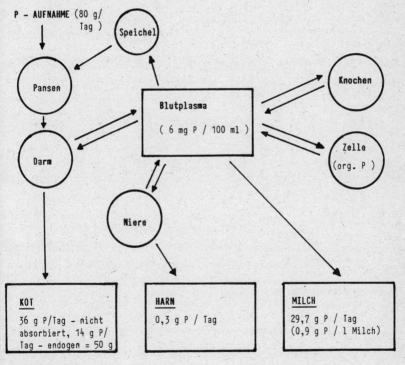

Abb. 16:
Phosphorregulation der Milchkuh bei ausgeglichener Bilanz
(BOEHNCKE, 1980 b) vereinfacht

71

Aus diesem Grund enthält der Rinderharn- und somit die *Jauche* wenig Phosphor.

Bei Überlastung des obengenannten Steuerungsmechanismus kann auch beim Wiederkäuer die Niere einen Beitrag zur P-Ausscheidung beisteuern.

Abbildung 16 nach BOEHNCKE (1980 b, S. 44) gibt einen Einblick in diese Größenordnungen der P-Aufnahme und P-Ausscheidung bei der Milchkuh.

Hingegen wird die **Kalium**-Ausscheidung beim Wiederkäuer vornehmlich über die Niere reguliert. Diese kann 60 bis 80 % des mit dem Futter aufgenommenen K wieder aus dem Körper entfernen. Das ausgeschiedene K liegt in wasserlöslicher Form vor, d. h. daß es für die Pflanze sehr gut verfügbar ist.

Auch beim **Magnesium** spielt die Niere für die Regulation beim Wiederkäuer eine bedeutende Rolle. Die Abbildung 17 zeigt hierzu die Ergebnisse eines umfangreichen Mg-Bilanzversuchs.

Ein Überblick zur **Ca-Aufnahme** und Ca-Ausscheidung ist der Abbildung 18 zu entnehmen.

	Trockenstehend	Laktierend
AUFNAHME	11,1 g / Tag	20,7 g / Tag
AUSSCHEIDUNG		
– Kot	7,8 g / Tag	18,6 g / Tag
– Harn	1,3 g / Tag	2,9 g / Tag
– Milch	–	1.9 g / Tag
BILANZ	+ 2,0 g / Tag	– 2,7 g / Tag

Abb. 17:
Magnesiumregulation bei Milchkühen (Durchschnittswerte)
(LOMBA et al., z. n. BOEHNCKE, 1980 b, S. 84 — verändert)

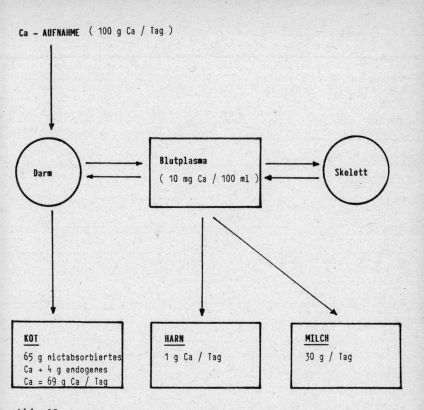

Abb. 18:
Kalziumregulation der Milchkuh bei ausgeglichener Bilanz
(BOEHNCKE, 1980 b, S. 20) vereinfacht

Beim Wiederkäuer erfolgt die Regulation des **Kalziumhaushaltes** fast ausschließlich durch die unterschiedliche Absorption des Futter-Ca aus dem Dünndarm.

Der Ca-Gehalt in der Milch bleibt konstant und kann nicht vom Tier beeinflußt werden. Der Niere kommt bei der Ca-Regulation beim Wiederkäuer keine Bedeutung zu (BOEHNCKE, 1980 b). Pferde können ihren Ca-Haushalt auch über die Niere regeln. Überdies liegt der Ca-Anteil im Harn ungleich höher als beim Wiederkäuer und kann 20 % des mit dem Futter aufgenommenen Kalziums ausmachen.

	N	P_2O_5	K_2O	CaO	MgO
Milchkuh					
Kot	0,35	0,27	0,07	0,70	0,15
Harn	0,61	0,01	1,30	0,01	0,04
Kot + Harn	0,46	0,16	0,58	0,41	0,10
Schwein (Getreidemast)					
Kot	0,54	1,35		1,15	0,22
Harn	1,16	0,20		0,02	0,02
Kot + Harn	0,91	0,66	0,34 [1]	0,47	0,10
Legehennen					
Batteriehaltung	1,53	1,08	0,59	1,22	0,28

[1] Mittelwert aus einer kleineren Zahl von Einzelwerten

Tab. 14:
Nährstoffgehalte der frischen Exkremente landwirtschaftlicher Nutztiere (%) (z. n. SAUERLANDT und TIETJEN, 1970, S. 211)

In der Tabelle 14 sind die Nährstoffgehalte von Kot und Harn verschiedener landwirtschaftlicher Nutztiere zusammengefaßt.

Bei solchen Konzentrationsangaben muß immer beachtet werden, daß die absolut ausgeschiedene Nährstoffmenge außer von der Nährstoffkonzentration ja auch von der Menge des ausgeschiedenen Kots und Harns abhängt. So können mit einem wenig konzentrierten, „dünnen" Harn bei starkem Harnfluß ebensoviel Nährstoffe ausgeschieden werden, wie mit einem konzentrierten Harn bei entsprechend schwachem Harnabsatz.

Die pro DGVE [1]) absolut ausgeschiedene Nährstoffmenge ist der Tabelle 15 zu entnehmen. Hieraus wird ersichtlich, daß man pro DGVE Rind und Jahr etwa mit 12 kg Magnesium rechnen kann. Die DGVE Huhn liefert 10 kg Mg und die DGVE Schwein 8 kg Mg im Jahr.

Bedingt durch die unterschiedlichen Mengen an Ausscheidungen, TS- und Aschegehalte, sehen die Nährstoffkonzentrationen im Mist der einzelnen Tierarten jedoch anders aus als es die genannten Zahlen zuerst erwarten lassen.

Auf die Frischmasse (FM) bezogen liegen beim Rind 0,07 % davon als Mg vor und ebenso beim Schwein, während die Legehennen 0,16 % aufweisen.

Auf die TS bezogen erhält man beim Schwein wie beim Huhn etwa 0,6 bis 0,7 % Mg, beim Rind 0,5 bis 0,6 % Mg.

---

[1]) DGVE = *Düngergroßvieheinheit,* z. B. bei Festmistverfahren 1,5 ausgewachsene Rinder, 22 gemästete Schweine im Jahr, 3 Zuchtsauen mit Nachzucht (bei Flüssigmist ⅔ davon) oder 100 Legehennen bzw. 1 800 gemästete Hähnchen im Jahr.

Nährstoffe	Rind	1 DGVE Schwein	Legehenne
Org. Substanz	1 760	840	1 150
N. gesamt	90	72	90
N. mineral.	60	48	60
P_2O_5	35	45	75
K_2O	125	30	40
Ca	46	28	95
Mg	12	8	10

Tab. 15:
Absolut ausgeschiedene Nährstoffmenge pro DGVE
(BOVAY, z. n. BESSON, 1980) in kg/Jahr

2.3.2.2. Die Einstreu

Die Nährstoffgehalte der Einstreu zeigt Tabelle 16. Hinsichtlich des für die Kompostierung notwendigen C/N-Verhältnisses sollte die Stroheinstreu pro GVE und Tag mindestens 3 bis 4 kg betragen. Ältere Angaben von RAUHE (1968 a, S. 911) lauten, daß bei Rindvieh im Kurzstand 2 bis 4 kg, im Mittellangstand 4 bis 6 kg, im Langstand 6 bis 10 kg und im Tiefstall 10 bis 15 kg Stroh eingestreut werden. Bedingt durch die Tendenz Stroh einzusparen, dürfte die genannte Untergrenze im Kurzstand heute der Normalfall sein.

Pro GVE gibt RAUHE weiterhin für Pferde 3 bis 4 kg Stroh/Tag, bei Schafen 4 bis 5 kg Stroh/Tag und bei Schweinen 6 bis 8 kg Stroh/Tag an, wobei solche Zahlen nur als Anhaltswerte aufzufassen sind.

Die verschiedenen Einstreustoffe weisen einen recht unterschiedlichen Wert auf, wie schon aus Tabelle 16 hervorgeht.

Bei der Kompostierung wirken *Rapsstroh* und *Ackerbohnenstroh* wegen der stabilen, kantigen, hohlen Stengel strukturverbessernd. Das gleiche gilt für *Mais-* und *Sonnenblumenstengel,* sowie Tabakstrünke, die gehäckselt werden müssen.

Zerkleinerte Zweige und insbesondere *Sägespäne* benötigen eine lange Umsetzungszeit. Man sollte Sägespäne am besten einer Vorrotte unterziehen, indem man sie in einer Ecke einfach der Witterung preisgibt. In Sägewerken liegen oft Haufen im Freien, die bereits angerottet sind.

Material	Aufsaugvermögen (in % d. Eigengewichts)	Nährstoffe (in % d. TS)			
		N	P$_2$O$_5$	K$_2$O	CaO
Winterhalmstroh					
— Weizen	220— 240	0,4	0,1	0,8	0,14
— Roggen	220— 240	0,4	0,1	0,9	0,2
Haferstroh	290	0,5	0,2	1,9	0,3
Getreidestroh (gehäckselt)	330— 500	—	—	—	—
Maisstroh (gehäckselt)	300— 400	1,0	0,16	2,3	0,7
Kartoffelkraut	225	1,3	0,3	2,0	3,7
Laubstreu	160— 400	0,8	0,3	0,3	1,5
Nadelstreu	130	0,8	0,2	0,2	1,2
Heidekraut	130	0,8	0,1	0,3	0,4
Sägespäne	350— 400	0,2	0,1	0,2	0,8
Torfmoos/Torf	400—1 000	0,5—2,6	0,1	0,15	—

Tab. 16:
Nährstoffgehalt und Aufsaugvermögen der Einstreu
(nach verschiedenen Autoren)

Bei relativ frischem Sägemehl besteht die Gefahr von Hemmstoffwirkungen auf die Pflanze sowie die einer N-Sperre (s. d. a. Kap. C 1.3.).
Ungenügend verrotteten Misten mit Sägemehl wird nachgesagt, Drahtwurmbefall hervorzurufen.
Der Hartholzanteil sollte bei Sägemehl zu Einstreuzwecken gering bleiben, da die im Hartholz enthaltenen Gerbstoffe die Klauen der Tiere schädigen können.

2.3.2.3. Mistanfall und Inhaltsstoffe des Mistes

Angaben über den Mistanfall pro Tier bzw. GVE und Zeiteinheit schwanken in weiten Grenzen, was mit den Verschiedenheiten der Tierarten und Rassen, der Aufstallungsform und somit der Einstreumenge sowie der Nutzungsart (z. B. Weide- gegenüber Sommerstallhaltung bei Milchvieh) etc. zusammenhängt.

Die folgende Tabelle zeigt einerseits die täglich anfallende Menge an Kot und Harn bei landwirtschaftlichen Nutztieren bzw. den prozentualen Anteil von Kot und Harn am Gesamtgewicht der Exkremente und andererseits die Abhängigkeit des Mistanfalls von einem tierspezifischen Faktor am Beispiel des Lebendgewichtes.

Teilweise versucht man den Mistanfall/GVE zu berechnen, wobei die folgende Formel von WOLFF (z. n. RUHRSTICKSTOFF AG [Hrsg.], 1980) zur Anwendung gelangt:

Frischmistanfall = (½ Trockensubstanz Futter + Trockensubstanz Einstreu) x 4.

Während neuere Angaben von einem Mistanfall pro Kuh (bei ganzjähriger Stallhaltung) von 16 bis 23 t ausgehen, findet man in älteren Tabellen zum Teil noch Werte von 10 t/Kuh. Dies hängt sicherlich damit zusammen, daß in letzter Zeit mehr auf großrahmige Tiere mit hohem Gewicht und hoher TS-Aufnahme gezüchtet wird. Zum Teil dürften die älteren Angaben sogar auf Kühe bezogen sein, die keine 500 kg Lebendgewicht erreichten, also unter einer GVE lagen. Außerdem muß ja die Einstreumenge berücksichtigt werden. Ein Bauer, der viel beobachtet,

	Kot	Harn	Kot + Harn	Kot	Harn	Kot + Harn
	kg	kg	kg	% vom Tiergewicht		
Milchkuh, 630 kg						
Laktationsperiode	34,4	21,2	55,6	5,5	3,3	8,8
Trächtigkeitsperiode	23,4	20,4	43,8	3,6	3,2	6,8
im Mittel	29,5	20,8	50,3	4,6	3,3	7,9
Mastschwein (Getreide)						
Tiergewicht 40 kg	1,02	2,60	3,62	2,4	6,2	8,6
60 kg	1,51	2,57	4,08	2,5	4,3	6,8
90 kg	1,90	2,55	4,45	2,1	2,8	4,9
130 kg	2,15	2,74	4,89	1,7	2,1	3,8
im Mittel (87 kg)	1,73	2,62	4,35	2,0	3,0	5,0

Tab. 17:
Täglicher Anfall an Kot und Harn bei verschiedenen
landwirtschaftlichen Nutztieren
(z. n. STRAUCH et. al., 1977, S. 19)

wird sicherlich keine Schwierigkeiten damit haben, die Größenordnung des Mistanfalls auf seinem Betrieb einzuschätzen.

Im biologischen Landbau geht man davon aus, pro GVE Rind und Jahr eine Kompostmenge von 10 bis 12 t zur Verfügung zu haben.

Da der Frischmist aus Kot, Harn und Einstreu besteht, bestimmen diese drei Bestandteile seinen Nährstoffgehalt.

Überdies übt der Verlauf der Rotte einen Einfluß auf den Nährstoffgehalt aus. Gehaltszahlen für Mist und Kompost sind der Anhangstabelle zu entnehmen.

Das in diesen Tabellen aufgeführte reichhaltige „Zahlenmaterial" kann nun nicht verbergen, daß das Wissen v. a. über die Art der Nährstoffe im Mist, d. h. also über ihren Bindungszustand sowie das Wissen über organische „Wirkstoffe" im Kot, noch große Lücken aufweist.

Auf diese sollen hier noch einige „Blitzlichter" gerichtet werden.

Wenig bearbeitet wurde bisher der so umfangreiche wie bedeutungsvolle Bereich der Verbindungsformen bzw. Verfügbarkeitsstufen, in denen die Nährstoffe im Mist vorliegen und wie sie sich bei verschiedener Aufbereitung verändern.

RHODE (1956) gibt an, daß sich *Schweine- und Pferdemist* schneller erhitzen als der Mist von *Rindern*. Möglicherweise hängt dies mit verschiedenen Ammonium-N-Gehalten zusammen. SAUERLANDT und TIETJEN (1970, S. 169) schreiben, daß der Pferdemist erfahrungsgemäß mehr NH_4-N enthält (ca. 26 bis 36 % des Gesamt-N) als der Rindermist (ca. 10 %), wobei diese Werte natürlich von der Art und Dauer der Lagerung abhängen.

Wie bereits angesprochen, übt die Fütterung einen erheblichen Einfluß auf die Nährstoffkonzentration im Mist aus.

Die Proteinausnutzung der landwirtschaftlichen Nutztiere verschlechtert sich mit zunehmender Eiweißversorgung und zwar zu Anfang recht wenig, durch jede Steigerung bei ohnehin schon guter Versorgung jedoch rapide, so daß, bedingt durch ein heute übliches, hohes Proteinversorgungsniveau, der Anteil an ausgeschiedenem Futterprotein relativ groß ist (KIRCHGESSNER, 1978, S. 98).

Bedenkt man, daß sich aus den Proteinen unter den anaeroben Bedingungen im Darm Faulstoffe bilden (s. d. Kap. B 2.3.) und berücksichtigt man weiterhin, daß es unter den anaeroben Bedingungen im Stapelmist nicht zu einem Abbau dieser Stoffe, sondern zu einer Anreicherung kommt, so erscheint es als notwendig einmal abzuklären, inwieweit solche Miste — bedingt durch die mögliche Aufnahme von kleineren organischen Molekülen durch die Pflanze — die Qualität der Lebensmittel beeinträchtigen.

Auch ist es in der Praxis bekannt, daß man eine schlechte Silage nicht nur „vor", sondern auch „hinter" der Kuh riecht.

Umgekehrt weiß man, daß der Kot über Sekrete von Darmbakterien und eventuell auch der Darmschleimhaut mit Enzymen, Vitaminen und Wirkstoffen versehen wird. Diese könnten bei der Kompostierung möglicherweise den Rotteverlauf beeinflussen. So wiesen GAUTSCHI und JAEGGI (1978) nach, daß eine Kombination der im Kot vorkommenden Vitamine des B-Komplexes Nicotinsäure, Folsäure und Ca-Pantothenat die Nitrifikation einer reinen Harngülle (Jauche) förderte, die mit Kot versetzt wurde.

2.3.3. Mineralische Zuschlagstoffe

2.3.3.1. Allgemeines

Verschiedene mineralische Zuschlagstoffe werden zunehmend bei der Kompostierung eingesetzt und stellen wertvolle Mittel dar, mit denen sich ein in mancher Hinsicht noch besserer Kompost gewinnen läßt.

Hierbei dienen die Zuschlagstoffe verschiedenen Zielen, wie Bindung von *Ammoniak,* Versorgung mit mineralischen *Nährstoffen* v. a. im Mikro-Bereich und Bildung stabiler organo-mineralischer Verbindungen *(Ton-Humuskomplexe).*

2.3.3.2. Gesteinsmehle

2.3.3.2.1. Herkunft und Verwendung von Steinmehlen

Gesteinsmehle sind je nach Ausgangsgestein verschieden zusammengesetzt. Oft werden sie auch „Urgesteinsmehle" genannt, eine Bezeichnung, die eigentlich nur auf die in der Landwirtschaft meist verwendeten Vertreter der Silikatgesteine, die Magmatite, zutrifft. Magmatite kann man als Gesteinsgrundsubstanz bezeichnen, da aus ihnen die Sedimente und Metamorphite — wie die beiden anderen großen Gesteinsklassen genannt werden — hervorgegangen sind.

Je nach dem Ort des Übergangs vom glutflüssigen in den festen Zustand unterscheidet man bei den Magmatiten die Tiefengesteine, die Ganggesteine und die Ergußgesteine. Während erstere noch unter der Erdoberfläche erkalteten, erstarrten die letztgenannten, die auch als Vulkanite bezeichnet werden, nach Vulkanausbrüchen an der Erdoberfläche.

Die sauren, silizium- und quarzreichen Tiefengesteine (z. B. Granit) werden relativ wenig und nur auf basischen Böden eingesetzt.

Zur Zeit sind vornehmlich Mehle aus Ergußgesteinen verschiedenen Alters in Gebrauch. Der hohe Anteil an Erdalkali- und Alkalielementen, die Basensättigung, bewirkt die basische Reaktion der Vulkanite. Die Hauptvertreter der im biologischen Landbau verwendeten Vulkanit-Gesteinsmehle zählen zu folgenden drei Gruppen: Basalt, Porphyrit und Trachit.

Von der Basaltgruppe sind Gesteinsmehle aus dem jungen, feinkörnigen **Basalt** selbst sowie aus dem älteren, grobkörnigen **Diabas** im Handel.

Basaltmehle werden aus den Entstäubungsanlagen der Steinbrüche gewonnen, während Basaltgrus beim Brechen des Rohgesteins anfällt. Nach Angaben von HENNIG (1981) beträgt die größte Korngröße im Basaltmehl 0,09 mm. Der Grus liegt in einer Körnung von 1 bis 2 mm vor, weswegen seine Gesamtoberfläche kleiner ist und er langsamer verwittert.

Phonolitgesteinsmehle entstehen aus einer Abart des Trachit. Phonolit bildet plattige Absonderungen, weswegen dieser Stein früher zum Dachdecken benutzt wurde (SCHUMANN, 1977). Beim Anschlagen mit dem Hammer gibt dieser „Klingstein" einen hellen Ton von sich.

Der **Trachit** selbst ist eine junge Bildung der nach ihm benannten Gruppe. Er wurde früher oft als Mühlstein und teilweise zum Bauen benutzt. Aufgrund seiner Porosität und der zahlreichen Sanidin (Kalifeldspat)-Einsperrungen verwittert er leicht. Die Einlagerung der Kalifeldspäte bedingen auch den hohen K-Gehalt der trachitischen Gesteine, der um 10 % liegen kann. Zur Porphyritgruppe gehört der **Andesit**.

Phosphorit ist ein Mineralgemenge aus Apatit und anderen Phosphaten (s. d. bei „Rohphosphat" Kap. C 2.3.3.5.1.), also kein Silikatgestein. Die mineralische Zusammensetzung verschiedener Gesteinsmehle ist der Tabelle 55 im Anhang zu entnehmen.

Steinmehle werden zur Bodenverbesserung seit mindestens 2000 Jahren eingesetzt (KNICKMANN, 1968).

Während auf forstwirtschaftlichem Gebiet der Nachweis auch der Ertragswirksamkeit von Gesteinsmehl mehrfach erbracht wurde, ist ihr Einsatz auf landwirtschaftlichem Gebiet seit eh und je umstritten.

Verschiedene ältere Versuche erbrachten laut KNICKMANN „... weder gesicherte Mehrernten noch nennenswerte Qualitätsverbesserungen ...".

Zu diesen Versuchen äußerte sich WEINGÄRTNER (z. n. KNICKMANN, 1968) wie folgt:

„Zunächst ist jedes Steinmehl tot ...; ... damit es mit den Bodenkleinlebewesen in innige Berührung kommt und durch diese in den Lebensprozeß des Bodens eingebaut werden kann. Am intensivsten erfolgt dies natürlich im Komposthaufen. Gibt man größere Mengen eines Steinmehls zu einem Kulturboden, sollten unbedingt auch größere Mengen Humus oder gute Komposterde beigemischt werden."

FRAGSTEIN (1982) bezeichnet den Ansatz vieler Untersuchungen, die zu einer durchweg negativen Beurteilung der Gesteinsmehle gelangen, als fragwürdig: „Steinmehle sind in Bezug auf ihre chemisch/mineralische Zusammensetzung und insbesondere auf ihr physikochemisches Verhalten weder mit Stallmist oder leicht löslichen NPK-Düngern, noch mit über das Blatt applizierten Spurenelementdüngern vergleichbar."

2.3.3.2.2. Die Aufgabe der Mikroorganismen bei der Verwitterung von Gesteinen

Die mineralzersetzende Aktivität verschiedener Bodenlebewesen ist seit längerem bekannt und in etlichen jüngeren Versuchen näher erforscht worden, so daß die Frage der möglichen Nährstoffwirksamkeit von Gesteinsmehlen als prinzipiell geklärt angesehen werden kann (s. z. B. TROLLDENIER, 1971; MÜLLER, 1965).

Erste exakte Untersuchungen über die Einwirkung von Mikroorganismen auf Gesteine und Mineralien führte schon KUNZE 1905 durch. Bald folgten weitere Arbeiten (MÜLLER, 1965, S. 585). Die Wirkungsmechanismen bei der Mineralzersetzung durch Mikroben sind vielfältig. „Bakterien, Pilze und Algen nehmen teils direkt (Eisenbakterien, Schwefelbakterien etc.) teils indirekt mit Hilfe ihrer Stoffwechselprodukte (CO_2, NO_3^-, SO_4^{2-}, *organische Säuren,* Bakterienschleime) an der Zersetzung der Minerale teil" (MÜLLER, 1965, S. 585).

Bei dem mikrobiellen Angriff handelt es sich um Säurehydrolysen und Chelatbildung. Den in den Schleimhüllen vorliegenden Uronsäuren kommt eine erhebliche Bedeutung bei der Chelatierung von Mineralstoffen zu. Während einfache organische Säuren unter aeroben Bedingungen im Boden rasch abgebaut werden, sind die Uronsäuren relativ stabil, wodurch es sogar zu einer gewissen Anreicherung dieser Verbindungen im Boden kommen kann (CLAUS et al., 1957).

In einigen Fällen gelangen beim mikrobiellen Angriff auf Gesteine auch starke Mineralsäuren zur Wirkung (z. B. Schwefelsäure bei Thiobacillus-Arten).

Die gelösten Minerale werden von den Mikroorganismen zum Teil in die Körpersubstanz integriert, zum Teil bleiben sie in Lösung.

Gegenüber autotrophen Mikroorganismen, wie z. B. Algen, denen bisher schon eine bedeutende Rolle bei der biologischen Verwitterung zugeschrieben wurde, da sie nicht auf die zu Anfang der Verwitterung kaum vorhandenen organischen Kohlenstoffquellen angewiesen sind, rücken heterotrophe Mikroorganismen hinsichtlich der Mineralzersetzung seit den sechziger Jahren mehr ins Interesse der Wissenschaft.

WAGNER und SCHWARTZ (1967 a, 1967 b) wiesen bei verschiedenen Bakterien nach, daß sie zur Verwitterung von Mineralien befähigt sind, auch wenn gleichzeitig zur Verwitterungslösung keine Kohlenstoffquellen hinzugefügt wurden.

Menge der gelösten Mineralsalze bei Rapakivi Granit — Werte in mg/500 g						
	SiO_2	Al_2O_3	Fe_2O_3	MgO	CaO	K_2O	Na_2O
Eigenkeime *)	2,911	0,086	0,204	0,083	0,319	2,436	1,644
Keimsuspension **)	3,104	0,124	0,215	0,084	0,327	2,641	1,723
Sterilkontrolle ***)	1,239	0,027	0,098	0,028	0,085	0,422	0,273

Biotit. Werte in mg/250 g						
	SiO_2	Al_2O_3	Fe_2O_3	MgO	CaO	K_2O	Na_2O
Keimsuspension	3,321	0,132	0,493	1,427	0,096	1,965	0,206
Sterilkontrolle	0,857	0,043	0,098	0,347	0,021	0,384	0,057

Orthoklas. Werte in mg/500 g						
	SiO_2	Al_2O_3	Fe_2O_3		CaO	K_2O	Na_2O
Eigenkeime	1,573	0,103	0,840		0,089	2,221	0,405
Keimsuspension	1,343	0,094	0,780		0,062	1,894	0,396
Sterilkontrolle	0,381	0,031	0,160		0,016	0,241	0,065

*) = mit natürlicher Mikrobenpopulation
**) = mit Mikroorganismen beimpft
***) = ohne Mikroorganismen

Tab. 18:
Verwitterung verschiedener Minerale durch bakterielle
„Pionierpopulationen" in 3 Monaten bei 28°C
(WAGNER und SCHWARTZ, 1967 a)

Die in der Tabelle 18 wiedergegebenen Ergebnisse dieser Versuche betreffen dabei nur die in Lösung gegangenen Nährstoffe und erfassen nicht die an den Mineraloberflächen bzw. im Bakterienaufwuchs festgehaltenen Nährstoffmengen.

Außerordentlich verstärkt wurde der Verwitterungseffekt noch, wenn chemolitotrophe Bakterien zur Ansiedlung kamen, wie in der Tabelle 19 aufgeführt.

Organische Anionen, die in Form *organischer Säuren* von diesen Pionierpopulationen hinterlassen werden, ermöglichen eine Anhebung des „biologischen Niveaus der Verwitterung", da dadurch anspruchsvolleren heterotrophen Mikroorganismen Lebensmöglichkeiten geboten werden .(WAGNER und SCHWARTZ, 1967 a).

Mikroskopische Untersuchungen der obengenannten Autoren deuten auch darauf hin, daß lockere symbiontische Beziehungen bei der Ver-

	SiO$_2$	Al$_2$O$_3$	Fe$_2$O$_3$	MgO	CaO	K$_2$O	Na$_2$O
Th. thiooxidans	166,9	6,608	4,375	0,341	1,326	8,775	8,041
Sterilkontrolle	1,239	0,027	0,098	0,028	0,085	0,422	0,273

Tab. 19:
Einfluß des schwefelsäurebildenden Bakteriums Thiobacillus
thiooxidans auf die Lösung von Mineralsalzen aus Rapakivi-Granit
(Werte in mg/500 g), Versuchsdauer 3 Monate bei 28°C
(nach WAGNER und SCHWARTZ, 1967 a)

witterung eine Rolle spielen könnten. Während in diesen Versuchen schleimbildende Bakterien, die zur Mineralverwitterung befähigt waren, einen dichten Mantel um die einzelnen Mineralteilchen bildeten, entwickelten sich „sekundäre" Bakterienstämme an dieser „primären" Bakterienhülle.

Bei den Verwitterungsvorgängen lagerten sich die Mikroorganismen nicht nur an der Oberfläche der Mineralpartikel an, sondern siedelten auch in Spaltflächen und drangen beim Biotit sogar zwischen die einzelnen Glimmerplättchen vor. Bei gleichzeitiger Glucosezugabe konnte die mikrobielle Aktivität so weit gesteigert werden, daß Nephelin-Kristalle binnen vierzehn Tagen vollkommen aufgelöst wurden, was von WAGNER und SCHWARTZ (1967 b) unter dem Phasenkontrast- bzw. Polarisationsmikroskop verfolgt werden konnte.

Verschiedene Bodenpilze und Hefen besitzen ebenfalls die Fähigkeit, Mineralien zu verwittern.

In Versuchen von ECKHARDT (1979) zeigte sich, daß diese Mikroben in Glucose-Mineralsalzlösungen verschiedene silicatische Mineralien unterschiedlich stark verwitterten. Einen besonders hohen Verwitterungsgrad wies der Biotit auf, aus dem 66 % des K, 33 % des Mg, 29 % des Fe, 59 % des Al und 6 % des Si freigesetzt wurden.

Gegenüber dieser Abhängigkeit der mikrobiellen Lösungsleistung von der Verwitterungsstabilität der Mineralteilchen wiesen MÜLLER und FÖRSTER (1964) nach, daß die Lösungsleistung auch von der jeweilig agierenden Pilzart abhängt. Während schwache Zersetzer das freigesetzte K, Na und Ca aus Orthoklas fast vollständig bei der Mycelbildung verbrauchten, verblieben bei Mikroben mit starker Lösungsleistung ein Teil der freigesetzten Mineralstoffe in der Lösung.

2.3.3.2.3. Verfügbarkeit der Steinmehlnährstoffe

Schon früh wurden zur Wirkung von Steinmehlen, die direkt im Pflanzenbau eingesetzt werden sollten, Testversuche durchgeführt. Dabei ergaben sich widersprüchliche Ergebnisse (s. z. B. HONCAMP u. a. 1910), die jedoch überwiegend gegen einen kurzfristig erkennbaren Düngewert des Steinmehls sprachen.

Demgegenüber standen schon damals Versuche, die nachwiesen, daß manche Pflanzen sogar in Hydrokultur Nährstoffe aus gemahlenem Basaltmehl aufzunehmen vermögen (s. z. B. SACHSE, 1927). Die Erbse besaß in diesem Versuch in besonders hohem Maß die Fähigkeit, Nährstoffe aus dem Basaltmehl zu mobilisieren.

In den Versuchen von SACHSE (1927) konnte v. a. das Kalium gut aufgenommen werden, während es kaum zu einer Mobilisierung von Phosphor und Kalzium kam. Nach den Untersuchungen verschiedener Autoren können Kulturpflanzen ihren K-Bedarf aus bestimmten Steinmehlen decken, wenn für sie kein leicht lösliches Kalium zur Verfügung steht (BLANCK, 1914; EBERT, 1962; RICHTER, 1974; SWANBACK, 1950 — alle z. n. FRAGSTEIN, 1982). Andere Kulturpflanzen als die von SACHSE verwendeten, besitzen in hohem Maß die Fähigkeit, schwerverfügbaren Phosphor zu mobilisieren, wie schon aus Untersuchungen von DOMONTOWITSCH et al. (1928) mit Lupinen hervorgeht. Solche Ergebnisse haben in jüngerer Zeit ihre Erklärung in den Ausscheidungen der Pflanzenwurzeln: CO_2, organische Säuren und Chelatoren, gefunden. Auch die Rhizosphärenflora spielt hierbei eine Rolle (BAUER und HAAS (1922); DRAKE und STECKEL (1955); KICKUTH (1965); VAN RAY und VAN DIEST (1979); ZELLER (1965).

Geht das Steinmehl über die Kompostierung, so dürfte ein höherer Anteil seiner Nährstoffe in kurzer Zeit der Pflanze zur Verfügung stehen, als bei direkter Anwendung des Gesteinsmehls. Dies läßt sich aus den Ergebnissen mehrerer Autoren (DÖHRING, 1954; MANNINGER und ZOLTAI, 1958; HESSE und RAUHE, 1957) wie auch direkt von SACHSE (1927) folgern, die zeigen, daß nach Vorbehandlung des Steinmehls mit schwachen Lösungsmitteln Erbsen mehr Nährstoffe aus diesem aufnahmen, als aus einem unbehandelten Steinmehl.

Bezogen auf den Gesamtnährstoffgehalt vermochten die Erbsen Kalium zu 5,28 % aus unbehandeltem Basaltmehl, zu 16,92 % aus mit heißem Wasser behandeltem Basaltmehl und zu 31,38 % aus mit einprozentiger Ammoniaklösung behandeltem Basaltmehl aufzunehmen. Phosphor wurde aus unbehandeltem Basaltmehl nicht angenommen und nur zu 0,39 % aus dem mit einprozentiger Schwefelsäure behandeltem Basaltmehl, zu 0,54 % aus mit heißem Wasser behandeltem Basaltmehl und zu 2,02 % aus dem mit einprozentiger Ammoniaklösung behandeltem Basaltmehl.

Spätere Extraktionsversuche ergaben, daß einprozentige Zitronensäure ein recht effektives Lösungsmittel darstellt, mit dem 82 % des Gesamt-K, 2 % des Gesamt-P und 3 % des Gesamt-Mg aus dem Basaltmehl mobilisiert werden konnte.

2.3.3.2.4. *Bindung von Ammonium-Stickstoff durch Steinmehl*

Ein anderer Aspekt der Verwendung von Steinmehl besteht in der möglichen Verminderung von NH_3-Verlusten, z. B. bei der Hofdüngeraufbereitung.

Bereits 1964 wiesen ADAMS und STEVENSON darauf hin, daß primäre Silikate und Granit- bzw. Pegmatitteilchen NH_4^+ adsorbieren.

Sie stellten fest, daß die Werte des adsorbierten, nicht mit 1,0 N KCl extrahierbaren NH_4^+ beim 3- bis 15fachen des NH_4^+-Gehaltes der jeweiligen Mineralien lag. Der nicht mit 1,0 N KCl lösbare NH_4^+-Anteil wird in der Bodenkunde normalerweise als „nicht austauschbar" bezeichnet.

Im Gegensatz jedoch zu dem beispielsweise in Tonmineralen fixierten NH_4^+ konnte der nicht austauschbare Anteil leicht mit 1,0 N KOH extrahiert werden.

Da das Ammonium also weder einfach austauschbar adsorbiert noch andererseits fixiert war, postulierten die genannten Verfasser eine Adsorption des NH_4^+ in „Lücken und Ecken" der Partikeloberfläche mit erhöhter Bindungsenergie.

Gerade um eine möglichst gute Adsorption des Ammoniaks zu erreichen, sollte das Steinmehl direkt im Stall eingestreut werden. Dadurch und über die Bindung anderer geruchsintensiver Verbindungen wird auch eine wesentliche Verbesserung der Stalluft erzielt. Außerdem saugt Steinmehl Jauche auf.

Der Zusatz zum Mist beträgt normalerweise 1 bis 5 %, d. h. also etwa 160 bis 800 kg/GVE und Jahr bzw. 0,5 bis 2,5 kg/GVE und Tag. In letzter Zeit versucht man zum Teil sogar bis zu 8 %, bei Hühnermist über 10 % Steinmehl zuzusetzen. Die erheblich ansteigenden Preise für das Steinmehl setzen hier Grenzen.

2.3.3.3. Tonmehl

2.3.3.3.1. Allgemeine Eigenschaften

Die *Zugabe von toniger Erde* zum Rohmaterial war bereits in den Anfängen der Kompostierung üblich. Der Erdanteil lag dabei aber oft zu hoch (20 bis 50 %). Aus diesem Grund konnten Probleme bei der Kompostierung wegen der Nährstoffarmut des Substrats, Dichtlagerung und unzureichender Durchmischung auftreten.

In neuerer Zeit geht man auch aus arbeitswirtschaftlichen Gründen dazu über, Tonmehle bei der Kompostierung einzusetzen.

Dabei handelt es sich um sogenannte Bentonite, die innerhalb der BRD hauptsächlich in Bayern geschürft werden. Die Bezeichnung Bentonit für einen Ton mit hohem Quellvermögen wurde 1898 von dem amerikanischen Geologen KNIGHT nach einer Fundstätte bei Fort Benton/Wyoming (USA) eingeführt (FAHN, 1973).

Mineralogisch gesehen besteht der Bentonit aus einem Gemisch von Tonmineralen, primären Schichtsilikaten (Glimmern) und Feldspäten. Hauptbestandteil des im Handel erhältlichen „Edasil" ist der Montmorillonit, die Mg-reiche Form des Dreischicht-Tonminerals Smectit. Der Montmorillonit wurde ebenfalls nach einer Lagerstätte in Südfrankreich benannt.

Smectite stellen jene Form der Dreischichtminerale mit der geringsten Schichtladung dar. Dementsprechend können die einzelnen Schichten des Minerals unter Wassereinlagerung stark aufgeweitet werden. Diese Aufweitbarkeit spielt bei der Mobilisierung von Zwischenschichtkationen als Pflanzennährstoffe eine bedeutende Rolle (SCHEFFER und SCHACHTSCHABEL, 1979).

Das Vermögen der Tonminerale zu quellen und zu schrumpfen, beeinflußt weiterhin den Wasserhaushalt eines Bodens und dessen Struktur.

Die deutschen Bentonitvorkommen und die in der Landwirtschaft eingesetzten Bentonitmehle enthalten als Zwischenschichtkationen hauptsächlich Ca^{2+} und Mg^{2+}. Wesentlich quellfähiger sind sogenannte Na-Bentonite, also Bentonite mit Na^+ als Zwischenschichtkation, das wesentlich stärker hydratisiert als Ca^{2+} und Mg^{2+}. Dadurch kann beim Quellen des Minerals sogar eine Ablösung hauchdünner Silikatlamellen hervorgerufen werden. Alkali-Bentonite werden durch Ionenumtausch, z. B. mittels Soda (Na_2CO_3), aus den Erdalkali-Bentoniten bezeichnet (FAHN und BUCKEL, 1968). Sie ergeben beim Aufquellen ein Gel, das wie Gülle ein thixotropes Verhalten zeigt (was u. a. bedeutet, daß das Gel erst zu fließen beginnt, wenn eine bestimmte Kraft von außen angelegt wurde = Fließgrenze).

Als weiteres Tonmineral enthält das „Agrar-Bentonit Edasil" geringe Anteile des Zweischichtminerals Kaolinit.

Die chemische Zusammensetzung ist der Tabelle 54 im Anhang zu entnehmen.

2.3.3.3.2. Die Einwirkung von Tonmineralen auf die Rotte

Die Tonminerale sollen als Kompostierungszuschläge auf zwei Ebenen wirken. Zum einen geht es um eine direkte Beeinflussung des Kompostierungsprozesses, zum anderen um die Verbesserung der Böden, denen mit einem solchen Kompost in erhöhtem Maße stabile organo-mineralische Verbindungen, sogenannte *Ton-Humus-Komplexe*, zugeführt werden (s. d. a. Kap. C 2.6.).

Bedingt durch die negative Schichtladung der Tonminerale in Verbindung mit ihrer großen Oberfläche werden Ionen und auch ungeladene, polare Moleküle mehr oder minder stark gebunden. Nach FILIP (1970) liegt die Gesamtoberfläche von einem Gramm Montmorillonit zwischen 400 und 800 m^2; die Gesamtoberfläche von „Edasil" laut Hersteller bei 70 m^2 (Süd-Chemie). Die Bindung von Ionen vermindert die Verluste aller Nährstoffe, die leicht aus der Miete ausgewaschen werden.

Auf eine starke Adsorption des NH_4^+ durch Bentonit schlossen GAUTSCHI und JAEGGI (1978) aus ihren Versuchen mit Gülle und verschiedenen Bentonitzuschlägen.

Weiterhin besitzen Schichtsilikate die Eigenschaft, polare, langkettige organische Moleküle in die Zwischenschichten einzulagern. Die bevorzugte Anordnung einer solchen organischen Verbindung im Schichtsilikat zeigt die Abbildung 19 schematisch am Beispiel des n-Alkylammonium. Ähnlich können stickstoffreiche Eiweißverbindungen und

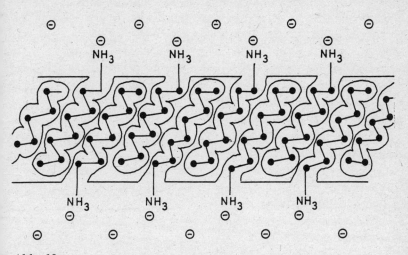

Abb. 19:
Bevorzugte Anordnung von n-Alkylammoniumionen in
Schichtsilikaten — schematisch
(WEISS, z. n. FAHN und BUCKEL, 1968)

polare Farbstoffmoleküle im Mineral festgehalten werden. Die Entfernung von Eiweißkörpern aus einer Lösung durch Bentonitzusatz macht man sich schon seit langem bei der Schönung von Wein, Most, Säften und Bier sowie bei der Klärung von zuckerhaltigen Lösungen zunutze (FAHN und BUCKEL, 1968).

Versucht man, diese Zusammenhänge auf die Hofdüngeraufbereitung zu übertragen, so zeigt sich, wie vielschichtig ein Zuschlag von tonmineralhaltigem Material auf die Umsetzungen einwirken kann.

BECKWITH und PARSONS (1980) stellten in ihren Untersuchungen eine wesentlich verbesserte N-Dynamik bei der Kompostierung von Stroh mit Mineraldüngern nach Zugabe von Bentonit fest.

Von 500 mg NH_4-N und NO_3-N, die dem Stroh zugegeben wurden, blieben in der Bentonitvariante nach zehn Tagen noch 216 mg übrig. Der Rest wurde vollständig organisch gebunden.

Bei der Kontrollgruppe waren nach zehn Tagen von 500 mg noch 142 mg zu finden, organisch gebunden wurden jedoch nur 259 mg. Das bedeutet, daß etwa 100 mg N verlorengingen. Zwischen dem 10. und dem 20. Tag betrugen die Verluste bei der Kontrollvariante weitere 10 mg, bei der Bentonitgruppe 60 mg. Demgemäß ging im Zeitraum von 20 Tagen wesentlich weniger Stickstoff aus der Bentonitgruppe verloren als aus der Variante ohne Bentonit-Zusatz.

Die Gesamt-N-Verluste lagen mit Zusatz von Bentonit niedriger als ohne Zusatz von Bentonit, d. h. die Bentonitgruppe enthielt sowohl mehr organisch gebundenen N als auch einen höheren Restgehalt an NH_4-N.

Gegenüber dieser Versuchsvariante mit hoher Stickstoffbeigabe konnten in der Variante mit niedriger, d. h. halbierter Stickstoffzugabe, keine Unterschiede zwischen den Gruppen mit und ohne Bentonit beobachtet werden. Hier dürfte, durch das weite C/N-Verhältnis (um 50) bedingt, genügend schnellverfügbarer Kohlenstoff zur organischen Bindung des löslichen Stickstoffs bereitgestanden haben.

Welche Anteile bei der festgestellten Verbesserung der N-Dynamik auf die Adsorption des NH_4^+ durch die Tonminerale einerseits bzw. auf eine gesteigerte mikrobielle Aktivität (s. d. noch später) andererseits zurückzuführen sind, bleibt unklar.

BECKWITH und PARSONS (1980) stellten überdies fest, daß die Verluste an OS während der Rotte durch Bentonitzugaben reduziert werden konnten. Bei der Variante mit niedrigem Stickstoffniveau gingen in der Bentonitgruppe nach 150 Tagen 39 % der OS verloren, hingegen 46 % in der Gruppe ohne Bentonitzusatz. Bei hohem Stickstoffniveau betrugen die Verluste an OS mit Bentonit 50 % und ohne Bentonit 56 %.

Ein weiterer Aspekt der Einwirkung auf die Kompostrotte ist in der Beeinflussung der mikrobiellen Aktivität durch die Tonminerale zu sehen. Die Wechselwirkungen zwischen Tonmineralen und Mikroorganismen sind vielschichtig und reichen von der Adsorption der Autolyse- bzw. Stoffwechselprodukte von Mikroben an Tonmineralen über die wechselseitige Adsorption von Tonmineralen und Mikroben selbst bis zur Beeinflussung der Migration (Wanderung) von Mikroben durch die Tonminerale.

FILIP (1970) konnte zeigen, daß verschiedene Boden- und Sandkulturen, die mit Casein und hohen Gaben an Bentonit versetzt worden waren, durchweg ein Mehrfaches an Mikroorganismen aufwiesen als die Kulturen mit alleiniger Caseinzugabe. Bei den mikroskopischen Untersuchungen wurde zum Teil eine regelrechte Adsorption von Mikroben an Tonteilchen beobachtet. Hinweise darauf, daß Tonminerale als Träger von Mikroorganismen fungieren können, liefern auch die Untersuchungen von GAUTSCHI und JAEGGI (1978).

Ammonifizierungstests bei FILIP (1970) mit Boden- wie mit Sandkulturen zeigten, daß bei Zugabe von Bentonit ammoniumhaltige Verbindungen stärker mineralisiert wurden als in den Kontrollgruppen ohne Bentonit. Gleichzeitig stieg in der Bentonitgruppe die Einbindung des Stickstoffs in die Mikrobenmasse an.

Unter dem Einfluß von Bentonit wurde die Huminstoffbildung in der Versuchsvariante „Sand" gesteigert, nicht jedoch in den Bodenvarianten. Hingegen stieg hier der Anteil der mineralisch gebundenen Huminstoffe proportional zur Bentonitzugabe an. Ob dabei allerdings, wie FILIP folgerte, bereits stabilere organo-mineralische Verbindungen gebildet wurden (Ton-Humuskomplex), bleibt ungewiß.

Ein direkter Schluß scheint jedenfalls nach der von FILIP verwendeten Methodik nicht möglich, und die Ergebnisse der Sandkulturen lassen eher den gegenteiligen Schluß zu. Hier wurden nämlich in hohem Maße Fulvosäuren und „Huminsäure-Vorstufen" an den Bentonit gebunden.

Wie im Kapitel C 2.6.2.5. beschrieben, weist aber SPRINGER (1960) darauf hin, daß gerade solche jungen, noch unausgereiften organo-mineralischen Verbindungen ein überaus günstiges Nährsubstrat für Mikroorganismen darstellen — im Gegensatz zu den stabilen *Ton-Huminsäure-Komplexen.*

Anscheinend spielt der Faktor Zeit bei der Bildung hochmolekularer Huminstoffe, v. a. der Grauhuminsäuren, die ein Tonmineralteilchen völlig einhüllen, eine wesentliche Rolle (SCHEFFER und SCHACHT-SCHABEL et al., 1979). Diese dichte Umhüllung verwehrt den Mikro-ben eine Ansiedlung an und zwischen den Mineralplättchen. Enzyme, die von Bakterien aus der Umgebung abgesondert werden, können in diese Komplexe integriert und somit unschädlich gemacht werden.

Im Gegensatz zu den höhermolekularen Huminsäuren, die nicht zwi-schen den Schichten der Tonminerale gebunden werden können, ist dies bei kleineren Molekülen und selbst bei Fulvosäuren noch möglich (SCHEFFER und SCHACHTSCHABEL et al., 1979, S. 69).

Während so einerseits der „Freßplatz" der Mikroorganismen zwischen den Mineralplättchen und an deren Rändern zusätzlich zu den vorhan-denen Mineralstoffen noch mit organischem Nährsubstrat angereichert wird, fehlt bei den jungen organo-mineralischen Verbindungen anderer-seits die schützende, stabile Huminsäurehülle.

2.3.3.3.3. Die Anwendung von Tonmehlen

Als Zuschlag bei der Kompostierung werden vom Hersteller Bentonit-mengen von 8 bis 10 kg/m³ organischem Material empfohlen bzw. 1 bis 1,5 % vom Rohstoffgewicht.

Auf gemulchtes Material sollen 200 g/m² gegeben werden, was 2 t/ha entspricht. Diese Menge erscheint als hoch, was sich auch preislich nie-derschlägt. Aber selbst bei reichlicher Bentonitzugabe kann man sich hinsichtlich der Verbesserung von Ionen-Umtausch-Kapazität, Wasser-haushalt und Struktur eines Bodens erst langfristig einen Erfolg verspre-chen. Schließlich muß die Bentonitzufuhr immer im Verhältnis zu der bereits im Boden vorhandenen Menge an Tonmineralen gesehen wer-den.

Gerade in der Verbindung von Tonmineralen und organischer Substanz ergeben sich aber für den Acker wertvolle Stoffe und eine wünschens-werte Steigerung der mikrobiellen Aktivität.

Wer dem Kompost statt der Tonmehle *tonhaltige Erden* zusetzen will, sollte — wegen der bereits erwähnten Probleme — nicht über 10 % hinausgehen, d. h. hier würde das Verhältnis „Organisches Material: Erde" etwa 9 : 1 betragen. Auch bei Erde, deren Tongehalt geringer ist, beträgt die Obergrenze 15 %. Das größte Problem beim Erdzusatz bleibt nach wie vor die gleichmäßige Durchmischung von organischem und mineralischem Anteil.

2.3.3.4. Kalk

Kalk in allen erdenklichen Formen zählte früher zu den Standardbeigaben bei der Kompostierung.

Damit wurde aber oft eher zuviel als zuwenig des Guten getan. Hinsichtlich der pH-Wert-Regulierung ist eine Kalkzugabe bei den wenigsten Komposten notwendig. Außer bei manchen Rinden-, Torf- und Laubkomposten liegt der pH-Wert bei den meisten Komposten im gewünschten neutralen bis leicht alkalischen Bereich.

Sinnvoll können Kalkzugaben zur Nährstoffergänzung bei Ca-armen Materialien sein. Überdies regt Calcium die mikrobielle Aktivität an.

Kalkzugaben sollten jedoch keinesfalls in Form des rasch wirksamen *gebrannten Kalks* (CaO) erfolgen, weil dieser den pH-Wert sehr schnell anhebt und dadurch erhebliche Ammoniakverluste hervorrufen kann (s. d. a. Kap. C 2.5.2.).

Bewährt haben sich Zuschläge von *kohlensaurem Kalk* ($CaCO_3$) und *Algenkalk*. Letzterer besteht zu etwa 80 % aus $CaCO_3$. Algenkalk weist überdies noch einen recht hohen Gehalt an Magnesium sowie Spurenelementen auf.

Der Algenkalk wird von korallenähnlichen Kalkbänken im küstennahen Meeresboden gewonnen, die aus dem Skelett der Meeresalgen Lithotamium bestehen. Seine durchschnittlichen Nährstoffgehalte sind der Tabelle 54 im Anhang zu entnehmen.

Im Handel wird Algenkalk unter dem Namen „Algomin" vertrieben. Langjährige Erfahrungen mit dem Algenkalk zeigen, daß er die mikrobielle Aktivität während der Kompostierung anregen kann. Dadurch soll eine Verkürzung der Rottezeit zu erzielen sein.

In Untersuchungen im Kompostwerk Blaubeuren erbrachten Zuschläge von Algenkalk eine schnellere Reifung des Kompostes, der zu 80 % aus Hausmüll und zu 20 % aus Baumwollabfällen bestand (KNEER, 1968). Bei Materialien, die hinsichtlich optimaler Kompostierungsbedingungen besser zusammengesetzt sind, dürfte die in diesem Versuch sehr starke Algomin-Wirkung jedoch zurücktreten.

Im Stall zur Einstreu benutzt, soll Algomin nach Angaben der Vertreiber Ammoniak binden und dadurch das Stallklima sowie den Düngewert des Mistes verbessern. Wissenschaftliche Untersuchungen hierüber sind bisher nicht bekannt.

	ohne Algomin	mit 10 % Algomin	mit 20 % Algomin
maximale Temperatur (°C)	52	65	67
maximale Temperatur, erreicht nach Tagen	28	21	17
pH-Wert bei Versuchsbeginn	7,8	7,6	7,8
pH-Wert bei Versuchsende (nach 6 Monaten)	7,8	7,5	7,5
Nitratstickstoffgehalt bei Versuchsende	mittel	ganz stark	ganz stark
Ammoniakgehalt bei Versuchsende	mittel	keines	keines
Kresseausbeute in g nach 5 Tagen	0	30	45
Wachstumstest mit dem Verticilliumpilz	starke Wachstums-hemmungen	keine Wachstums-hemmungen	keine Wachstums-hemmungen

Tab. 20:
Wirkung von Algenkalk auf die Kompostierung von Hausmüll und Baumwollabfällen (KNEER, 1968)

2.3.3.5. Phosphorreiche Materialien

2.3.3.5.1. Rohphosphat

Tritt der Phosphor in der Natur in Kristallform auf, so werden die resultierenden Verbindungen als Apatite bezeichnet. Unter dem Namen Rohphosphat faßt man die verschiedenen Erscheinungsformen der Apatite zusammen.

Der sogenannte primäre Apatit ist chemisch gesehen ein Calciumfluoridphosphat und wird gewöhnlich als $Ca_5 (PO_4)_3F$ formuliert (SCHEEL, 1968).

Wegen des dehnbaren Gitters des Apatitkristalls können Ionen aus dem Gitter gegen andere Kationen und Anionen ausgetauscht werden, wie F^- durch Cl^- und OH^-, PO_4^{3-} zum Teil durch CO_3^{2-} und Ca^{2+}, durch Mg^{2+} bzw. Fe^{2+}.

Diese Umwandlungsmöglichkeiten bedingen eine Vielzahl von Verbindungen, die alle als Apatite bezeichnet werden. Dadurch variieren auch die Nährstoffgehalte der Rohphosphate (s. d. Tab. 54 im Anhang). Rohphosphatlager existieren zerstreut über die ganze Welt. Soll Rohphoshat in der Landwirtschaft verwendet werden, so empfiehlt es sich, weicherdige Formen aus nordafrikanischen Lagerstätten vorzuziehen, die gemahlen, z. B. als „Hyperphos", in den Handel gelangen.

Die Löslichkeit verschiedener Rohphosphate zeigt die Tabelle 21. Meist wird der zitronensäurelösliche Anteil als Maßstab dafür verwendet, was für die Pflanze „verfügbar" gemacht werden kann, d. h. was sie selbst und die Mikroorganismen mobilisieren.

Im biologischen Landbau empfiehlt man, mineralische Ausgleichsdünger, die ja nur selten verwendet werden, nicht direkt auszubringen, sondern den Weg über die Kompostierung zu wählen. Bei Gesteinen (und auch das Rohphosphat zählt ja hierzu) hat dies wie bereits angesprochen den Vorteil, daß schwerverfügbare Mineralstoffe während der Rotte mobilisiert werden.

Darüber hinaus weist OTT (1982) darauf hin, daß Rohphosphate die mikrobielle Aktivität während der Kompostierung von Stallmist erheblich zu steigern vermögen.

Auf einen Aufschluß kalkhaltiger Rohphosphate während der Stallmistrotte wiesen bereits mehrere Autoren in den fünfziger Jahren hin.

	Gafsa-Phosphat		Pebble-Phosphat	
	Ges.-P_2O_5 (%)	rel. Löslichkeit	Ges.-P_2O_5 (%)	rel. Löslichkeit
Ges.-P_2O_5	28,98		33,11	
weinsäurelösl. P_2O_5	28,18	97,2 %	16,05	50,1 %
ameisensäurelösl. P_2O_5	22,27	76,9 %	7,74	24,2 %
zitronensäurelösl. P_2O_5	12,43	42,9 %	7,07	22,1 %
essigsäurelösl. P_2O_5	5,29	18,3 %	2,98	9,3 %
zitronen/essigsäure-lösliches P_2O_5	8,58	29,6 %	5,23	16,3 %

Tab. 21:
Löslichkeitsstufen von Rohphosphat (MÜLLER, 1968)

In diesen Versuchen wurde dem Stallmist vor der Stapelung Rohphosphat zugesetzt. Solche Miste wiesen gegenüber einer Düngung mit normalem Stapelmist und einer zusätzlichen Bodendüngung mit Rohphosphat eine bessere Wirkung auf, so daß mit ihnen Mehrerträge erzielt wurden, die zwischen 3 bis 5 % und 20 % schwankten (DÖHRING, 1954; HESSE und RAUHE, 1957; MANNINGER und ZOLTAI, 1958).

Bei Sommergerste stieg die Qualität hinsichtlich der Braueigenschaften (MANNINGER und ZOLTAI, 1958). Die Angaben über den Aufschluß des Rohphosphats während der Rotte lagen bei 15 % (DÖHRING, 1954).

In einer neueren Untersuchung, die die genannten Resultate bestätigt, fassen ELBARUNDI und OLSEN (1979) die ältere Literatur zu diesem Thema zusammen:

— seit 1937 ist bekannt, daß organische Säuren von Mikroorganismen, im Boden Phosphat extrahieren (WAKSMAN und REUSZER). Diese Ergebnisse wurden mehrfach bestätigt (z. B. DEAN und RUBINS).

— 1942 (MERKE) bzw. 1948 (GERRETSEN) wurde beobachtet, daß organisches Material die Verfügbarkeit des Bodenphosphats erhöht.

— 1950 zeigten STRUTHERS und SIELING, daß verschiedene organische Substanzen die Fällung von P als Eisen bzw. Aluminiumphosphat verhindern.

DÖHRING (1954) führte den Aufschluß von Kalkphosphaten auf deren Labilisierung durch Ca-Entzug infolge eines Übergangs der Ammonhumate in die stabileren Ca-Humate zurück.

WAGNER und SCHWARTZ (1967 a) fanden unter 41 untersuchten Bakterienstämmen 14, die dazu in der Lage waren, $CaHPO_4$ aufzuschließen und ebenfalls 14, die $Ca_3 (PO_4)_2$ verwitterten. Der genaue Vorgang der mikrobiellen Gesteinsverwitterung wurde bereits im Kap. C 2.3.3.2.2. beschrieben. Bezüglich der Phosphormobilisierung sei hier noch einmal besonders auf die bereits im Kapitel C 2.3.3.2.3. genannte Literatur verwiesen.

2.3.3.5.2. Thomasphosphat

Thomasphosphat fällt als Nebenprodukt bei der Eisenverhüttung nach dem „Thomas-Verfahren" an.

Im Gegensatz zu den früher gewonnenen Thomasphosphaten liegt die Verfügbarkeit des Phosphors in den heutigen Produkten hoch, nämlich bei 90 bis 98 % (GERICKE, 1968).

2.3.3.5.3. Knochenmehl

Knochenmehl enthält neben Phosphor und Calcium v. a. noch organische Substanz. Im gedämpften, leimhaltigen Knochenmehl findet man noch etwa 30 % OS und 4 bis 5 % N in den Leimresten. Im entleimten Knochenmehl ist hingegen mehr Phosphor zu finden als im nicht entleimten (HEYNITZ und MERCKENS, 1981).

Da Knochenmehl auch bei der industriellen Futterherstellung Verwendung findet, liegen die Preise für diesen P-Dünger sehr hoch.

2.3.3.6. Kalihaltige Materialien

Als vorwiegend kalihaltige Mineralstoffträger werden im biologischen Landbau *Patentkali* (Kalimagnesia) und *Holzasche* verwendet (K-reiche Gesteinsmehle s. Kap. C 2.3.3.2.1.).

Patentkali wird beim Abbau der Salzstöcke aus dem Mineral Kainit gewonnen. Es enthält Kalium und Magnesium als Sulfat, ist also chlorfrei. HEYNITZ und MERCKENS (1981) empfehlen, bei der Kompostierung nicht mehr als 10 kg Kalimagnesia pro m^3 organischen Materials beizumischen, um Rottestörungen zu vermeiden.

Holzasche enthält Kalium in wasserlöslicher Form.

2.3.4. Kompostierungszusätze
(Kompoststarter und biologisch-dynamische Präparate)

2.3.4.1. Allgemeines

Eines der umstrittensten Gebiete bei der Kompostierung stellt der Zusatz von sogenannten Kompoststartern dar, Stoffen, die eine sicherere und schnellere Umsetzung des organischen Materials bewirken sollen.

Zu diesem Zweck werden Kräuterauszüge und alle möglichen Hilfsmittel eingesetzt, die zu einer Steigerung der mikrobiellen Aktivität führen sollen, angefangen von Nährböden und Nährsalzen für Mikroorganismen bis hin zu speziellen Mikrobenkulturen *(Impfung)*. Der Einsatz der Zusätze erfolgt in recht geringen (wenige kg/m^3) bis geringsten Mengen (bei den biologisch-dynamischen Kompostpräparaten). Aus diesem Grund ist eine bedeutende Nährstoffzufuhr — wie mit den mineralischen Zuschlagstoffen zu erzielen — überhaupt ein Nährstoffausgleich einseitig zusammengesetzter Komposte nicht möglich. Um eine Fixierung von Stickstoff aus der Luft während der Rotte zu erreichen, werden verschiedenen Startern *Azotobacter* (AZ)-Kulturen zugesetzt.

Dabei erheben sich die bislang ungeklärten Fragen, ob die Miete nicht bereits eine ausreichende AZ-Population enthält bzw. wenn dies nicht der Fall sein sollte, ob die Lebensbedingungen für AZ im Kompost nicht ohnehin eine Ansiedlung verhindern, auch wenn Reinkulturen beigemischt werden.

Sinnvollerweise sollte man ein Präparat mit AZ jedenfalls nicht sofort zu Rottebeginn einsetzen, da AZ die thermophile Phase nicht überlebt.

Eine Übersicht zu den zahlreichen Startern, die derzeit vertrieben werden gibt SIEBENEICHER (1977). Aus ihr kann man ersehen, daß recht unterschiedliche Produkte eingesetzt werden.

Starter auf der Basis von chemisch-synthetischen Düngern (z. B. Kalkstickstoff), fossilem Kohlenwasserstoff und sauerstoffhaltigen Salzen (z. B. Kaliumpermanganat) sind zu meiden.

2.3.4.2. *Wissenschaftliche Untersuchungen zu den Startern*

Über die Wirkung von Kompostierungszusätzen wurden in neuerer Zeit nur wenige Untersuchungen durchgeführt.

Eine positive Beeinflussung des Rotteverlaufs bei der Kompostierung von *Klärschlamm* kann nach STRAUCH et al. mit „Biorott" erzielt werden (1974).

„Biorott" besteht nach Angaben des Herstellers, chemische Fabrik Pfropfe, aus fermentierter Melasse, die nach Zusatz von rottefördernden Mikroorganismen auf organische Substrate und Tonminerale aufgezogen wird (PFROPFE, 1982).

In der angegebenen Untersuchung, die im Jahre 1974 in Hohenheim durchgeführt wurde, bezeichneten die Autoren „Biorott" als Mikroorganismenkonzentrat, das zu 80 % aus Protein bestand, während der Wasseranteil wie auch der Anteil an Mineralstoffen etwa 5 % betrugen. „Biorott"-Zusatz übte einen insgesamt günstigen Einfluß auf die Kompostierung aus. Sowohl bei der morphologischen wie bei der hygienischen Prüfung wies die „Biorott"-Variante überdurchschnittliche, reproduzierbare Werte auf.

Bei der Interpretation dieser Ergebnisse muß jedoch folgendes berücksichtigt werden:

— das zu kompostierende Material war einseitig zusammengesetzt, so daß es zum Teil nur ein C/N-Verhältnis von 11 : 1 aufwies;

— es steht zu vermuten, daß die Mieten wenig Struktur aufwiesen und dicht lagerten bzw. zu feucht waren, da der alleinige Zusatz von Styromull bereits eine wesentliche Verbesserung mit sich brachte;

— wahrscheinlich froren die Mieten im Winter durch;

— die meisten der beigemischten Substrate waren wenig dazu geeignet, die schlechten Kompostierungseigenschaften des Klärschlamms aufzubessern.

Als geeigneter Zuschlagstoff erwies sich jedoch Champignonmycel, das einen guten Nährstoff-(Kohlenstoff) und Strukturausgleich schaffte.

Mit Champignonmycel konnte ein hochwertiger Kompost gewonnen werden, der dem Kompost mit „Biorott"-Zusatz in keiner Weise nachstand.

Die Untersuchungen mit „Biorott" deuten daraufhin, daß manche Starter unter ungünstigen Rottebedingungen einen positiven Einfluß auf den Verlauf der Kompostierung ausüben können. Dieses Phänomen kann im Moment nicht erklärt werden, da man zunächst prinzipiell annehmen muß, daß mikrobielle Aktivität nur bei insgesamt günstigen Umweltbedingungen für die Mikroorganismen erreicht werden kann.

Andererseits zeigen gerade die Ergebnisse mit dem Champignonmycel, daß als sicherste Methode, mit der ein hochwertiger Kompost zu erzielen ist, jene gelten muß, die die grundliegenden Ansprüche der Lebewesen im Kompost genau berücksichtigt. Und zu solchen Voraussetzungen der Kompostierung, die im Kap. C 2.2. eingehend behandelt sind, zählen eben ausgeglichene Nährstoffverhältnisse, eine gute Durchlüftung etc. Der Versuch, ein ungünstig zusammengesetztes Material mit Startern „aufzubessern", sollte jedenfalls keine Schule machen.

Andere Untersuchungen zu verschiedenen Startern, die Ende der siebziger Jahre am FIBL durchgeführt worden waren, ergaben zwar Hinweise dafür, daß Kompoststarter einen gewissen Einfluß auf den Rotteverlauf ausüben, nachzuweisen war jedoch nicht, daß sie zu nennenswerten, statistisch gesicherten Vorteilen bei der Kompostierung führen (VOGT-MANN, 1981).

Am FIBL steht man dem Zusatz von Startern bei der Kompostierung entsprechend kritisch gegenüber.

2.3.4.3. Diskussion zur Wirkung der Starter

Da die Kompoststarter gerade keine Neuerfindung darstellen, reichte das Spektrum der Meinungen über den Nutzen ihres Einsatzes bereits in den fünfziger Jahren von „sinnlos" bis „unbedingt notwendig".

Vom naturwissenschaftlichen Standpunkt her gesehen, wurde der Gebrauch der Starter meist abgelehnt. So schreiben G. und H. GLATHE (1968):

„Da die an der Kompostierung beteiligten Mikroorganismen — auch die thermophilen Arten — überall in der Natur vorhanden sind, kommt es in erster Linie darauf an, die Umweltbedingungen so zu gestalten, daß sie tätig sein können."

Die Autoren führen an, daß nach den bisher erzielten Ergebnissen, bei der Anwendung der Impfmittel Erfolge nicht zu verzeichnen waren (Untersuchungen von 1941 bis 1963).

Aber auch so erfahrene biologische Gärtner wie Alwin SEIFERT (1969) stehen den Startern mit großer Skepsis gegenüber:

„Es werden seit neuestem alle möglichen Impfstoffe, Bakterienkulturen und so fort als Zugabe zum Kompost empfohlen, damit er schneller verrottet. Nun, Kompostwirtschaft wird Mode und an dem neuen Erfolgsfeuerlein wollen sich immer mehr Leute auch ein Süpplein kochen."

Trotz der bisherigen Erfahrungen und Untersuchungen muß die Frage, ob und welche Eigenschaften der Starter bei der Kompostierung zum Tragen kommen, als weitgehend ungeklärt angesehen werden. Tendenzen zeichnen sich bei der Beantwortung dieser Frage jedoch ab.

Erhebliche Zweifel sind jedenfalls angebracht, wenn von einer direkten Einwirkung der Mikroorganismen aus den Startern auf die Rotte gesprochen wird. Selbst wenn ein Starter zu 100 % aus aktiven Mikroorganismen bestünde, so würden bei einer Dosierung von 3 kg pro m³ organischem Material doch nur 3 kg Mikrobenmasse pro m³ zugesetzt werden, während der Frischmist nach Angaben von MÜLLER (1965) bei 25 % TS bereits 90 bis 120 kg/m³ **vitale** Mikrobenmasse enthält.

Wenn es sich nun bei diesen 3 kg um eine Reinkultur handelt und somit wesentlich mehr Mikroorganismen dieser Art zugeführt werden als im Ursprungsmaterial vorhanden sind, bleibt ein solcher Zusatz dennoch fraglich, weil es ja ungeklärt ist, ob diese Mikroorganismen im Kompost geeignete Lebensbedingungen vorfinden. Da eine kleine Population der zugeführten Mikroorganismen wahrscheinlich bereits vor der Impfung im Mist vorhanden war, stellt sich die Frage, warum sich diese Mikroben nicht mehr über den Mist ausgebreitet haben. Grundsätzlich können die meisten Mikroorganismen nämlich, bedingt durch die ungeheure Fortpflanzungsrate, die anderen Mikroorganismen aus dem organischen Material in kürzester Zeit verdrängen, wenn die Möglichkeit zu ungestörter Vermehrung bestehen würde.

Eine ungestörte Vermehrung gibt es aber nie. Bedingt durch die Konkurrenz der Mikroorganismen untereinander, pegelt sich ein Fließgleichgewicht zwischen den verschiedenen Arten und Stämmen ein.

Vielfach wird geschrieben, daß die Wirkungsweise von Kompoststartern folgende drei Bereiche umfassen sollte:

— Nährstoffeinstellung;

— Steigerung der biologischen Aktivität;

— beschleunigte Aufschließung der organischen Substanz.

Wie bereits zu Anfang dieses Kapitels kurz angesprochen wurde, ist eine Nährstoffeinstellung über Starter infolge der geringen zugesetzten Mengen nicht möglich. Bei 80 % Protein mit 13 % N-bringen z. B. 3 kg „Biorott" etwa 0,4 kg N in einen m³ organischen Rohmaterials. Dies sind rund 10 % des bereits im Mist vorhandenen Stickstoffs. In einem ungünstigen Material, das ebensoviel Kohlenstoff aufweist wie der Mist, jedoch nur 1 kg Stickstoff, bewirkt ein Zusatz von „Biorott" eine Verschiebung des C/N-Verhältnisses von etwa 60 bis 80 : 1 auf gerade 43 bis 58 : 1.

Extremer liegen die Verhältnisse noch bei den Mineralstoffen. Im übrigen gibt es preisgünstigere Nährstoffquellen als die Kompoststarter.

Der Bereich biologische Aktivität wurde von der mikrobiellen Seite her schon angesprochen. Wenig bekannt ist bisher noch über die Wirkung von Kompoststartern auf Kräuterbasis auf die biologische Aktivität. Aus einer Zusammenstellung von sechs Kräutern, die auch im biologisch-dynamischen Landbau zur Herstellung der Kompostpräparate verwendet werden (s. d. später), besteht der „Quick-Return-Aktivator" von M. E. BRUCE. In der BRD wird er unter dem Namen *„Humofix"* vertrieben. Seine genaue Herstellung und der Gebrauch des Aktivators sind der Literatur zu entnehmen (BRUCE). Hierin führt die Autorin auch englische Versuche aus den vierziger Jahren an, die einen positiven Einfluß der Kräuter auf den Kompostierungsverlauf belegen sollen.

Eine mögliche Begründung für die Wirkung von Kräuterauszügen auf die Rotte würden organische Verbindungen liefern, die als „Lockstoffe" oder „Hemmstoffe" hinsichtlich der Lebewesen im Kompost dienen und dadurch zu einer Verschiebung in der Besiedelung des Kompostes, führen könnten.

Wenn nun bei Berücksichtigung der bisher in dieser Arbeit genannten Grundlagen der Kompostierung deutlich wird, daß nicht irgendein Starter, sondern eine sorgfältige Kompostierung Voraussetzung zur Gewinnung eines guten Rotteproduktes ist, so sollte man sich angesichts der nicht gerade geringen Kosten für solche Zusatzstoffe fragen, ob man sie wirklich noch als nützlich bezeichnen will. Immerhin schwankten die Preise für Kompoststarter schon 1977 zwischen einer und neun Mark pro m³ „gestarteten" Materials. Damit können die Kompoststarter ohnehin nur im kleinen Bereich, d. h. bei der Kompostierung für den Garten, eingesetzt werden. Ein landwirtschaftlicher Betrieb nämlich, der für die Kompostierung des Mistes von 30 GVE Kompoststarter einsetzen wollte, müßte dafür etwa 700,— bis 6000,— DM berappen.

Überdies bleibt immer zu bedenken, daß jedem Gärtner wie Bauern mit den zurückbehaltenen Resten reifen Kompostes ein sehr geeignetes und ebenso billiges Mittel zum Impfen der neuen Kompostmieten zur Verfügung steht.

2.3.4.4. *Die biologisch-dynamischen Kompostpräparate*

Die biologisch-dynamischen Kompostpräparate, die nicht auf naturwissenschaftlicher, sondern auf der geisteswissenschaftlichen Grundlage der Anthroposophie entwickelt wurden, nehmen unter den Kompostierungszusätzen aus mehreren Gründen eine Sonderstellung ein:

— sie sollen nicht einem schnelleren Rotteverlauf dienen, sondern die Kompostierung in eine bestimmte Richtung steuern. Durch die Lenkung der Rotte erhofft man einen besonders hochwertigen Kompost zu gewinnen, der mehr als normale Komposte zu einer Anlockung von Regenwürmern, zu besserem Wurzelwachstum, vermehrter Knöllchenbildung bei Leguminosen und ähnlichen positiven Effekten führt (HEYNITZ und MERCKENS, 1981, S. 60);

— die Präparate entstammen nicht einer einfachen Extraktion von Kräutern, sondern werden aus den Pflanzen nach einem speziellen Verfahren gewonnen (sie werden dabei unter anderem in tierischen Hüllen einem besonderen Umwandlungsprozeß ausgesetzt — HEYNITZ, 1983). Ihr Einsatz erfolgt in homöopathischer Dosierung. Die Beeinflussung der Rotte durch die Präparate beruht nach anthroposophischer Sicht auf einer „Strahlungswirkung";

— die Kompostpräparate wurden bereits vor sechzig Jahren entwickelt und eingesetzt;

— es existieren inzwischen eine Anzahl naturwissenschaftlicher Untersuchungen, die auf positive Wirkungen der Präparate hinweisen.

Näheres zu den Präparaten selbst ist der Literatur zu entnehmen, z. B. LIPPERT, 1973; SIMONIS, 1974; HEYNITZ, 1983; REMER, 1980 und verschiedenen Ausgaben der „Lebendigen Erde".

Verschiedene Untersuchungen zu den Kompostpräparaten führte PFEIFFER (z. n. ABELE, 1977) durch. Er wies im Jahre 1956 darauf hin, daß die Cyanocobalamin-Werte im präparierten Kompost die des unpräparierten Kompostes um das Sechs- bis Zehnfache übertrafen.

Eine neuere Arbeit wurde von ACHERMANN (1977) an der ETH Zürich durchgeführt. Er stellte in Topfversuchen mit Perserklee signifikant höhere Bestände, größere Blattflächen und deutlich erhöhte Trockensubstanzerträge sowie eine bessere Knöllchenausbildung an der Hauptwurzel nach Düngung mit präparierten Komposten gegenüber den unpräparierten Varianten (Kompost, Frischmist und Mineraldüngung) fest.

Die Überlegenheit der präparierten Varianten muß um so mehr erstaunen, als der Kompost ohnehin schon eine stimulierende Wirkung auf das Wurzelwachstum ausübt, wie auch SAUERLANDT und TIETJEN (1970, S. 66) aus ihren Versuchen schlossen.

In die Untersuchung hatte ACHERMANN notwendigerweise die Boden- und Pflanzenspritzungen mit Hornmist bzw. Hornkiesel mit einbezogen, auf die er auch die direkten Auswirkungen auf die Pflanzen bezog. Den eigentlichen Kompostpräparaten (echte Kamille, Brennessel, Eichenrinde, Schafgarbe, Löwenzahn und Baldrian) schrieb er hauptsächlich zu, den Rotteverlauf beeinflußt zu haben.

Statistisch abgesicherte Versuche von ABELE (1977) belegen die Präparatewirkung auch beim Einsatz in belüfteter Gülle.

Eine Übersicht zu den Untersuchungen mit biologisch-dynamischen Kompostpräparaten bieten HEYNITZ und MERCKENS (1981, S. 59 ff.).

2.4. Der Verlauf der Rotte

2.4.1. Beobachtungen während der Rotte

Die Beobachtungen während der Rotte ermöglichen eine nützliche Kontrolle darüber, ob die Kompostierung auch wie erwünscht verläuft. Außerdem erhält man einen Überblick über die verschiedenen Phasen der Rotte.

Nach dem Ansetzen erwärmt sich die Miete in kurzer Zeit sehr stark aufgrund der intensiven mikrobiellen Abbauvorgänge. Wer mit der Hand zum Mietenkern vorgräbt, verbrennt sich die Finger.

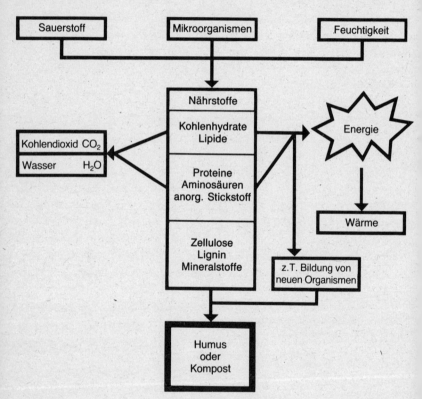

Abb. 20:
Umsetzungsvorgänge bei der Kompostierung
(nach PFIRTER et. al., 1982)

Unterbleibt die Erwärmung, so ist dies das erste Zeichen, daß mit der Miete etwas nicht stimmt (zu naß, zu trocken, zu dicht, Nährstoffangebot zu einseitig). Durch die Hitze wird Wasser verdunstet und Dampfschwaden können dem Kompost entströmen. Innerhalb weniger Tage sackt dann die Miete etwas zusammen, weil organische Substanz gasförmig verlorengeht.

Eine Verpilzung des Materials kann beobachtet werden. Von den Schimmelpilzen und Actinomyceten (die früher Strahlenpilze genannt wurden, heute jedoch zu den Bakterien gezählt werden) wird die Miete mit einem weißen, kreidigen Belag überzogen. Hutpilze treten auf, wenn die Ligninzersetzung einsetzt (s. Abb. 21 u. 22, S. 224 a, b).

Die in die Zersetzung eingeschlossenen Strohteilchen verfärben sich und werden dunkler. Sie lassen sich dann zunehmend leichter zerreißen, was das Ende der *N-Sperre* durch das Stroh anzeigt (Reißtest).

Möglicherweise zeigt sich Bewuchs auf der Miete. Dieser stammt meist aus Samen, die in den Randzonen des Kompostes keimen. Da dort die Temperaturen niedriger liegen als im Mietenkern, werden nicht alle Keimpflänzchen bzw. Samen, die nicht zur Keimung gelangen, abgetötet.

Um eine vollständige Vernichtung der Samen in Kompost zu erzielen, kann man:
— die Miete mit reifem Kompost oder dick mit Stroh abdecken;
— die Miete nach einer gewissen Zeit umsetzen;
— schichtenweise schräg an eine Walmengrundmiete ansetzen. Dadurch ergibt sich eine sogenannte Trapezmiete (s. d. a. Kap. C 2.11.1.), bei der die alten Lagen immer mit einer neuen Kompostschicht überdeckt werden. Hier muß nur noch die Abschlußschicht abgedeckt werden.

2.4.2. Die verschiedenen Phasen der Kompostierung

Während der Kompostierung wird organische Substanz ab-, um- und aufgebaut (Abb. 20).

Im allgemeinen läßt sich der Rotteverlauf in vier Phasen unterteilen. Jeder Abschnitt der Kompostierung wird durch die Aktivität bestimmter Lebewesen gekennzeichnet. Temperatur und pH-Wert zeigen die verschiedenen Phasen der Rotte an.

In einem ersten, meist kurzen „Festschmaus" treiben **mesophile Mikroorganismen** die Temperatur in der Miete auf etwa 40°C hoch. Sie ernähren sich von den leicht abbaubaren Substanzen, wie Eiweiß und einfachen Kohlehydraten, v. a. *Zuckern.* Auch Glycerin wird unter aeroben Bedingungen rasch umgesetzt.

Die daran beteiligten Mikroorganismen gehören den verschiedensten Gruppen an; diese erste Abbauleistung ist nicht an spezifische Mikrobenarten gebunden. Der pH-Wert sinkt leicht ab, da die schnelle Umsetzung leicht abbaubarer organischer Substanz zunächst zu einer Anreicherung *organischer Säuren* führt.

Infolge des starken Temperaturanstiegs sterben die Mesophilen jedoch schnell ab und **thermophile (wärmeliebende) bzw. thermotolerante Mikroorganismen** treten an ihre Stelle. Über 50°C erfolgt ein Vorstoß der thermophilen Pilze und Actinomyceten. Sporenbildende Bakterien

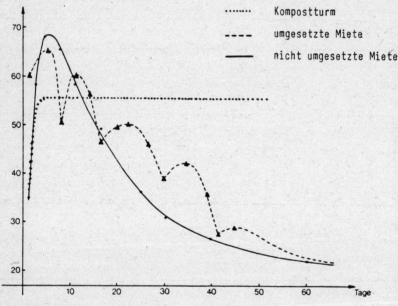

Abb. 23:
Der Temperaturverlauf und die verschiedenen Phasen der Kompostierung (FIBL; OTT, 1980; VOGTMANN, 1981)

übernehmen die Führung des Abbauprozesses, wenn die Temperatur über 65°C klettert, da damit das Temperaturoptimum für die thermophilen Pilze bereits überschritten ist. In der thermophilen Phase werden außer den leicht abbaubaren Stoffen auch schon in erheblichem Maße *Zellulose* und Hemizellulose zersetzt (Abbauphase).

Nach POINCELOT (1972, S. 15) werden *Hemizellulosen* während der thermophilen Phase durch Bakterien und Actinomyceten abgebaut. Der Abbau der Hemizellulose und der Pektine erfolgt verschieden stark. Als Hemizellulosen, wie Arabane und Xylane, werden Polysaccharide bezeichnet, die aus der Verknüpfung von Pentosen (Zucker mit 5 C-Atomen) entstehen.

Die Xylane z. B. bestehen aus einer Kette β-glycosidisch miteinander verbundener Xylose (Holzzucker) — Reste.

Arabane und v. a. Xylane setzen dem mikrobiellen Angriff wenig Widerstand entgegen. Hingegen werden Galactane nur schwer metabolisiert (MÜLLER, 1965, S. 437). Galactane oder *Pektine,* die Bausteine der Mittellamellen benachbarter Pflanzenzellen, sind Polymere der α-Galacturonsäure. Galacturonsäure entsteht aus der Hexose (Zucker mit 6 C-Atomen) Galactose, wobei die in Position 6 stehende CH_2OH-Gruppe durch eine Carboxylgruppe ersetzt wird (BOEHNCKE, 1980 a, S. 211).

Pektine kommen hauptsächlich im Obst vor, während die Xylane Bestandteile des Getreidestrohs sind und dort 25 bis 30 % der TS stellen (MÜLLER, 1965, S. 437).

NORMANN (z. n. MÜLLER, 1965, S. 437) gibt an, daß etwa 50 % der Hemizellulosen während der ersten acht Tage der Stallmistrotte abgebaut werden. Der Rest folgt allmählich, bis ein gewisser Rückstand bleibt.

Zellulosezersetzer im thermophilen Temperaturbereich sind v. a. Pilze. Nach Angabe verschiedener Autoren können thermophile Pilze die Zellulose besser umsetzen als mesophile Pilze und bauen daher in Reinkulturen bis zu 50 % der Zellulose ab (z. n. POINCELOT, 1972, S. 16). Actinomyceten spielen bei der Zellulosezersetzung im thermophilen Bereich ebenfalls eine Rolle und STUTZENBERGER vertritt sogar die Ansicht, daß der thermophile Actinomycet Thermomonospora curvata beim Zelluloseabbau im Müllkompost dominiert (z. n. POINCELOT, 1972, S. 17).

Nach MÜLLER (1965, S. 681 ff.) können auch sporenbildende Bakterien Zellulose abbauen. Thermophile Bakterien besitzen überdies die Fähigkeit, Fette umzusetzen (POINCELOT, 1972, S. 15). Der pH-Wert steigt wegen der Freisetzung von Alkali- und Erdalkali-Ionen sowie wegen der mikrobiellen Verwertung der organischen Säuren allmählich an.

Nimmt die Temperatur noch weiter zu, so sind bei etwa 75°C nur noch zellulolytische, sporenbildende Bakterien aktiv (MÜLLER, 1965, S. 683).

Um 75°C liegt auch die Obergrenze der Temperatur, die durch mikrobielle Aktivität erreicht werden kann (NIESE, 1978; NELL und WIECHERS, 1975). Unter bestimmten Bedingungen können jedoch, durch Erwärmung und Stoffabbau katalysiert, exotherme chemische Reaktionen in der Miete stattfinden, die die Temperatur noch weiter, nach NELL und WIECHERS (1975) sogar bis auf 100°C, treiben.

Bei der Kompostierung von organischem Material aus dem Garten und der Landwirtschaft werden unter optimalen Kompostierungsbedingungen meist Maximaltemperaturen zwischen 50 und 70°C erzielt.

Dieses Temperaturmaximum kann bei nährstoffreichem Material bereits nach 1 bis 3 Tagen erreicht werden. Normalerweise überschreitet die Temperatur ihren Hochpunkt bei der Kompostierung von Festmist in der Miete um den 3. bis 7. Tag, unter ungünstigen Bedingungen auch erst nach zwei Wochen.

Nach dem weitgehenden Abbau der leicht umsetzbaren organischen Verbindungen sinken mikrobielle Aktivität und Temperatur im Kompost langsam auf 40 bis 45°C ab. Die **mesophile Mischflora** übernimmt, nun für längere Zeit, die Umsetzungen. Die mesophile Phase beginnt nach 2 bis 5 Wochen und dauert etwa ebensolange an. In diesem Zeitraum wird ein weiterer Teil der Zellulose durch Bakterien und Pilze abgebaut. Lignin und Lignoprotein kann nur von wenigen Organismen, v. a. *Basidiomyceten* (Ständerpilze oder Hutpilze), genutzt werden, die nun ebenfalls stark aktiv werden.

Lignin ist etwa zu 25 bis 30 % im Holz und zu 15 bis 20 % in verholzten Pflanzenteilen enthalten (MÜLLER, 1965, S. 425 ff.). Oft liegt das Lignin nicht rein vor, sondern als Komplex mit inkrustierter Zellulose und zum Teil mit Uronsäuregruppen der Hemizellulosen bzw. glycosidisch gebundenen Zuckern verknüpft. Die so eingebaute Zellulose kann erst

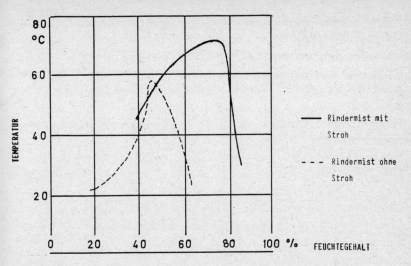

Abb. 24:
Temperatur bei der Umsetzung von Rindermist in Abhängigkeit vom Stroh- und Feuchtegehalt (BAADER, z. n. SCHULZ, 1982)

nach dem Ligninabbau von Zellulosezersetzern angegriffen werden. Die mesophile Phase bezeichnet man oft auch als Umbauphase.

Durch die kontinuierliche sinkende Temperatur bedingt, geht die mesophile Phase mehr oder minder fließend in die nächste Phase der Kompostierung, die sogenannte **Abkühlungsphase** bzw. **Reifephase** über.

Die Temperatur fällt hier noch weiter und folgt schließlich der Umgebungstemperatur, die allerdings im Sommer ohne weiteres im mesophilen Bereich liegen kann.

Während der Abkühlung und der langen Phase der Reifung besiedelt die Makrofauna den Kompost. Alle möglichen Bodentierchen treten auf (s. d. Kap. C 2.8.4.). Die *Würmer* tragen zur Vermengung der mineralischen und der organischen Anteile im Kompost bei. Während man den roten Mistwurm schon recht früh im Kompost findet, gesellt sich der große Regenwurm, wenn überhaupt, erst hinzu, wenn der Kompost schon vollkommen ausgereift und damit strukturwirksam ist.

Während die Huminstoffbildung schon in der mesophilen Phase beobachtet werden kann, kommt es in der Reifephase zum allmählichen Aufbau der stabileren Huminstofffraktionen, der Huminsäuren (RASSADI und AMBERGER, 1975).

Abkühlung und Reifung des Kompostes faßt man unter der Bezeichnung „Aufbauphase" zusammen.

Der pH-Wert liegt bei Mist- und den meisten Pflanzenkomposten zum Schluß im leicht alkalischen Bereich. Rinden-, Sägemehl-, Eichenlaubkomposte etc. können auch leicht bis stärker saure Reaktionen aufweisen (bis pH $\geq$ 5).

Geht man von einer ersten Gliederung des Kompostierungsverlaufs zu einer genaueren Betrachtungsweise über, so stellt man fest, daß die verschiedenen Phasen selbstverständlich nicht exakt voneinander abgetrennt sind, sondern kontinuierlich ineinander übergehen.

Auch muß die getroffene Einteilung als grobes Raster verstanden werden, das sich in jeder Richtung noch beliebig weit unterteilen läßt.

Legt man als Parameter die Temperatur an, so zerfällt jede einzelne „übergeordnete" Kompostierungsphase wieder in kleinere Teilphasen, wie die Tabelle 22 zeigt.

Treibt man dieses Spiel weiter und fragt, was hinter den jeweiligen Abschnitten steht, so erkennt man schließlich, daß bei der Kompostierung eine Vielzahl verschiedener Arten und Stämme von Mikroorganismen zusammen, sich gegenseitig überlagernd oder hintereinandergeschaltet arbeiten.

Phase	Temperatur-bereich (°C)	Dauer (h)	Temperatur-zunahme (°C/h)
1. Mesophilic Lag *) Phase (MLP)	23— 25	5	0,4
2. Mesophilic Accelerated Phase (MAP)	25— 47	11	2,0
3. Thermophilic Lag Phase (TLP)	47— 49	6	0,3
4. Thermophilic Accelerated **) Phase (TAP)	49— 71	18	1,2
5. Hyperphilic Lag Phase (HLP)	71— 80	30	0,3
6. Hyperphilic Accelerated Phase (HAP)	80—100	40	0,5
7. Isothermic Phase (IP)	100	70	0

*) = lag = verzögert
**) = accelerated = beschleunigt

Tab. 22:
Temperaturphasen bei der Kompostierung von Müll und Klärschlamm (als Isolator diente ein adiabatisches Ölbad — NELL und WIECHERS, 1975)

Während der Kompostierung lösen die verschiedenen Gruppen von Lebewesen einander ab, indem die vorhergehende Gruppe Teile des Nahrungsangebotes nutzt und damit gleichzeitig die Umweltverhältnisse auf eine spezifische Art verändert (Nahrung, Temperatur, Feuchtigkeit). Auf die neuen Umweltbedingungen baut eine andere, nachfolgende Gruppe von Lebewesen auf (Metabiose).

Gleichzeitig existiert auch ein Nebeneinander etwa in Form einer Konkurrenz. Andere Organismen wiederum sind mehr oder minder stark aufeinander angewiesen. Der thermophile Pilz Humicola lanuginosa findet z. B. gute Wachstumsbedingungen bei hohen Temperaturen. Da er keine Zellulose zersetzen kann, lebt er in der Nähe anderer zellulolytischer, thermophiler Pilze, wo er sich von den Produkten ihrer Aktivität, den Zuckern, ernährt (POINCELOT, 1972).

Diese Zusammenhänge verdeutlichen, warum eine Reinkultur niemals an die Umsetzungsleistungen der gemischten Population bei der Kompostierung herankommt (WAKSMAN et al., z. n. POINCELOT, 1972, S. 17).

2.4.3. Der Stoffumsatz und seine biochemischen Aspekte

Bedingt durch die intensiven biologischen Oxidationsvorgänge wird bei der Kompostierung Trockenmasse ab- und umgebaut, wobei ein Teil derselben gasförmig bzw. in flüssiger Form verlorengeht.

Durch die bei der Rotte freiwerdende Wärme wird Wasser verdunstet. Fördernd auf die Verdunstung wirken natürlich auch hohe Umgebungstemperaturen und direkte Sonneneinstrahlung. Das Ausmaß der Verdunstung hängt v. a. vom Porensystem der Miete ab sowie von der Durchflußrate an Luft, die den Wasserdampf aus der Miete abführt.

Untersuchungen über den Zusammenhang von TS-Umsatz, Temperaturentwicklung und Wasserverdunstung stellte HIRSCHHEYDT (1978) bei Müllkomposten an. Die Zusammenhänge gibt die Abbildung 25 wieder.

Dabei zeigt sich deutlich, daß ein Kompost, der durch stärkeren TS-Umsatz höhere Temperaturen über eine längere Zeit erreicht, mehr Wasser verdunstet als ein Vergleichskompost, der eine niedrigere Temperatur entwickelt.

RHODE (1956, S. 162) gibt an, daß im Durchschnitt seiner Versuche mit Festmist 14 % mehr Wasser verdunstet wurde, als TS verlorenging.

Der Festmist wird also während der Kompostierung etwas trockener, was ja wegen der oft sehr hohen Anfangsfeuchtigkeit auch erwünscht ist. Er gelangt dadurch recht schnell in die Zone günstiger Stoffumsetzungen (s. Abb. 26).

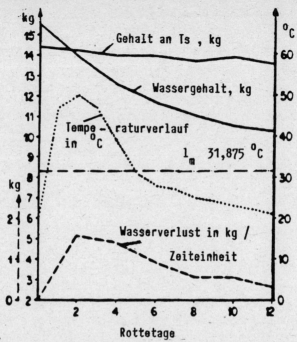

Abb. 25:

TS-Umsatz, Temperaturentwicklung und Wasserverdunstung bei der Kompostierung von Müll (HIRSCHHEYDT, 1978)

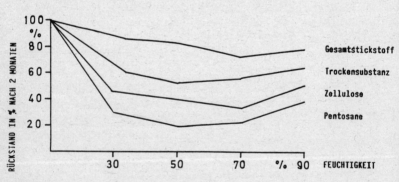

Abb. 26:

Einfluß der Feuchtigkeit auf die Umsetzungen bei der Stallmistrotte (POCHON, z. n. MÜLLER, 1965, S. 684)

Der Stoffumsatz hängt jedoch nicht nur vom Wassergehalt in der Miete, sondern auch von der Temperatur ab. Diese beeinflußt ja die Besiedelung des Kompostes mit den verschiedenen Mikroorganismen (s. Tab. 23).

Substanzen in %	Relative Zusammensetzung			
	28°C	50°C	60°C	75°C
Wasserlösliche Substanz	5,32	6,97	4,59	6,11
Hemizellulose	9,52	7,74	7,53	10,41
Zellulose	11,99	4,14	17,64	35,10
Lignin	27,69	25,84	25,13	21,33
Asche	17,50	21,70	19,30	10,05
Proteine	15,69	23,50	15,98	8,00
Gesamt	87,71	89,89	90,17	91,00

Tab. 23:
Wirkung der Temperatur auf die Rotte von Pferdemist in 47 Tagen (WAKSMANN et al., z. n. MÜLLER, 1965, S. 684)

Die Rotteverluste des Kompostes an Trockensubstanz variieren in Abhängigkeit vom Alter des Kompostes und dem Material. Organische Rohstoffe, die sich leicht umsetzen und schnell hohe Temperaturen aufweisen, führen zu einem höheren TS-Verlust als Materialien mit langsamerer Umsetzung (s. Tab. 24).

Erdzusatz	Erwärmung der Miete	Verluste an OS (Gew. %)	
		nach 3 Wochen	nach x Monaten
1 : 10	stärkste	47,6	5,5—62,3
ohne		43,7	—
1 : 10		43,6	4,5—56,8
1 : 5	geringste	31,0	4,5—53,7

Tab. 24:
Verluste an OS in Abhängigkeit von der Erwärmung des Kompostes (RHODE, 1956)

Hohe TS-Verluste sind auch bei zu weitem *C/N- und C/P-Verhältnis* etc. zu befürchten, da in diesem Fall die Mikroorganismen den überflüssigen Kohlenstoff zu CO_2 oxidieren (s. d. a. Kap. C 2.2.).

In Versuchen mit der Kompostierung von Mist in Fässern erhielt MEYER (1979) bei einem C/N-Verhältnis des Festmistes von 39, nach 45 Tagen einen TS-Verlust von 35 bis 42 %. In der Reifephase gingen noch 10 % der TS verloren.

Eine außerordentlich große Schwankungsbreite der TS-Verluste stellte PETTERSON (1973) in seinen Versuchen mit Stallmist und verschiedenen Zuschlagstoffen fest. Sie beliefen sich nach dreimonatiger Rotte auf 20 bis 60 %.

Die Verluste an TS setzen sich aus den gasförmig entwichenen Anteilen der OS (CO_2, NH_3 etc.) sowie aus den bei großen Niederschlagsmengen und damit starkem Wasserdurchfluß durch die Miete ausgewaschenen Aschebestandteilen zusammen. Mit hohen Sickersaftmengen wird auch OS ausgewaschen. Organisch gebundener Stickstoff geht dabei in Form der Purine verloren (MÜLLER, 1965, S. 685).

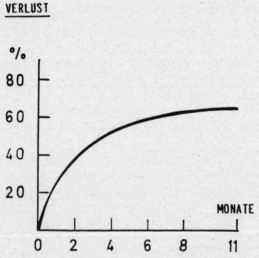

Abb. 27:
Verluste an organischer Substanz (OS) in Abhängigkeit von der Rottezeit (nach SAUERLANDT, 1956)

Aus den Ergebnissen seiner Versuche mit Mistkomposten, denen Erde zugesetzt worden war, erstellte SAUERLANDT (1956) die in Abbildung 27 wiedergegebene Kurve zu den Verlusten an OS während der Rotte.

In Versuchen mit Weizenstroh, das mit Ammoniumnitrat versetzt worden war, untersuchte YUNG CHUNG (z. n. BIDDLESTONE et al., 1971) die Umsetzung der TS und der verschiedenen Stoffgruppen im Verlauf der Kompostierung. Er stellte fest, daß:

— in den ersten 30 Tagen bereits mehr als 50 % der TS abgebaut worden waren und daß in den folgenden 165 Tagen nur noch weitere 4 % der TS abgebaut wurden;

— der äthanollösliche Anteil der Stoffe (Teile der Fette, Zucker und Proteine) trotz hohen Verbrauchs durch sich vermehrende Mikroorganismen nur von 2,3 auf 1,4 % zurückging, da die Baustoffe für die gebildete Mikrobensubstanz immer wieder durch den Abbau der polymeren Substanzen (Zellulose, Hemizellulose und Lignin) nachgeliefert wurde.

YUNG CHUNG folgerte daraus, daß der Abbau der TS mit dem Abbau dieser Polymere [2]) gleichzusetzen sei.

Bei der Kompostierung werden also energiereiche polymere Substanzen wie die Zellulose in die energieärmeren monomeren Bestandteile, etwa Zucker, zerlegt.

Die dabei freigewordene Differenzenergie nutzt der zersetzende Organismus zum Aufbau körpereigener Substanz, ein Teil geht auch als Wärme verloren. Die Abbauprodukte selbst werden entweder ebenfalls zum Aufbau von Mikrobensubstanz benutzt oder weiter — unter Freisetzung von Energie — metabolisiert.

Wie bereits im Kap. C 1.1. erläutert, existieren in der Natur zwei Pfade, auf denen die Umsetzung der organischen Substanz verläuft. Abbauweg Nr. 1 wird unter Luftzufuhr, Abbauweg Nr. 2 unter Luftabschluß beschritten. Die *anaerobe* besser anoxische [3]) Umsetzung der OS bei Abwesenheit von Sauerstoff aus der Luft oder aus dem Substrat selbst, führt niemals zu einem vollständigen Abbau der Stoffe, da die Atmungskette, die Endstufe des oxidativen Abbaus, nicht beschritten

---

[2]) Polymere sind aus kleineren, gleichen Molekülen (Monomere) zusammengesetzte Verbindungen.

[3]) anoxisch = ohne Sauerstoff

werden kann. Unter anoxischen Bedingungen entstehen deshalb verschiedenste Zwischenprodukte des Stoffabbaus, wie CH_4, H_2S, Alkohole, *organische Säuren* etc. (s. d. a. Kap. B 2.3.), die sich zum Teil im Substrat, etwa Stapelmist oder Gülle, anreichern können (MÜLLER, 1965, S. 425 ff.).

Der *Zitratzyclus* nimmt beim oxidativen Abbau der Proteine, Kohlenhydrate und Fette eine zentrale Stellung ein, da die dem primären Abbau dieser Stoffe entstammenden Kohlenstoffgerüste sämtlich in ihn eingespeist werden. Der Schritt zur Atmungskette verläuft über den Zitratzyklus.

Die Abbildung 28 zeigt, daß die Glucose unter anaeroben Bedingungen jedoch gar nicht in den Zitratzyklus eingeschleust wird. Vielmehr verläuft hier der Abbau weiter zur *Milchsäure* (Lactat). Diese stellt unter Luftabschluß das Endprodukt des Glucoseabbaus dar *(anaerobe Glycolyse)*.

Manche organischen Verbindungen im Kompost können nur von bestimmten Mikroorganismen abgebaut werden. Dazu zählen etwa das Lignin und die Plaste. Gerbstoffe werden durch spezielle Pilze zersetzt.

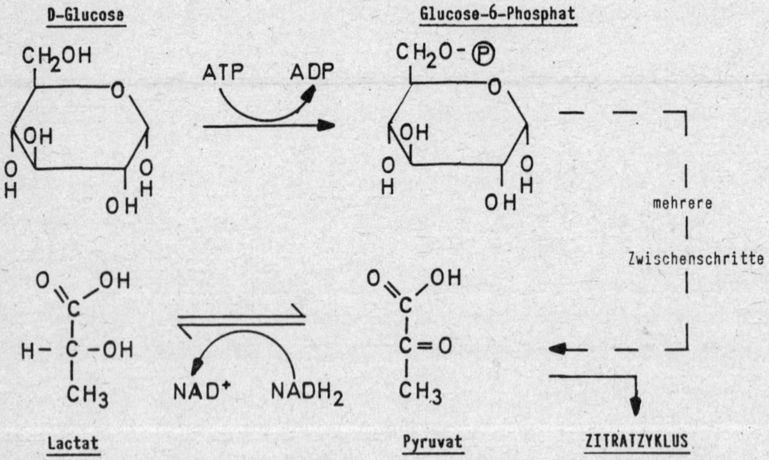

Abb. 28:
Lactatbildung bei der Glycolyse unter anaeroben Bedingungen
(LÖFFLER et al., 1975, S. 291 — vereinfacht)

114

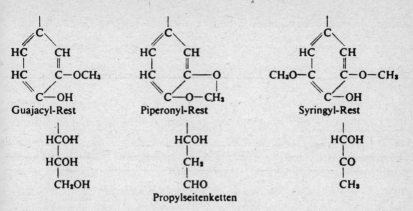

Guajacyl-Rest **Piperonyl-Rest** **Syringyl-Rest**

Propylseitenketten

Abb. 29:
Struktur des Lignins (PAECH bzw. FEHÉR,
z. n. MÜLLER, 1965, S. 44)

Aromatische Verbindungen können durch verschiedene Bakterien, Actinomyceten und Pilze umgesetzt werden (MÜLLER, 1965, S. 425 ff.). Von den Organismen nicht verwertete Ab- und Umbauprodukte sowie angereicherte schwer zersetzbare Substanzen tragen im Kompost zum Aufbau hochmolekularer Verbindungen, wie den Huminstoffen, bei.

Dies gilt v. a. für den Zellwandbestandteil Lignin. Durch den Aufschluß der besser verwertbaren organischen Stoffe wird er allmählich freigelegt. Der Abbau des Lignin erfolgt durch „spezialisierte" Mikroorganismen, v. a. *Basidiomyceten*. Nach MÜLLER (1965, S. 425 ff.) können auch Actinomyceten und Streptomyceten an der Ligninzersetzung beteiligt sein.

Lignin besteht aus verschiedenen aromatischen Monomeren[4]), v. a. Phenylpropanverbindungen (GRABBE, 1978). Ein Teil der Protonen am Benzolkern sind durch Methoxyl-(OCH_3) und Hydroxylgruppen substituiert.

Lignin liegt meist als komplexes Molekül mit einem Molekulargewicht von 1 000 bis 10 000 vor.

---

[4]) Aromatische Monomere sind ringförmige organische Verbindungen, die zum Teil mit Seitenketten besetzt sind.

Durch Abspaltung von Seitenketten, Oxidation und weitere Reaktionen kann das Lignin in andere *phenolische Verbindungen* umgewandelt werden.

Zusammen mit Eiweißbestandteilen bildet es sogenannte Ligninproteine, die als Bausteine der *Huminstoffe* gelten. Dies ist sicher auch als ein Grund für die Forderung anzusehen, daß bei der organischen Düngung bzw. der Kompostierung die pflanzliche Komponente durch die tierische ergänzt werden soll (SEKERA, 1977).

Ähnliche Bausteine für die Huminstoffbildung sind bekannt, ebenso verschiedene Reaktionen zwischen denselben. Die Huminstoffe stellen entsprechend dieser vielfältigen Zusammensetzungsmöglichkeiten chemisch gesehen sehr heterogene Gebilde dar, die sich nicht einfach einer chemischen Verbindungsklasse zuordnen lassen.

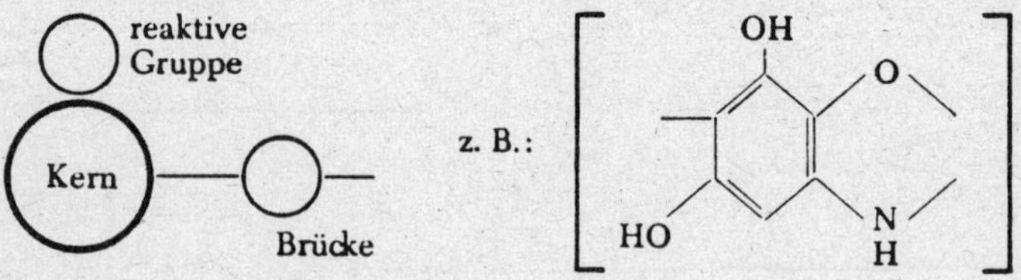

Abb. 30:
Aufbau der Huminstoffe (schematisch — SCHEFFER und ULRICH, 1960, S. 42)

Für den Aufbau der Huminstoffe kommen unterschiedliche C- und N-Quellen in Frage. Lignin muß also nicht unbedingt vorhanden sein (s. bei BIDDLESTONE, GRAY und SHERMAN, 1971). So wurde in neueren Arbeiten festgestellt, daß z. B. Pilze auf Glucose- bzw. Zellulosebasis Verbindungen herstellen, die unter Einbeziehung von N und S zu Huminstoffen kondensieren [5]) (s. d. a. KICKUTH, 1972; SCHEFFER und ULRICH, 1960). Dabei wurde die C-Quelle in phenolische Verbindungen umgewandelt.

---

[5]) Kondensation = Zusammenlagerung von Molekülen unter Wasserabspaltung

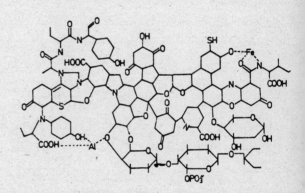

Abb. 31:
Bausteine (a) und Strukturbild (Ausschnitt) eines Huminstoffes (b)
(SCHEFFER und SCHACHTSCHABEL, 1979,
bzw. KICKUTH, 1972)

117

2.5. Die Nährstoffdynamik

2.5.1. Kohlenstoff und Sauerstoff

Der **Kohlenstoff** wird bei der Umsetzung organischer Substanz im Kompost zu CO_2 oxidiert. In partiell anaeroben Zonen wird auch CO und CH_4 (Methan) gebildet.

Der für die Oxidation notwendige Sauerstoff stammt größtenteils aus der Luft, zum Teil aber auch aus sauerstoffhaltigen Verbindungen, die umgesetzt werden.

Nach KEMMER (z. n. SCHULZ, 1982) kann bis zu einer *Luftzufuhr* von maximal 1 l/kg OS und min. mit einer Förderung der Rotte gerechnet werden. Darüber hinausgehende Belüftungsraten sollen zur Abkühlung des Kompostes führen. Diese Angabe erscheint jedoch als überaus hoch, wenn man sie mit den noch folgenden Werten max. Sauerstoff-

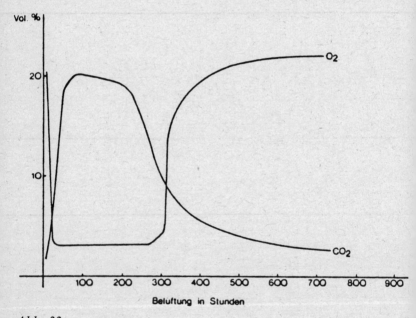

Abb. 32:
O_2- und CO_2-Konzentration in der Abluft des Kompostturms während der Rotte von Festmist (Belüftung = 30 l Luft/min und 3,6 m³ — FIBL, OTT, 1980)

bedarfs bei Müllkomposten vergleicht, der nur bei rund ¹/₇ dieses Wertes lag.

Messungen des CO_2-Gehaltes in der Abluft des Kompostturmes ergaben am FIBL, daß der Sauerstoffbedarf von Mistkompost in den ersten 10 bis 14 Tagen am höchsten lag (OTT, 1980, s. Abb. 32).

Den *Sauerstoffbedarf* verschieden alter Müllkomposte untersuchten SPOHN und KNEER (1968) ebenfalls anhand der Atmung (CO_2-Bildung) während der Rotte. Sie stellten fest, daß frisches Material noch weniger Sauerstoff verbraucht als leicht angerottetes (s. Abb. 33).

Ähnliche Ergebnisse erzielte CHROMETZKA (z. n. GOLUEKE, 1972), der den Sauerstoffbedarf von Reifkompost mit 9 mm³ O_2/g u. h, den für sieben Tage altes Material mit 176 mm³ O_2/g u. h und den für vier Wochen alten Kompost mit 284 mm³ O_2/g u. h angibt.

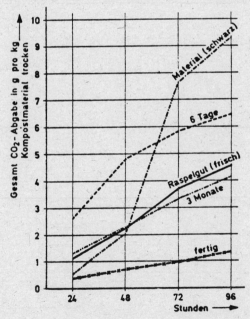

Abb. 33:
O_2-Verbrauch unterschiedlich alter Materialien während der Kompostierung von Hausmüll (SPOHN und KNEER, 1968)

Eine Abhängigkeit des Sauerstoffbedarfs von der Temperatur beobachtete SCHUCHARDT (1978) bei der Kompostierung von Rückgut und Flüssigmist (Gemisch aus getrocknetem und frischem Flüssigmist) von Rindern. Während der Aufheizungsphase der Rotte nahm der O_2-Verbrauch zu, lag am höchsten im Temperaturbereich von 45 bis 55°C und sank mit weiter steigenden Temperaturen ab.

Der Sauerstoffbedarf hängt weiterhin vom Feuchtgehalt des Kompostes ab. CHROMETZKA (z. n. GOLUEKE, 1972) gibt an, daß bei vierwöchigem Müllkompost mit 45 % Wassergehalt 263 mm³ O_2/g + h benötigt wurden, beim selben Kompost mit 60 % Wassergehalt jedoch 306 mm³ O_2/g u. h. Ähnliche Versuche führten SPOHN und KNEER (1968) durch (s. Abb. 34).

REGAN und JERIS (z. n. GOLUEKE, 1972) geben in einem Überblick zu den erheblich schwankenden O_2-Ansprüchen in ihren Versuchen

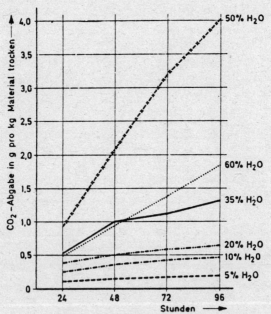

Abb. 34:
Abhängigkeit des O_2-Verbrauchs vom Wassergehalt des Rottegutes bei der Kompostierung von Müll (SPOHN und KNEER, 1968 — Legende s. Abb. 33)

120

Minimalwerte von 1 mg O_2/g abbaubarer Feststoffe und Stunde bei 30°C und 45 % Feuchte an sowie Maximalwerte von 13,6 mg O_2/g abbaubarer Feststoffe und Stunde bei 45°C und 56 % Feuchte.

Die Anglophonen bezeichnen diese Ergebnisse als „. . . the difficulty of determining true oxygen requirement . . ." (GOLUEKE, 1972), was bedeutet, daß es **den** Sauerstoffbedarf bei der Kompostierung nicht gibt. Da die Mikroorganismen für den O_2-Verbrauch während der Rotte verantwortlich zeichnen, hängt der Sauerstoffbedarf der Kompostierung eben von den Faktoren ab, die die mikrobielle Aktivität lenken. Diese sind v. a.: Nahrungsgrundlage, Temperatur und Wassergehalt.

Führt man, wie bei der Müllkompostierung der Fall, eine Zwangsbelüftung des Kompostes durch Ansaugen oder Einblasen von Luft durch, so muß über die erwähnten Zusammenhänge hinaus beachtet werden, daß Struktur und Lagerdichte des Materials die Verteilung der Luft in der Miete beeinflussen.

2.5.2. Stickstoff

2.5.2.1. N-Verluste und C/N-Verhältnis

Wie schon die Diskussion im Kap. B 2.2. zeigt, können die Stickstoffverluste bei der Kompostierung in weitem Rahmen variieren.

Bei der Aufbereitung von Festmist rechnet man mit N-Verlusten von etwa 20 bis 30 %. Bei der Ausbringung des Kompostes geht kein weite-

Dauer der Lagerung Monate	C/N	
	zu Beginn	nach Abschluß
2	22,0 : 1	16,9 : 1
4	21,1 : 1	14,6 : 1
6	18,7 : 1	13,2 : 1
8	18,0 : 1	11,5 : 1

Tab. 25:
Einengung des C/N-Verhältnisses während der Kompostierung von Festmist
(TIETJEN, z. n. SAUERLANDT, 1956)

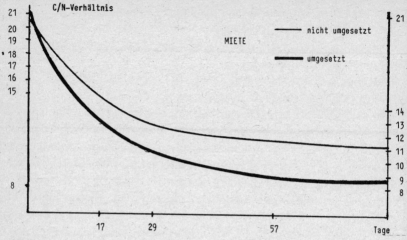

Abb. 35:

Einengung des C/N-Verhältnisses bei der Kompostierung von Festmist (FIBL; VOGTMANN, 1981)

rer Stickstoff verloren, da er überwiegend in organischer Bindung vorliegt.

Da während der Rotte mehr Kohlenstoff entweicht als Stickstoff, wird das C/N-Verhältnis bei der Kompostierung eingeengt. Das C/N-Verhältnis von reifen Mistkomposten liegt normalerweise zwischen 10 und 14. Es kann allerdings auch unter 10 sinken (s. Abb. 35 und Tab. 25). Infolge der hohen TS-Verluste während der Kompostierung bei geringeren N-Verlusten kommt es zu einer relativen Anreicherung von Stickstoff in der Miete.

Enthalten etwa 100 dt Mist-TS eine N-Menge von 200 kg entsprechend 2 %, so sind nach TS-Verlusten von 50 % und N-Verlusten von 25 % zwar absolut nur noch 150 kg N im Mist enthalten, relativ auf die TS bezogen aber nunmehr 3,3 %.

Nach PETTERSON (1973) geht aus Festmist der Stickstoff und die TS zu gleichen Anteilen verloren, wenn das N/TS-Verhältnis 1 : 40 beträgt, was einem C/N-Verhältnis von etwa 17 bis 20 entspricht.

2.5.2.2. NH₃-Verluste und eine Möglichkeit sie zu verhindern: Einbau von N in die organische Substanz

2.5.2.2. NH$_3$-Verluste und eine Möglichkeit sie zu verhindern:
Einbau von N in die organische Substanz

Während der Stickstoff aus der organischen Bindung von Futterresten und Mikroben im Kot nur allmählich freigesetzt wird, unterliegt der *Harnstoff*, die hauptsächliche N-Quelle aus dem Harn einer sehr schnellen Umsetzung.

Harnstoff wird nach Angaben von MÜLLER (1965, S. 456) nur durch obligat aerobe Mikroorganismen zersetzt. Im anaeroben Milieu zerfällt Harnstoff rein chemisch, wobei je nach den Verbindungen im umgebenden Milieu, pH-Wert und Temperatur, verschiedene Reaktionswege möglich sind.

Eines der Abbauprodukte ist Ammoniumcarbonat, das labil reagiert und rasch zu Ammoniak und Kohlendioxid umgesetzt wird, was der Abbildung 36 entnommen werden kann.

$$(NH_2)_2 CO + 2 H_2CO_3 \longrightarrow (NH_4)_2CO_3 + 2 CO_2$$

Harnstoff

$$(NH_4)_2CO_3 \longrightarrow 2 NH_3 + CO_2 + H_2O$$

Ammoniumkarbonat

Abb. 36:
Abbau von Harnstoff (nach verschiedenen Autoren)

Ammoniak entweicht gasförmig, v. a., wenn pH-Wert und Temperatur hoch liegen. Mit steigendem pH-Wert wird das Fließgleichgewicht $NH_3 + H_2O \gtrless NH_4^+ + OH^-$ zur Seite des Ammoniak hin verschoben. Verschiebt sich der pH-Wert umgekehrt ins saure Milieu, so geht vermehrt Ammoniak in Ammonium über, wodurch die NH$_3$-Verluste gedrosselt werden.

Am Anfang der Kompostierung stehen reichlich *C-Gerüste* zum Aufbau von Mikrobensubstanz zur Verfügung. Die Mikroorganismen verbrauchen demzufolge auch viel Stickstoff, als dessen Quelle das freigesetzte Ammonium dient.

Als ein weiterer Vorgang, der Stickstoff verbraucht und so die N-Verluste vermindert, ist die Bildung von Lignoprotein zu nennen, wie sie GRABBE (1975, 1978) bei der Kompostierung von Flüssigmist-Feststoff-Gemengen beobachtete.

Dieser Vorgang läuft vornehmlich in der ersten Zeit der Rotte ab. Die Obergrenze des Stickstoffeinbaus wird von GRABBE (1975) bei einem N-Gehalt der *Lignoproteinfraktion* von 4 % angesehen.

MEYER (1979) konnte nachweisen, daß die Stickstoffverluste in Form von NH_3 zu Anfang der Kompostierung bei geschickter Handhabung vermieden werden können. Er kompostierte über drei Monate stroharmen Rindermist mit Strohhäckseln im Verhältnis 7,5 : 1,5, wodurch sich ein C/N-Verhältnis von 39 ergab. Belüftet wurde mit 10 l Luft/h entsprechend etwa 0,08 l Luft/kg OS und min. Bei dieser Anordnung wurde das Ammonium vollständig organisch eingebunden. Der organische N nahm, bei starker Streuung, im Durchschnitt um 21 % zu; der NH_4-Rest war gering. Dieser Zusammenhang ist in Abbildung 37 wiedergegeben. Nach sechs Wochen lagen hier nur noch 2 bis 3 % des Gesamt-N als Ammonium-N vor. GRABBE (1975) gibt an, daß die NH_4-N-Gehalte bei seinen Kompostierungsversuchen nach zweieinhalb Wochen sogar nur noch bei 0,1 bis 0,2 % des Gesamt-N lagen.

Ein Teil des organisch gebundenen Stickstoffs wurde bei MEYER (1979) gegen Ende der Kompostierung vollständig, d. h. bis zum Nitrat mineralisiert.

In einem weiteren Versuch überprüfte MEYER (1979) den Einfluß des Zerkleinerungsgrades bei Stroh auf die Stickstoffeinbindung während der Kompostierung. Dabei wurde das Stroh zum Teil gehäckselt (≤ 8 cm), zum Teil gemahlen (≤ 5 mm) zugegeben.

Die Zunahme an organisch gebundenem Stickstoff lag bei der Variante mit gemahlenem Stroh am höchsten, bei der Häckselgruppe am niedrigsten. Die kleine Korngröße in der Strohmehlgruppe führte jedoch zu Schwierigkeiten mit der Struktur, weswegen zum Teil O_2-Mangelerscheinungen auftraten und NO_3 denitrifiziert wurde.

Während bei der Variante mit 100 % Strohhäcksel bzw. der mit 50 % Häcksel und 50 % Mehl der NO_3-Anteil am Gesamt-N bei 12 % respektive 15 % lag, erreichte die Gruppe mit einem reinen Strohmehlzusatz nur 4 % nach fünf Monaten.

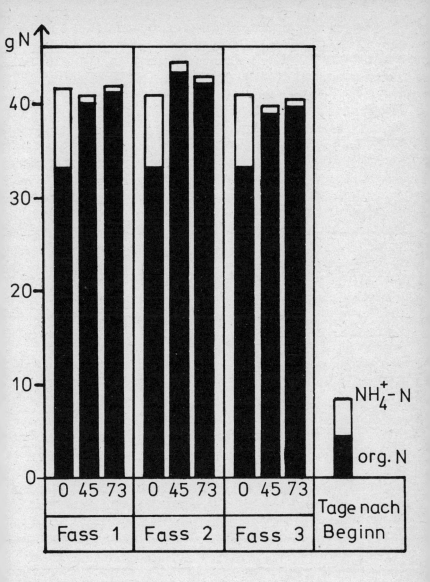

Abb. 37:
NH₄-N und organisch gebundener N bei der Kompostierung
von Rindermist bei gedrosselter Belüftung (MEYER, 1979)

Der Ammonium-N-Anteil lag bei allen Varianten nach 152 Tagen Rotte unter 1 %.

Als zusätzlicher wichtiger Faktor muß zwecks Vermeidung von NH_3-Verlusten die Steuerung der Temperatur beachtet werden. MEYER gibt in den obengenannten Versuchen an, daß sich Ammoniakverluste nur verhindern lassen, wenn die Temperatur relativ niedrig bleibt, d. h. 55° C möglichst nicht überschreitet.

Berücksichtigt man zu dem bisher Gesagten noch die im Kap. C 2.4.3. angeführten Zusammenhänge zwischen Stoffumsatz, Wassergehalt und Temperatur im Kompost (Abb. 26 und Tab. 23) sowie die Ergebnisse von BECKWITH und PARSONS (1980 s. a. Kap. C 2.3.3.3.), so treten einige Faktoren deutlich hervor, die maßgeblichen Einfluß auf die NH_3-Verluste ausüben.

BECKWITH und PARSONS hatten ja festgestellt, daß bei der Kompostierung von Stroh mit mineralischem Stickstoff zu Anfang der Rotte aller Stickstoff organisch eingebunden wurde, wenn der N-Zusatz nicht zu hoch lag (C/N-Verhältnis = 50). Bei starkem Zusatz löslichen Stickstoffs gelang dies nicht mehr, obwohl das absolute C/N-Verhältnis (C_t/N_t) immer noch bei 32 gelegen hatte.

Damit wird klar, daß zur Einbindung des mineralisierten Stickstoffes im Mistkompost zunächst einmal ein bestimmtes Verhältnis von Stickstoff zu Kohlenstoff vorliegen muß, das den Mikroorganismen erlaubt, genügend körpereigene Substanz zu bilden. Steht zu wenig Kohlenstoff zur Verfügung, so nützen die Eiweißzersetzer überdies verstärkt die *Proteine* als C-Quelle, d. h. sie bauen diese auch ab, wenn sie keinen N-Bedarf haben (MÜLLER, 1965, S. 458).

Den Mikroben nützt das C_t/N_t-Verhältnis (t = total) jedoch wenig, sie können ja nur mit den verfügbaren Nährstoffen etwas anfangen. Betrachtet man die Versuche von BECKWITH und PARSONS (1980), so erkennt man, daß die Mikroorganismen selbst bei ausreichendem C_t-Angebot nicht dazu in der Lage waren, den vollkommen verfügbaren Stickstoff zu binden, da der Kohlenstoff aus dem Stroh eben nicht in gleichem Maße verfügbar war.

Weiterhin kommt es nun nicht nur darauf an, wieviel verfügbare Nährstoffe zu Anfang der Kompostierung vorgelegen haben, sondern vielmehr noch, wieviel aus dem Abbau der OS nachgeliefert werden. Die maßgebliche Quelle, aus der bei der Kompostierung von Festmist Kohlenstoffgerüste freigesetzt werden, ist die Zellulose. Der Zelluloseabbau wiederum hängt aber davon ab, wieviel Wasser der Kompost enthält und wie heiß er ist.

Für die Praxis der Kompostierung läßt sich daraus schließen:

— die im Mist vorhandenen leichtverfügbaren Kohlenstoffquellen sind schnell verbraucht (z. B. Reststärke aus dem Kot, Zucker aus dem Stroh).

Werden aus dem Abbau polymerer Kohlenhydrate nicht genügend C-Gerüste nachgeliefert, so geht Stickstoff in der Anfangsphase der Rotte gasförmig als NH_3 verloren. Wie Versuche des FIBL zeigten, entweicht NH_3 vornehmlich in den ersten 150 bis 200 Stunden der Kompostierung (OTT, 1980).

GRABBE (1978) gab bei der Belüftung von Gülle Silagesickersaft als C-Quelle zu. Er erreichte damit eine sehr gute mikrobielle Fixierung von Ammoniak; die Wirkung war jedoch, durch den schnellen Verbrauch des Kohlenstoffes bedingt, nur eine kurzfristige. In der Praxis dürfte die deswegen notwendige kontinuierliche Zugabe von Kohlenstoff in gelöster Form während der ersten 5 bis 10 Tage der Rotte kaum vertretbar sein.

Bei dem Versuch, eine schnell aber gleichmäßig fließende C-Quelle zu finden, würde sich die Prüfung von *Obsttrestern* anbieten.

Die Frage, die sich andererseits bei allen diesen Stoffen stellt, ist, ab welcher Zuschlagsmenge durch sie eine Temperatursteigerung bewirkt wird, die man hinsichtlich der NH_3-Verluste gerade zu vermeiden sucht.

— wird die *Zellulose* bereits zu Anfang der Rotte zügig umgesetzt, so stehen den Mikroorganismen genügend C-Gerüste zur Verfügung. Zwei maßgebliche Faktoren, die den Abbau der Zellulose steuern indem sie die Besiedelung mit zellulolytischen Mikroben beeinflussen, sind Wassergehalt und v. a. Temperatur im Kompost. Bei zu hohem Wassergehalt wird der Zelluloseabbau ebenso gehemmt wie bei zu hohen Temperaturen.

Hinsichtlich der Temperatur dürfte die ausschlaggebende Rolle spielen, daß die Hauptzersetzer der Zellulose, die thermophilen Pilze, ihr Temperaturoptimum im Bereich um 50°C aufweisen.

Wird eine Temperatur von etwa 55°C nicht überschritten, so reduziert die intensive Umsetzung der Zellulose die NH_3-Verluste drastisch, wie die Untersuchungen von MEYER (1979) ja zeigen.

Aus den Untersuchungen von WAKSMAN et al. (s. Tab. 23) läßt sich außer der verminderten Zelluloseumsetzung bei hoher Temperatur aber noch ein zweites wichtiges Phänomen ablesen.

Im Bereich um 60 bis 75°C liegen wesentlich weniger Proteine vor als bei 50°C. Dies läßt sich darauf zurückführen, daß das mikrobielle Wachstum hier schon nachläßt und/oder in diesem Temperaturbereich noch *Proteine* mineralisiert werden, jedoch wenig Kohlehydrate. Beide Faktoren führen jedenfalls zu stärkeren N-Verlusten.

Für die Praxis ergibt sich aus diesen Zusammenhängen ein Haken. Bei der Kompostierung von Mist bleibt die Temperatur nämlich selten unter 60°C. Besonders bei starker Stroheinstreu, die man ja zwecks Erweiterung des C/N-Verhältnisses anstrebt, und dem Aufsetzen mit dem Miststreuer wird die Miete sehr locker und im Sinne der Verminderung von N-Verlusten zu stark durchlüftet. Gesteuerter Wasserzusatz, der die Durchlüftung des Kompostes drosseln könnte, führt wiederum zu einem Minderumsatz an Zellulose u. a. Problemen.

Eine Lösung für diese Probleme wäre möglicherweise in einer geringeren Stroheinstreu zu sehen. Um das für die Kompostierung notwendige C/N-Verhältnis trotzdem zu erreichen, müßten in der Kotrinne oder auf dem Miststreuer vor dem Aufsetzen der Miete C-Quellen zugesetzt werden, die nicht zu einer weiteren Strukturierung des Materials führen. Als solche könnte man etwa den bereits erwähnten Obsttrester benutzen. Ein sehr gutes Material wäre natürlich auch gemahlenes Stroh, wie es MEYER (1979) einsetzte. Ein solches Stroh weist zwei Vorteile auf. Erstens ist es relativ strukturarm und zweitens können die Mikroben wegen des mechanischen Aufschlusses durch das Mahlen besser an die Zellulose heran.

Andererseits benötigt man zum Mahlen des Strohs spezielle Geräte. Der Energieaufwand ist nicht unbeträchtlich.

— Eine dritte Möglichkeit zur Einschränkung der NH_3-Verluste könnte die Zugabe von angerotteten ligninhaltigen Stoffen darstellen.

Die Vorrotte führt zu einem teilweisen Aufschluß des *Lignins,* was Voraussetzung für die Lignoproteinbildung und damit für die Einbindung von Stickstoff ist (GRABBE, 1975, 1978).

Ein erster mikrobieller Angriff auf das Lignin vor der Kompostierung selbst dürfte von erheblicher Bedeutung sein, da die ligninzersetzenden Basidiomyceten in den mesophilen Bereich gehören. Deswegen kann eine mikrobielle Umsetzung des Lignins kaum in der heißen Phase der Rotte erwartet werden, wenn andererseits, durch den Eiweißabbau bedingt, viel Ammonium freigesetzt wird.

Rindermiste bieten in dieser Hinsicht von vornherein günstigere Bedingungen als Hühner- und Schweinemiste, da das Futter der Rinder in der Regel mehr Lignin enthält, was bei der Darmpassage zum Teil anverdaut wird. Überdies ist im Rindermist der Stickstoff weniger leicht verfügbar als im Schweine- und Hühnermist (s. d. Kap. C 2.3.2.1.2.). Die Kompostierung von gemischten Misten muß also als vorteilhaft angesehen werden.

Die bisherige Diskussion zeigt, daß zwar noch einiges an Untersuchungen und Erfahrungen notwendig sein wird, um zu einem praxisreifen Verfahren zu gelangen, daß aber wohl grundsätzlich die Möglichkeit besteht, NH_3-Verluste zu vermeiden.

2.5.2.3. *N-Verluste in Form von Stickoxiden*

In der mesophilen Phase werden hauptsächlich Hemizellulose, Zellulose und Lignin von den Mikroorganismen zur Versorgung mit C-Gerüsten genutzt. Im Vergleich zu der starken Oxidation, die am Anfang der Rotte durch eine große Menge leicht verfügbarer Kohlenhydrate und N-Quellen verursacht wird, verläuft der Stoffumsatz nun langsamer, weswegen auch der Sauerstoffverbrauch allmählich sinkt. Gleichzeitig steht auch weniger Ammonium zur Verfügung.

Diese Bedingungen führen zu drei verschiedenen Umwandlungswegen des Stickstoffs im Kompost:

— *mineralisierter* Stickstoff wird weiterhin in Mikrobensubstanz eingebaut;

— das Ammonium wird zu *Nitrat* oxidiert. Die nitrifizierenden Bakterien reagieren auf Temperaturen über 40 °C empfindlich (STADELMANN, 1981). Außer der allmählich fallenden Temperatur im

Kompost begünstigt der steigende pH-Wert die Nitrifikation und hemmt die Ammonifikation (MÜLLER), 1965, S. 460);

— Stickstoff wird beim Aufbau der Huminstoffe verbraucht.

Der hierbei verwendete Stickstoff entstammt zum Teil schon der Mineralisation von Mikroben aus der Heißphase. Die sogenannte Reassimilierung dieses Stickstoffanteils kann nach GRABBE (1975) zu 50 % bis fast 100 % erfolgen.

Während der Anteil des NH_3 an den Gesamt-N-Verlusten abnimmt, steigen die N-Verluste in Form von Stickoxiden an (s. Abb. 38). In den Versuchen des FIBL mit dem Kompostturm ergaben sich NH_3-Verluste von etwa 20 % des Gesamt-N-Verlustes. Der überwiegende Teil des Stickstoffs ging also in Form von Stickoxiden und elementarem Stickstoff verloren (OTT, 1980; VOGTMANN, 1981).

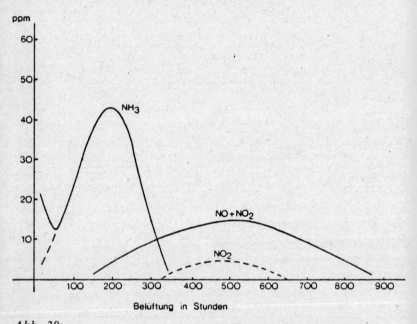

Abb. 38:
Gehalt (Verluste) an NH_3-N und Stickoxiden in der Abluft
bei der Kompostierung von Festmist im Kompostturm
(FIBL; OTT, 1980)

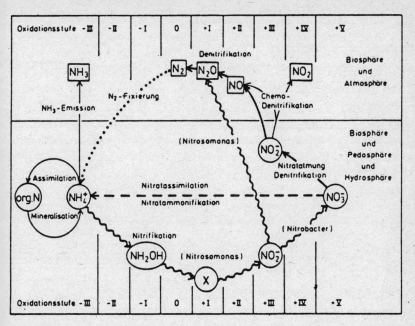

Abb. 39:
Kreislauf des Stickstoffes in der Natur (SEILER und CONRAD, 1981)

In der Praxis überlappen sich die Verluste am Ammoniak mit denen an Stickoxiden bzw. elementarem Stickstoff, wie bereits aus der Abb. 38 hervorgeht. Dieses Phänomen wird durch Mieten verstärkt, die von der Temperatur her wenig homogen sind. Während dann in den kühleren Randzonen schon nitrifiziert wird und Stickoxide abgasen, entweicht aus dem heißeren Mietenkern noch Ammoniak. Wie bereits im Kap. B 2.2. angesprochen, resultieren Verluste an Stickoxiden nicht nur aus der Denitrifikation von bereits gebildetem Nitrat, sondern auch aus der Nitrifikation des NH_4, wenn die Sauerstoffversorgung unzureichend ist. In diesem Fall wird sogar der erste vollständige Schritt der Nitrifikation zum NO_2 nicht vollzogen, weswegen Zwischenprodukte, wie das N_2O, anfallen und gasförmig verlorengehen (Abb. 39).

2.5.2.4. Einbau von N in Huminstoffe;
die verschiedenen N-Fraktionen im Kompost

Mit zunehmender Abkühlung des Kompostes setzt die Humifizierung ein. In Untersuchungen von RASSADI und AMBERGER (1975) bei der Kompostierung von Weizenstroh mit mineralischem Stickstoff war eine Huminstoffbildung schon nach zwei bis drei Wochen zu verzeichnen, die fünf Wochen nach Versuchsbeginn deutlich nachweisbar wurde.

Die Bildung von Huminsäuren begann nach etwa vier Wochen, stieg zwischen der fünften und zehnten Woche steil an, um dann allmählich weiter zuzunehmen. Der Farbwert und damit die Bildung von dunkleren, höherpolymeren Huminsäuren nahm v. a. zwischen der 20. und 50. Woche zu. (Analysenergebnisse von einem späteren Zeitpunkt liegen nicht vor.)

In der 25. Woche lag der Anteil des Stickstoffs in der stabilen, AcS-unlöslichen Huminstofffraktion bei etwa 50 % des gesamten nicht hydrolisierbaren Stickstoffs. Diese Ergebnisse werden indirekt durch die Untersuchungen von BECKWITH und PARSONS (1980) gestützt. Diese Autoren stellten bei der Kompostierung von Stroh fest, daß der Anteil an Aminosäuren-N nach 100 bis 150 Tagen (14 bis 22 Wochen) abnahm, während der Spiegel an Aminozucker-N, der nicht so leicht verfügbar ist, nur wenig anstieg. Gleichzeitig verringerte sich jedoch die Löslichkeit des Stickstoffs in einer 0,033 M NaH_2PO_4-Lösung drastisch. Dies läßt auf eine Zunahme an Huminstoffen und den Einbau von Stickstoff in diese Fraktion schließen.

Umgekehrt scheint aber auch eine Freisetzung von Stickstoff aus den Huminstoffen während der Rotte noch möglich. So konstatierten RASADI und AMBERGER (1975), daß das Niveau des nicht hydrolisierbaren N zwischen der 20. und 50. Woche leicht absank, während der „Differenz-N", zu dem hauptsächlich Protein-N zählt, noch zunahm. Gleichzeitig nahm die Menge an Huminstoffen und auch an Huminsäuren noch zu. Dies bedeutet, daß durch den Abbau schwer umsetzbarer N-Quellen, die nicht den Huminstoffen zuzuordnen sind bzw. aus der Huminstofffraktion selbst Stickstoff freigesetzt und in Mikrobensubstanz eingebunden wurde.

Aus der Stoffgruppenanalyse von RASADI und AMBERGER ergibt sich auch ein Anhaltspunkt über die Verfügbarkeit des Stickstoffs im Kompost (s. Tab. 26).

N-Fraktion	Anteil in %
H_2O-löslicher N	10—30 %
Differenz-N *) (vornehmlich Protein-N)	50—66 %
N in niedermolekularen Huminstoffen **)	10—17 %
N in den „stabilen" Huminstoffen ***)	9—13 %

*) = H_2O-unlöslicher N minus nicht hydrolysierbarer N
**) = Nicht hydrolysierbarer N minus AcS-N
***) = AcS-N

Tab. 26:
N-Fraktionen bei der Kompostierung von Stroh mit Mineraldüngern
nach 25 Wochen (errechnet nach Ergebnissen von RASADI und
AMBERGER, 1975)

Gegenüber der wiedergegebenen Analyse nach fünf Monaten Rotte war gemäß den oben erläuterten Zusammenhängen in den Stroh/Mineraldünger-Komposten nach 50 Wochen noch mehr Stickstoff in der Proteinfraktion zu finden.
Der Stickstoff in der Huminstofffraktion nahm ebenso wie der lösliche Stickstoff noch geringfügig ab.
Die Schwierigkeit, solche Ergebnisse auf die praktische Kompostierung zu übertragen, zeigt sich bei den Angaben zum löslichen Stickstoff. Den hohen Wert von 30 %, der aus dem starken Zusatz von löslichem N in Form des Harnstoffs und des Kalkstickstoffs resultiert, wird man in der Praxis kaum beobachten können. In den Varianten mit geringerem N-Zusatz liegen auch in den genannten Untersuchungen die Anteile an wasserlöslichem Stickstoff niedriger. Erstaunlich ist auch, daß im Rotteprodukt kaum Nitrat gefunden wurde, was die Autoren auf den N-Gehalt zurückführen, der unter 2 % der Strohtrockensubstanz lag.

2.5.2.5. Fixierung von Luft-Stickstoff

Jüngere Untersuchungen am FIBL (s. bei OTT, 1980) und an der ETH-Zürich deuten daraufhin, daß über die Reduzierung der N-Verluste während der Kompostierung hinaus auch die Möglichkeit bestehen könnte, durch asymbiontische Fixierung des Luft-N eine Anreicherung von N in der Miete zu erzielen. Falls sich diese Hypothese als richtig erweisen sollte, wäre es also möglich, bei der Kompostierung einen

Belüftung	Anfang (kg)	Ende (kg)	Differenz (kg)	% von Anfang
10 l/min	4,17	4,59	+ 0,42	+ 10
	4,15	5,25	+ 1,10	+ 26
30 l/min	4,38	3,77	— 0,61	— 14
	4,85	4,25	— 0,60	— 12
50 l/min	6,25	5,25	— 1,00	— 16

Tab. 27:
N-Bilanz bei der Kompostierung von Festmist im Kompostturm
(FIBL; OTT, 1980)

absoluten Zugewinn an Stickstoff zu erreichen. Die bisher erzielten Ergebnisse sind in der Tabelle 27 wiedergegeben.

Auf das Phänomen der Fixierung von Luft-N während der Rotte weisen bereits HOWARD (1948) bei der Indore-Kompostierung sowie SPRINGER bzw. RASADI und AMBERGER (1975) hin.

Günstige Bedingungen für die fixierenden Mikroorganismen liegen anscheinend bei nicht zu hoher Sauerstoffversorgung vor, wie aus den Werten der Tabelle 27 hervorgeht.

Besonders gute Ergebnisse wurden erzielt, wenn nicht nur eine niedrige Belüftungsrate von etwa 3 l Luft/min und m³ Mist (10 l Luft im Turm bei 3,6 m³ Rauminhalt entsprechend etwa 0,02 l Luft/min und kg OS) angewandt wurde, sondern gleichzeitig eine Impfung mit Reifkompost erfolgte (VOGTMANN, 1981). Die Luftzufuhr würde damit etwa ¹/₇ des maximalen Sauerstoffbedarfs von jungen Müllkomposten entsprechen bzw. dem fünffachen Bedarf eines reifen Müllkompostes, wie im Kap. C 2.5.1. beschrieben.

Hinweise für eine Begünstigung der Luft-N-Fixierung im Bereich gedrosselter Aerobiose bzw. partieller Anaerobiose ergeben sich auch aus den im folgenden beschriebenen Lebensbedingungen der fixierenden Mikroorganismen sowie aus den Messungen der Nitrogenaseaktivität verschiedener Komposte am FIBL (s. bei OTT, 1980).

Da bis jetzt keine reproduzierbare Methode gefunden wurde und die N-Bindung im Kompost noch vollkommen in der Diskussion steht, soll an dieser Stelle versucht werden, die theoretischen Hintergründe ein wenig auszuleuchten.

Eine asymbiontische Bindung von Luftstickstoff kann unter verschiedenen Bedingungen stattfinden. Bei guter Durchlüftung sind v. a. *Azotobakterarten* aktiv. Überwiegend anaerobe Luft-N-Fixierer sind *Clostridien*. Auch Algen und die Symbioseform zwischen Algen und Pilzen, die Flechten, können den Stickstoff, den sie benötigen, aus der Luft beziehen (MÜLLER, 1965, S. 483).

Im Prinzip stellt der Kompost ein sehr günstiges Substrat für die asymbiontischen Stickstoffbinder dar. Zwar liegen in den ersten zwei bis fünf Wochen der Rotte in den inneren Bereichen der Miete schlechte Bedingungen, d. h. zu hohe Temperaturen vor, nach dieser Zeit bzw. in den Randzonen schon wesentlich früher, bietet sich der Kompost zu einer Besiedelung aber geradezu an. Alle stickstoffbindenden Mikroben sind nämlich in hohem Maße auf reichliche Zufuhr an organischer Substanz angewiesen. Die von ihnen benötigten leicht umsetzbaren C-Gerüste werden beim Abbau der polymeren Kohlenhydrate Hemizellulose und Zellulose gebildet. Auch fällt, durch die Aktivität von Bakterien bedingt, viel Bakterienschleim an, der die gut verwertbaren Kohlenhydrate Stärke, Inulin, Dextrin, Raffinose und Araban enthält (GREENE z. n. MÜLLER, 1965, S. 478).

Weiterhin besitzen sowohl Azotobacterarten wie auch Clostridien die Fähigkeit zu einer engen „Zusammenarbeit" mit verschiedenen zellulosezersetzenden Mikroorganismen. Während die N-Fixierer dabei Zellobiose, Glucose und organische Säuren für ihren Energiestoffwechsel erhalten, liefern sie umgekehrt eiweißreiche Spaltprodukte.

Zusätzlich zu einer guten Kohlenstoffversorgung benötigen die N-fixierenden Mikroorganismen verschiedene anorganische Salze. Hierbei spielen Ca, Fe, Mg, Mo und v. a. P eine Rolle. Etwa 50 % der Asche von AZ besteht aus Phosphor (MÜLLER, 1965, S. 477).

Die reichlich vorhandene organische Substanz im Kompost, die auch einer starken Umsetzung unterliegt, dürfte die Fixierung von Luftstickstoff wesentlich stimulieren, während im Freiland die oft ungenügende Nachlieferung von Kohlenhydraten die Leistung der bindenden Mikroorganismen limitiert.

Um dieses Manko zu überwinden, wurden schon früh Versuche durchgeführt, dem Boden C-reiche Materialien zuzuführen. GERLACH et al. arbeiteten mit Rückständen aus der Zuckerfabrikation. Hierbei konnte — im Gegensatz zu reinen Zellulosegaben — die asymbiontische N-Fixierung in einem „ökonomisch vertretbaren Rahmen" gesteigert werden (z. n. MÜLLER, 1965, S. 484).

Den Grund für die schlechtere Wirkung der Zellulose sieht MÜLLER darin, daß „an der Weiterverwertung der sehr langsam anfallenden Abbauprodukte der Zellulose viele andere Bodenmikroorganismen beteiligt sind und so den freilebenden N-Bindern nicht genügend Kohlenstoffmaterial verbleibt".

Eine wesentliche Rolle bei der Bindung von Luft-N spielt überdies die Konzentration an löslichem Stickstoff im Substrat. „Wie bei den Bakterien tritt auch bei den Algen die atmosphärische N-Bindung nur auf, wenn im Nährmedium aufnehmbare N-Verbindungen fehlen" (MÜLLER, 1965, S. 482).

Nach BURK und LINEWEAVER (z. n. MÜLLER) hemmen N-Konzentrationen des Nährsubstrats von 0,5 bis 1 mg/100 ml die Stickstoffbindung bei Azotobakter (AZ).

Das grundsätzlich mögliche gleichzeitige Vorkommen von AZ und Clostridien im Kompost mag erstaunen, da sie doch unterschiedliche Ansprüche an die Sauerstoffversorgung stellen. Obwohl die Umsetzungen aerob verlaufen, ist die Miete aber nicht überall sauerstoffgesättigt, selbst bei hohem Luftdurchsatz nicht.

Bedingt durch die Krümelung und die Bildung organischer bzw. organo-mineralischer Aggregate, liegt im Kompost auf engstem Raum ein aerob-anaerobes Mosaik vor, in dem das luftdurchflossene Porensystem Partikel umschließt, deren O_2-Versorgung je nach Beschaffenheit mehr oder minder gut verläuft. Dadurch bilden sich, wie im Boden, selbst bei guter Durchlüftung anaerobe Kleinbezirke (KICKUTH, 1982).

Während nun in den gut durchlüfteten Bereichen AZ optimale Bedingungen vorfindet, agieren die Clostridien in den Bereichen mit vermindertem Sauerstoffpartialdruck. „Man findet sie (die Clostridien) aber auch in gut durchlüfteten humusreichen Kulturböden. Ihr Vorkommen ist hierbei hauptsächlich auf das Innere der Bodenkrümel beschränkt (MÜLLER, 1965, S. 480).

Clostridien besitzen überdies die Möglichkeit, in Metabiose mit Bakterien zu leben, die den freien Sauerstoff verwerten und ihnen so optimale Lebensbedingungen gestalten, während die Aerobier dafür N-reiche Stoffwechselprodukte der Clostridien verwerten.

Der von AZ tolerierte Temperaturbereich liegt zwischen 7 und 40°C. Das Optimum unterscheidet sich von Art zu Art. Die Clostridien sind zwischen 28 und 35°C am aktivsten.

Da eine befriedigende Rotte einen gleichmäßig hohen Feuchtigkeitsgehalt verlangt, treten im Kompost normalerweise keine Perioden der Trockenheit oder andererseits der Staunässe auf, wie es teilweise im Boden geschieht. Solche Abschnitte extremen Wassergehaltes hemmen jedoch die mikrobielle Aktivität. Das Feuchtigkeitsoptimum für AZ liegt bei 66 % der maximalen Wasserkapazität.

AZ-Arten passen sich im Bereich zwischen pH 5,5 und 11 gut an Schwankungen des pH-Wertes an. N-bindende Algen besitzen ihr pH-Optimum im leicht alkalischen Bereich. Für ihre Aktivität bildet der pH-Wert von 5,7 eine Untergrenze (ALLISON et al. z. n. MÜLLER, 1965, S. 482).

Der günstigste pH-Wert für die Clostridien liegt zwischen 5,7 und 7,0.

Hinsichtlich der N-Fixierung bei der Kompostierung sollte auch berücksichtigt werden, daß bestimmte „Biostoffe" das Wachstum von AZ stimulieren können (WERNER und ARNAUDI z. n. MÜLLER, 1965, S. 478).

Über die Beschreibung der grundlegenden Lebensansprüche von N-bindenden Mikroben hinaus soll nun noch versucht werden, einen Überblick zu ihren möglichen Fixierungsraten zu vermitteln.

Stickstoff aus der Luft kann von nichtsymbiontischen Mikroorganismen im Freiland in erheblichem Maß gebunden werden. Durchschnittliche Fixierungsraten werden mit 10 bis 20 kg N/ha und Jahr angegeben. Es wurden jedoch auch schon Raten von 90 kg N/ha und Jahr festgestellt (MENGEL, 1979, S. 304).

Bezieht man die Leistung nichtsymbiontischer, stickstoffbindender Mikroorganismen im Freiland auf die organische Substanz im Boden, so liegt die N-Fixierung bei etwa 0,1 bis 1,0 kg N/t OS + Jahr.

Legt man im Kompost einen Stickstoffzugewinn von 25 % zugrunde, so müßten pro Tonne Kompost etwa 1,2 kg N aus der Luft gebunden werden. Darüber hinaus wäre noch zu berücksichtigen, in welchem Maße N-Verluste während der Kompostierung durch die Bindung von Luftstickstoff ausgeglichen werden.

Ein Zugewinn von 1,2 kg/t Kompost allein käme aber schon Bindungsraten von 3 bis 4 kg N/t OS gleich, je nach TS- und Aschegehalt des Kompostes, wobei die Kompostierungsdauer hierbei nicht eingerechnet ist.

MÜLLER (1965, S. 472 ff.) gibt an, daß Azotobacterarten pro g oxidiertem Kohlenstoff durchschnittlich 7 bis 10 mg N binden und Clostridien 3 bis 4 mg N. Die als optimal angesehene N-Bindung aus der Luft wurde anhand von In-vitro-Versuchen mit 20 mg N/g oxidiertem C bestimmt. Einer weiteren Steigerung sollen Grenzen gesetzt sein.

Unter Berücksichtigung dieser Zahlen müßte eine gemischte Azotobacter-Clostridienkultur etwa 160 bis 170 g Kohlenstoff oxidieren, um 1,2 kg Stickstoff zu binden. Auf einen Kompost mit 40 % TS und 20 % Asche, auf die TS bezogen, würde dies bedeuten, daß zur Fixierung der oben errechneten 1,2 kg Luft-N/t Kompost sämtlicher Kohlenstoff oxidiert werden müßte.

Selbst bei der von MÜLLER angegebenen „Optimal-Fixierung" müßte noch $\frac{1}{3}$ des gesamten Kohlenstoffes im Kompost oxidiert werden.

Diese überschlägigen Rechnungen zeigen, daß eine nennenswerte Bindung von Luft-N während der Kompostierung entweder nicht stattfinden kann, oder daß die Leistungsfähigkeit der fixierenden Mikroben im Kompost aus unbekannten Gründen höher liegt, als man bisher annahm.

2.5.3. P, K, Mg, Ca und Spurennährstoffe

Hinsichtlich des Verhaltens des Phosphors, Kalis etc. sowie der *Spurennährstoffe* während der Kompostierung bestehen noch viele Unklarheiten.

KAILA gibt an, daß im Stalldung bei engem, d. h. unter 200 liegendem C/P-Verhältnis organisch gebundener *Phosphor* mineralisiert wird (s. Tab. 28).

Verschiedene Mikroorganismen besitzen die Fähigkeit, den in der Pflanze in Form von Phytin gebundenen Phosphor aufzuschließen. Da wegen des mikrobiellen Wachstums andererseits ein hoher P-Bedarf der Kleinstlebewesen im Kompost besteht, wird zumindest ein Teil des freigesetzten Phosphors wieder in organische Form überführt.

Der Phosphor aus den mikrobiellen Nukleinsäuren etc. kann allerdings besser mineralisiert werden als der Phytin-P.

	Phosphor %	C/P = x : 1 x =	anorg. geb. Phosphor	
			zu Beginn mg	nach 50 Tagen mg
starke Festlegung	0,077	585	48	17
Festlegung	0,153	294	48	31
0	0,228	197	48	52
Phosphatzunahme	0,304	148	48	68

Tab. 28:
Mineralisierung organisch gebundenen Phosphats im Festmist in Abhängigkeit vom C/P-Verhältnis
(KAILA, z. n. SAUERLANDT und TIETJEN, 1970, S. 168)

SAUERLANDT (1970) stellte fest, daß Stallmiste mit engerem C/P-Verhältnis zu einem höheren Ertragszuwachs führen als solche mit einem weiteren C/P-Verhältnis (Abb. 40).

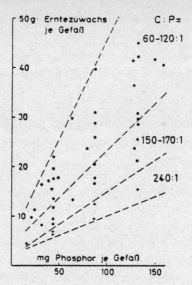

Abb. 40:
Ertrag von Hafer bei Düngung mit Stallmisten mit unterschiedlichem C/P-Verhältnis (SAUERLANDT, 1970, S. 168)

Er folgerte daraus, daß durch die von KAILA beschriebene Mineralisierung organischer P-Verbindungen bei engen C/P-Verhältnissen im Stallmist eine höhere Verfügbarkeit des Phosphors für die Pflanze erreicht wurde.

Inwieweit sich diese Ergebnisse auf den Kompost übertragen lassen, ist nicht bekannt, da man bisher weder Untersuchungen durchführte, ob und wenn welche anorganische P-Verbindungen während der Kompostierung gebildet werden, noch erforscht wurde, in welchem Maße die neu gebildeten organischen P-Verbindungen im Boden der Mineralisation unterliegen.

In anderen Versuchen konnte SAUERLANDT (1956) beobachten, daß sich Mistkompost gegenüber Frischmist durch einen etwas höheren Anteil an lactatlöslichem Phosphor auszeichnete.

Untersuchungen des FIBL mit *Hühnermist* in den Jahren 1975 bis 1978 deuten darauf hin, daß schwer zugängliche Nährstoffe bei der Kompostierung in leichter verfügbare Formen überführt werden können.

Hierbei wurde getrockneter und pelletierter Hühnermist verwendet, in dem anscheinend — durch die technische Behandlung bedingt — die Nährstoffe in einer schwer verfügbaren Form vorlagen, so daß mit diesem Mist nur geringe Erträge erzielt werden konnten. Der kompostierte Hühnermist führte hingegen zu einem befriedigenden Ertragszuwachs (s. Tab. 29).

In schwer verfügbarer anorganischer Form vorliegende Nährstoffe, etwa das *Kalium* in den Mineralbestandteilen der Gesteinsmehle, werden während der Kompostierung zum Teil aufgeschlossen (s. d. Kap. C 2.3.3.2. und Kap C 2.3.3.5.1.).

Dabei spielen die Mikroorganismen, aber auch größere Bodentierchen, wie der rote *Mistwurm* und der *Regenwurm,* eine Rolle. Sie tragen zur Vermengung organischer und mineralischer Anteile im Kompost bei, indem sie beide Bestandteile aufnehmen und im Darmtrakt vermischen. Dabei werden auch Teile der Mineralien zersetzt und dadurch die enthaltenen Nährstoffe in eine besser pflanzenverfügbare Form überführt. Einen wesentlichen Beitrag hierzu leisten sicher die im Darm der Würmer enthaltenen Mikroben.

		Hühnermist		
		Kompost	Frisch	Getrocknet
Topf				
Sommergerste (F.G.)		588	463	421
Sommergerste (T.S.)		51	43	41
Schnittmangold	1 *)	304	194	100
	2 *)	222	57	25
	3 *)	221	45	41
	1 + 2 + 3	747	296	166
Freiland				
Salat		604		340
Knollensellerie		518		297

*) Erster, zweiter, dritter Schnitt

Tab. 29:
Einfluß der Kompostierung von Hühnermist auf den Ertrag (g FS) verschiedener Kulturen
(FIBL; OTT, 1980; AUGSTBURGER und VOGTMANN, 1979)

Nach verschiedenen Autoren enthält der Kot der Regenwürmer pflanzenverfügbare Nährstoffe in vielfach höherer Konzentration als die ihn umgebende Erde, z. B. beim Phosphor bis zum 4,5fachen, beim Kali bis zum 11fachen und beim Stickstoff bis zum 7fachen (s. bei AK ÖKOLOGIE, 1976 und HENNIG, 1982).

Versucht man, sich einen Überblick zu den Nährstoffanteilen unterschiedlicher Löslichkeit im Ausgangs- und im Endprodukt der Kompostierung zu verschaffen, so findet man nur wenige Untersuchungen.

Im Stallmist können die Nährstoffe zu einem großen Teil in wasserlöslicher Form vorliegen, wie die Tabelle 30 zeigt. Leider gibt es keine Angaben darüber, wie alt der analysierte Stallmist war. Infolge der relativ geringen mikrobiellen Aktivität im anaerob behandelten Festmist steht es nicht zu erwarten, daß ein wesentlicher Teil der wasserlöslichen Nährstoffe organisch eingebunden wird. Dies dürfte im Gegensatz dazu bei der Kompostierung von Mist der Fall sein.

	OS in %	N in %	P_2O_5 in %	K_2O in %
Pferd	5	53	53	76
Milchkuh	7	50	50	97
Bulle	7	56	36	92
Schaf	7	42	58	97

Tab. 30:
Anteil wasserlöslicher Nährstoffe in Stallmist
(einschließlich Einstreu) (SALTER und SCHOLLENBERGER, 1939)

Untersuchungen zur Löslichkeit der Nährstoffe im Frischmist und im Mistkompost führte — wie bereits erwähnt — SAUERLANDT im Jahre 1956 durch. Entgegen der Löslichkeitszunahme beim Phosphor stellte er bei Mistkomposten einen geringeren lactatlöslichen Kali-Anteil fest wie bei Frischmist. Dies kann sicherlich auf die organische Einbindung eines Teils des Kaliums zurückgeführt werden, das ja — wie Tabelle 30 zeigt — zum größten Teil in wasserlöslicher Form im Frischmist vorhanden ist.

Die verschiedenen Verfügbarkeitsstufen der Nährstoffe im Frischmist und im Mistkompost wurden in Untersuchungen des FIBL bestimmt (Tab. 31).

Parameter	Analyse	Angaben in	Nicht umgesetzt		4x umgesetzt	
			Zeit 0	Zeit 3 *)	Zeit 0	Zeit 5 **)
pH-Wasser			8,70	8,45	8,60	8,85
pH (KCl)			8,55	8,23	8,40	8,65
Org. Anteil		%	75,7	28,7	76,6	34,6
Huminsäuren		%	5,4	4,2	4,2	4,0
C-Gehalt		%	43,9	16,6	44,4	20,1
C/N-Verhältnis			20,7	10,8	21,2	8,4
N-Gehalt		%	2,1	1,6	2,1	1,4
NH_3-N		ppm	2081	149	2024	99
P_2O_5 gesamt	HNO_3	%	1,1	1,1	1,0	1,0
verfügbar	Dop.Lactat	%	0,7	0,5	0,6	0,3
Vorrat	Citrat	%	0,9	0,9	0,7	0,7
K_2O gesamt	HNO_3	%	2,1	1,5	1,8	1,6
verfügbar	H_2O	%	1,7	1,0	1,3	1,0
Vorrat	Dop.Lactat	%	2,0	1,5	1,8	1,4
MgO gesamt	HNO_3	ppm	3035	2632	3830	3726
verfügbar	H_2O	ppm	105	103	156	78
Vorrat	Dop.Lactat	ppm	1810	1545	2340	1826
CaO	$HCl/H_2SO_4^-$	%	1,6	1,1	2,9	3,1
Kalk		%	1,4	0,9	1,9	1,3
Cu gesamt	Aufschluß	ppm	21,5	14,9	17,0	15,1
verfügbar		ppm	3,8	2,0	3,0	1,8
Fe gesamt		ppm	2100	1916	2120	2116
verfügbar		ppm	152	37	138	17
Mn gesamt		ppm	180	198	195	204
verfügbar		ppm	181	127	170	77
Zn gesamt		ppm	90	104	77	67
verfügbar		ppm	86	34	23	7

*) = Versuchszeit 6 Monate
**) = Versuchszeit 4 Monate

Tab. 31:
Löslichkeitsstufen der Nährstoffe in frischem bzw. kompostiertem Mist (FIBL; OTT, 1980 und VOGTMANN, 1981)
Werte umgerechnet auf TS des Ausgangsmaterials

Wie die Tabelle zeigt, ging ein erheblicher Teil bestimmter Nährstoffe bei der Kompostierung mit dem Sickersaft verloren.

Unterteilt man die angegebenen Verfügbarkeitsstufen weiter, nimmt Mg als Beispiel und geht davon aus:

— daß das Gesamt-Mg den Mg-Vorrat (Doppellactat-lösliches Mg) sowie einen Anteil an schwer verfügbaren Mg-Formen enthält,

— daß der Mg-Vorrat das wasserlösliche Mg und einen Mg-Anteil mittlerer Verfügbarkeit enthält,

— und daß das Mg ausschließlich in gelöster Form aus der Miete ausgewaschen wird,

so besteht die Möglichkeit, anhand der Werte von Tabelle 30 das Mg in den verschiedenen Verfügbarkeitsstufen zu bilanzieren. Dabei stellt sich dann heraus, daß ein kleiner Anteil des schwerverfügbaren Mg während der Rotte mobilisiert worden ist und die Verluste an Mg aus den besser verfügbaren Fraktionen ausgeglichen hat, während aus diesen wiederum Mg in die wasserlösliche Stufe nachgeliefert wurde.

Bedingt durch die Fehlergrenze bei dieser Untersuchung lassen sich solche Aussagen jedoch nur tendenziell und nicht gesichert treffen.

Überdenkt man die wenigen Untersuchungen, die zur Dynamik der in diesem Kapitel besprochenen Nährstoffe während der Kompostierung vorliegen, so kann man kaum eindeutige Ansichten vertreten.

Nach den bisherigen Erkenntnissen scheint eine Mobilisierung schwerverfügbarer Nährstoffe während der Kompostierung möglich. Andererseits werden wasserlösliche Nährstoffe im Verlauf der Rotte mikro-

Nährstoff		Verluste in %
Phosphor	löslich	30
	Vorrat	5
Kalium	löslich	30
	Vorrat	26
Eisen, Kupfer	löslich	~ 100
	Vorrat	~ 50

Tab. 32:
Verlust an Nährstoffen mit dem Sickersaft bei der Kompostierung von Mist (FIBL; VOGTMANN, 1981)

biell gebunden, was sie der direkten Verfügbarkeit für die Pflanze entzieht.

Dies muß im Sinne des biologischen Landbaus als ein durchaus erwünschter Effekt angesehen werden. Andererseits ergibt sich aus einem solchen Vorgang die Notwendigkeit, auf ein möglichst aktives Bodenleben zu achten.

Ein Teil der Nährstoffe liegt nach der Kompostierung jedoch in wasserlöslicher Form vor. Dieser Anteil besteht aus den Überresten der wasserlöslichen Fraktionen des Ausgangsmaterials sowie Nährstoffen, die bei der Mineralisierung organischer Substanz freigeworden und noch nicht mikrobiell oder in anorganischen Verbindungen festgelegt worden sind.

Bei starken Niederschlägen und folglich hohen Durchflußmengen an Wasser unterliegen diese Nährstoffe in ungeschützten Mieten der Gefahr der Auswaschung.

Sickersaftverluste, die bei der Kompostierung von Festmist in Untersuchungen des FIBL auftraten, spiegelt die Tabelle 32 wieder.

Der Auswaschung unterliegen in besonders hohem Maße viele Mikronährstoffe, Kalium, *Calzium* und Magnesium. OTT (1982) gibt an, daß das Kalium 25 % der Trockensubstanz von Sickersäften aus Mistkompost stellt.

Nach anderen Untersuchungen des FIBL gingen mit dem Sickersaft 27 % des Gesamt-K und 25 % des Gesamt-Ca aus der Kompostmiete mit den Sickersäften verloren (OTT, 1980).

Mit zunehmender Reife des Mistkompostes wird *Nitrat* gebildet, das ebenfalls der Auswaschungsgefahr unterliegt.

Auf die bereits angeschnittene sorgfältige Regulierung des Wasserhaushaltes bei der Kompostierung muß auch hinsichtlich der Nährstoffverluste geachtet werden (s. d. a. Kap. C 2.12.).

2.5.4. Ertragswirkung der Nährstoffe im Kompost

Die Nährstoffgehalte in Mistkomposten variieren je nach Ausgangsmaterial sehr stark. Angaben hierüber sind der Tabelle 56 im Anhang zu entnehmen.

Über die Ausnutzung der Nährstoffe von Stallmist und Komposten existieren wenige und recht unterschiedliche Angaben.

Dies verwundert nicht, da ja infolge verschieden langer Rotte, unterschiedlichen Rotteverlaufs und aufgrund der natürlichen sowie durch Menschen verursachten Einflüsse, die Mineralisationsbedingungen von Mist und Kompost im Boden in weitem Rahmen schwanken können. Die Angaben der Literatur sind deswegen als Anhaltswerte aufzufassen. Mineralisations- und Ausnutzungsraten können immer nur für ganz bestimmte organische Dünger unter eng abgesteckten Bedingungen gelten (s. d. a. Diskussion im Kap. C 2.6.).

Die Verfügbarkeit von N und P aus Stallmist für die Pflanze in den beiden ersten Jahren wird von ROEMER und SCHEFFER (z. n. MÜLLER, 1965, S. 692) mit 25 bis 30 %, von K mit 50 % angegeben. Dies scheint in Anbetracht der sehr guten Löslichkeit des Stallmistkaliums ein recht geringer Wert zu sein, man muß dabei jedoch bedenken, daß die gleichzeitige Zufuhr großer Mengen an organischer Substanz mit dem Stallmist immer zu einer Einbindung von Nährstoffen in die Körpersubstanz der agierenden Mikroorganismen führt und daß K auch von Austauschern adsorbiert wird.

Die Ausnutzung der Stallmistnährstoffe durch verschiedene Kulturen geht aus der Tabelle 33 hervor.

Obwohl man im allgemeinen davon ausgeht, daß der Phosphor aus dem Stallmist etwas besser ausgenutzt wird als der Phosphor aus Mineraldüngern und man beim Kalium des Stallmistes eine ähnliche oder leicht ungünstigere Ausnutzung erwartet wie bei mineralischem Kali (KLAPP, 1967, S. 215), müssen die Werte in der Tabelle 33 erstaunen. Sowohl die P-Ausnutzung als auch die Ausnutzung des K aus dem Stallmist in der zweiten Fruchtfolge ist als außerordentlich hoch einzustufen.

Ähnliche Untersuchungen über Mistkomposte sind dem Autor nicht bekannt. Man kann deswegen nur versuchen, indirekt, unter Berücksichtigung der unterschiedlichen Löslichkeitsstufen der Nährstoffe im Kompost, auf deren Verfügbarkeit für die Pflanze zurückzuschließen.

Für den Stickstoff sind solche Daten bereits im vorletzten Kapitel aufgeführt (s. Tab. 26). Bedingt durch die Einbindung des Stickstoffes in Mikrobenprotein und in Huminstoffe kommt es bei Komposten zu einer langsamen Mineralisierung und dadurch zu einer kontinuierlicher Anlieferung des Stickstoffes zur Pflanze. Dies entspricht eher einer bedarfsgerechten Pflanzenernährung als die Düngung mit hohen Gaben an

Fruchtfolge	Düngung	Nährstoffausnutzung		
		N (in %)	P_2O_5 (in %)	K_2O (in %)
Zuckerrüben gefolgt von Gerste	Stapelmist	40,9	41,9	47,5
	Mineraldünger	93,5	23,2	48,7
Kartoffeln gefolgt von Weizen	Stapelmist	36,2	32,7	78,2
	Mineraldünger	76,9	14,6	52,7

Tab. 33:
Ausnutzung der Stallmistnährstoffe durch verschiedene Kulturen
(SCHNEIDEWIND, z. n. SALTER und SCHOLLENBERGER, 1939)

leicht löslichem Stickstoff. Eine solche „stoßweise, triebige" Düngung verführt die Pflanze zum „Luxuskonsum" des Stickstoffes. Dies bedeutet, daß der aufgenommene Stickstoff nicht mehr umgearbeitet werden kann und deswegen in allen möglichen Formen in der Pflanzenzelle vorliegt, teils schon als Eiweiß, zum Teil als freie Aminosäuren, in Form von NPN-Verbindungen und sogar als Nitrat.

Um den dadurch hervorgerufenen hohen osmotischen Druck herabzusetzen verdünnt die Pflanze den Zellsaft mit Wasser. Damit steigt der Druck auf die Zellwand vom Inneren der Pflanze her an, die Pflanze wird schwammig und labil, die Zellwand kann leichter von Parasiten durchdrungen werden.

Auch wird angenommen, daß der **Luxuskonsum** von Stickstoff zur Bildung von Aminosäuren, wie Diphenylalanin, führt, die wenig mit dem Eiweißstoffwechsel der Pflanze zu tun haben, dafür aber um so nahrhafter für Blattläuse sind (VOGTMANN z. n. AK ÖKOLOGIE, 1980, S. 72). Dieser Zusammenhang spiegelt sich in Ergebnissen wieder, die 1977 im DOK-Versuch des FIBL erzielt wurden (s. Abb. 41). In den folgenden Jahren bestätigten sich diese Ergebnisse mehrfach.

Von manchen Autoren wird angeführt, daß Düngung mit Mistkompost zu einem höheren Level an lactatlöslichem P und K im Boden führt als Düngung mit Stapelmist (s. z. B. OTT und VOGTMANN, 1980). Diese Angaben beziehen sich auf Untersuchungsergebnisse von SAUERLANDT (1956), die in der Tabelle 34 wiedergegeben sind.

Anzahl der Blattläuse auf 9 Halmen

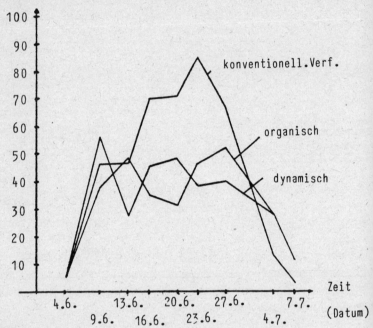

Abb. 41:
Befall von Getreide mit Blattläusen bei unterschiedlicher
Bewirtschaftung im DOK-Versuch
(FIBL; JAQUEMENT, z. n. AK Ökologie, 1980, S. 71)

Man sollte bei der Interpretation der Versuche von SAUERLANDT allerdings nicht vergessen, daß hier auf der Basis gleicher Gaben an organischer Substanz gedüngt wurde. Da die Mistkomposte infolge des starken Erdzusatzes, auf die TS bezogen, viel Asche und wenig OS enthielten, wurden bei gleicher Zufuhr an OS zum Boden wie beim Stallmist, der normale Aschegehalte aufwies, mit dem Mistkompost erheblich höhere Mengen an TS auf die Parzellen ausgebracht als mit dem Stallmist.

Auf die TS bezogen enthielt der Mistkompost wegen der „Verdünnung" mit Erde zwar wesentlich weniger Nährstoffe als der Stallmist, jedoch

lactatlösliches P				lactatlösliches K			
	ohne Handelsdünger				ohne Handelsdünger		
Jahr	ohne org. Düngung	Mist-kompost	Stall-dünger	Jahr	ohne org. Düngung	Mist-kompost	Stall-dünger
1952	4,9	4,3	3,4	1952	5,7	7,2	6,2
1953	2,0	4,2	3,3	1953	5,3	9,6	7,7
1954	1,6	4,8	4,5	1954	2,2	7,2	5,3
1955	3,2	5,1	6,4	1955	3,2	11,8	7,2
1956	2,3	8,0	4,3	1956	2,2	9,5	8,5
Mittel 1952/56	2,8	5,1	4,4	Mittel 1952/56	3,7	9,1	7,0

Tab. 34:
Veränderung der Werte des lactatlöslichen P und K (mg/100 g Boden) unter dem Einfluß der Düngung mit Stallmist bzw. Mistkompost (Auszug) (SAUERLANDT, 1956)

immer etwa die Hälfte an Gesamt-P wie auch an lactatlöslichem P. Beim Kali waren es 37 % des Gesamt- bzw. lactatlöslichen K (s. d. Tab. 5 bei SAUERLANDT, 1956, S. 22).

Bedenkt man, daß die Parzellen mit dem Mistkompost etwa die vierfache Menge an TS erhielten als mit dem Stalldünger, so folgt daraus, daß die Zufuhr an P mit dem Mistkompost doppelt so hoch war als mit dem Stallmist.

Beim Kali wurde etwa das 1,5fache gedüngt. Die gleichen Verhältnisse gelten für die lactatlöslichen Nährstoffe. Damit ist aber der Frage, ob der Mistkompost im Boden zu einem stärkeren Anstieg der verfügbaren Nährstoffe führt wie der Stapelmist, die Vergleichsbasis entzogen.

Solche Probleme ergeben sich auch bei Mistkomposten, denen keine Erde zugesetzt wurde, wenn als Bezugsbasis der Düngung gleiche Mengen an OS der Rotteendprodukte gewählt werden, weil ja die Nährstoffkonzentration im Kompost — bedingt durch die Verluste an OS — ansteigt.

Verschiedene Versuche wurden zur Ausnutzung der Nährstoffe aus Müll- bzw. *Müllklärschlammkomposten* durchgeführt. In Untersuchungen von SCHAMSABADI (1980) betrug die N-Ausnutzung durch Zuckerrüben je nach Gabenhöhe zwischen 9,1 und 11,5 %. Die Düngung erfolgte 1973 und zu den Zuckerrüben selbst 1976. Bis einschließlich 1978 (drei Jahre nach der zweiten Düngung) wurden 12,7 bis 14 % des N aus dem Kompost genutzt. Es konnte somit keine nennenswerte Nachwirkung verzeichnet werden.

Demgegenüber lag die Ausnutzung beim Kali mit 32,6 bis 34,8 % recht hoch, beim Phosphor ebenso wie beim Calzium und Magnesium mit 1 bis 4 % sehr niedrig.

Wie der Überblick bei SCHAMSABADI (1980, S. 10-11) zeigt, liegt die N-Ausnutzung in den bisher durchgeführten Versuchen durchweg niedrig. Die Ergebnisse reichen von 13,2 % in drei Jahren (WALISADE, 1978) bis zu einer Gesamtausnutzung des N von 20 % (KICK, 1971; WALTER, 1972).

Die geringe P-Ausnutzung in den Versuchen von SCHAMSABADI wird durch den von WALISADE 1978 gefundenen Wert von 3,2 % des Gesamt-P bestätigt. Auch die K-Ausnutzung lag hier mit 36,2 % im gleichen hohen Bereich (z. n. SCHAMSABADI).

Dagegen wird die Nutzbarkeit des Kali von KICK, VOSS und SAPPOK (1959) mit 12,6 % des Gesamt-K angegeben. Relativ hohe Ausnutzungsraten für den Phosphor werden mit etwa 10 % des Gesamt-P von COSSAK (1957), BUCK (1958) und PALETSCHNY (1965) angegeben (z. n. SCHAMSABADI). Im Einklang mit den Untersuchungen von SCHAMSABADI stehen Ergebnisse von TIETJEN und GIERKE, die 1962 darauf hinweisen, daß mit Müllklärschlammkomposten eine beachtliche Erstwirkung zu erzielen sei. Hingegen sollte keine Nachwirkung zu erwarten sein. Die Wirkung der Düngung mit Müllklärschlammkomposten hängt überdies von einer möglichen mineralischen Zusatzdüngung (s. bei SCHAMSABADI, 1980) ab, da diese die Konzentration an Nährionen in der Bodenlösung verändert und entsprechend die Mineralisation der organischen Substanz beeinflußt.

Weitere Erläuterungen zur Ertragswirkung der Nährstoffe aus Komposten sind Kap. C 2.14. zu entnehmen.

Inhaltsübersicht des Kapitels

2.6. Kompost als „Humus-Dünger"

2.6.1. Humus und Huminstoffe

2.6.1.1. Zur Problematik

Die Klärung des Humusbegriffes einerseits und die Klassifizierung von Huminstoffen bzw. Nichthuminstoffen andererseits stellt die Wissenschaft immer noch vor Probleme.

Die Bedeutung der Huminstoffe für den Pflanzenbau ist bisher nur in Grundzügen bekannt, sowohl was ihren Nährstoff- als auch was ihren Wirkstoffcharakter angeht. Überdies fließt das vorhandene Wissen kaum in die Praxis ein.

Grundsätzliche Maßnahmen zur Verbesserung von Gehalt wie Qualität der organischen Substanz im Boden finden im Landbau um so weniger Beachtung, je „moderner" er sich gibt. Die gezielte Anwendung von Humusdüngern, namentlich von Komposten, ist umstritten. Es muß in diesem Zusammenhang jedoch die Vielschichtigkeit der Thematik herausgestellt werden, die einer umfassenden Klärung im Wege steht. Die abgestorbene organische Substanz durchläuft im Boden ein Wegnetz verschiedenster Umsetzungen, das von einer Vielzahl zusammenwirkender, aber auch gegenläufiger Faktoren gesteuert wird. Endpunkte der einzelnen Pfade zu benennen, fällt schwer, denn viele münden nur in andere Umbauwege ein — die wiederum in eine gänzlich andere Richtung verlaufen können.

Um eine wesentliche Aufgabe des Kompostes, nämlich die Verbesserung des Humuszustandes eines Bodens, sachgerecht darstellen zu können, muß es also zunächst einmal darum gehen, den Begriff „Humus" zu untersuchen und ihn mit Inhalt zu füllen.

Anschließend soll diskutiert werden, inwieweit Art und Form der organischen Substanz den Humuszustand eines Bodens beeinflussen und welche weiteren Faktoren in dieser Hinsicht zu beachten sind. Dabei wird auch auf die in Diskussionen oft vertretene Meinung eingegangen, daß es zwar prinzipiell wichtig sei, dem Boden organische Substanz zuzuführen, die Art der organischen Substanz dabei jedoch keine oder nur eine untergeordnete Rolle spiele.

Demnach soll es auch gleichgültig sein, welche Hofdünger man einsetzt und wie man sie vorher aufbereitet.

2.6.1.2. Was ist eigentlich „Humus"?

Chemisch gesehen war dieselbe Frage im Kapitel C 2.4.3. nicht so ohne weiteres zu beantworten.

Der Begriff Humus steht wie jener der Qualität für eine Ganzheit. Humus ist weder eine Verbindung noch eine Klasse von Verbindungen. Die einfache und eindeutige Kennzeichnung des Humus als Summe einzelner (bekannter) und chemisch immer identischer Bestandteile liegt nicht im Bereich des Möglichen.

Bodenkundlich betrachtet vereinigt der Humus laut Definition von SCHEFFER (1979, S. 50) die Gesamtheit der im und auf dem Boden befindlichen *organischen Reste* abgestorbener Pflanzen und Tiere sowie deren organische Umwandlungsprodukte. Zu dieser organischen Substanz des Bodens zählen einerseits die noch kaum veränderten primären und sekundären Inhaltsstoffe der toten Lebewesen. Auf der anderen Seite ist jene Fraktion aufzuführen, die aus den organischen Ausgangsmaterialien in Abhängigkeit von den spezifischen Bodenverhältnissen neu gebildet wird. Es handelt sich hierbei um hochmolekulare Verbindungen, die sich im Boden auch ohne das Zutun von Lebewesen zusammenlagern oder sich unter Aufnahme von Elementen bzw. ganzen Molekülen zu kompliziert verknüpften Makromolekülen erweitern können. Solche durch eine bestimmte Färbung gekennzeichneten Verbindungen im Boden bezeichnet man als Huminstoffe.

Im Gegensatz zu SCHEFFER, der im Humus sämtliche toten Stoffe des Bodens vereinigt sieht, verwenden CHRISTEWA und andere Autoren den Begriff Humus allein für die Gesamtheit der Huminstoffe (HS) (z. n. MÜLLER, 1965, S. 535).

Wiederum andere Autoren halten die Unterscheidung der organischen Substanz im Boden nach Huminstoffen (HS) und Nicht-Huminstoffen (NHS) prinzipiell für unzureichend (FLAIG, 1968).

Da eine entsprechende Diskussion an dieser Stelle aber zu weit führen würde, soll die Definition von SCHEFFER (1979) als Grundlage für die weiteren Erörterungen zu diesem Thema dienen.

Die erste Begriffsklärung auf diesen Seiten soll mit einem Zitat von SCHEFFER zusammengefaßt werden:

„Für die organische Komponente des Bodens haben Mineralisierung und Humifizierung die gleiche Bedeutung wie die für die Mineralstoffkomponente maßgebliche Verwitterung und Tonmineralbildung. Mineralisierung und Verwitterung sind dabei die abbauenden Prozesse, Humifizierung und Tonmineralbildung die aufbauenden Vorgänge" (z. n. MÜLLER, 1965, S. 563).

Über den Anteil der für den Boden so wichtigen neugebildeten organischen Fraktionen an der gesamten OS im Boden erfährt man in der Landwirtschaft nun meist wenig. Im allgemeinen wird — manchmal gewinnt man den Eindruck ins Blaue hinein — vom „Humus" gesprochen.

Nicht allein dieser Begriff, sondern vielmehr noch die dahintersteckende chemische Analyse ist dazu angetan, Verwirrung zu stiften. So wird zwar Humus gesagt, überwiegend aber der Gehalt an OS bzw. der *Kohlenstoff-Gehalt* des Bodens bestimmt. Den Kohlenstoffwert, den man dabei erhält, multipliziert man unter Annahme eines mittleren C-Gehaltes der organischen Substanz von 50 bis 58 % mit einem Faktor 2,0 bis 1,74 und erhält so eben die gesamte organische Substanz des Bodens.

Dabei muß berücksichtigt werden, daß in diese Analyse das Edaphon (Bodenleben) miteinbezogen wird, wodurch Fehler bis zu 10 % auftreten können (MÜCKENHAUSEN, 1982).

Als eigentliche Einschränkung der Aussagefähigkeit muß jedoch gelten, daß OS- bzw. C-Werte keinerlei Aussage über die Art der Verbindung erlauben, aus denen sich der „Humus" zusammensetzt. Die wichtige Erörterung der qualitativen Seite der OS im Boden entfällt damit.

Dies gilt nicht nur allgemein im Sinne des SCHEFFER-Zitates für die wertvollen Neubildungen, die Huminstoffe nämlich, die sich in Art und Wirksamkeit grundsätzlich von den einfacher gebauten organischen Grundverbindungen unterscheiden.

Vielmehr lassen sich auch unter den Huminstoffen selbst verschiedene Fraktionen ausmachen, was gleichsam für den chemischen Aufbau wie für ihre Wirksamkeit zutrifft.

Grauhuminsäuren etwa sind sehr stabile Gebilde mit hohem Stickstoffanteil. Fulvosäuren hingegen enthalten konstitutiv wenig Stickstoff, binden ihn jedoch in hohem Maße, besitzen wegen der Vielzahl funktioneller Gruppen eine große Austauschkapazität und werden relativ leicht gelöst.

Nicht allein die jeweilige Huminsäure, sondern auch deren Art, Salze (Humate) zu bilden, spielt für die Stabilität des Humus eine Rolle. Salze mit einwertigen Kationen sind labiler als solche mit mehrwertigen Kationen. Ca-Humate z. B. werden schwer gelöst, während Na- und NH_4-Humate wasserlöslich sind.

Humus und Huminstoffe lassen sich jedoch nicht nur nach chemischen Gesichtspunkten unterscheiden, wie die Abbildung 42 zeigt.

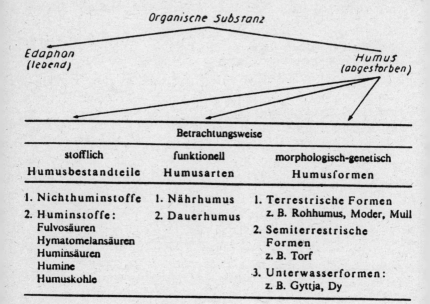

Abb. 42:
Gliederung der organischen Substanz im Boden nach verschiedenen Gesichtspunkten
(SCHEFFER und ULRICH, 1960, S. 3)

Der Tatsache, daß sich eine ausführliche Differenzierung des Humus bisher nicht durchsetzen konnte, liegen zwei Faktoren zugrunde.
Zum einen ist der analytische Aufwand recht hoch.
Zum anderen muß man die qualitativen Aspekte des Humus natürlich um so weniger beachten, je eher man die Mißwirtschaft mit der organischen Substanz durch leichtlösliche Dünger und die allfälligen Biozideinsätze „ausgleichen" kann.

Die organische Substanz im Boden ganz allgemein spielt hinsichtlich eines fruchtbaren Pflanzenbaus eine maßgebliche Rolle, wie in verschiedenen Kapiteln dieser Arbeit näher erläutert wird.

Zur speziellen Bedeutung der Huminstoffe für Boden und Pflanze als Nähr- und Wirkstoffe sowie als strukturwirksame Verbindungen soll in den folgenden Abschnitten ein Überblick gegeben werden.

Die Nährstoffwirkung der Huminstoffe erstreckt sich über weite Bereiche:

— Huminstoffe adsorbieren *Nährstoffe* austauschbar; die KAK verschiedener Huminsäuren beträgt ein Mehrfaches der Tonminerale. Angaben in der Literatur reichen bis zu Werten von 1 000 mval/100 g Huminsäuren (SCHEFFER, 1979; KICKUTH, 1972). Huminstoffe nehmen dergestalt auch eine Pufferfunktion wahr, wodurch Nährstoffverluste durch Auswaschung vermindert werden.

— Nährstoffe werden *chelatiert* (Komplexbindung von Metallen in organischen Molekülen). Chelatiert nun eine wasserlösliche, in der flüssigen Phase des Bodens bewegliche organische Verbindung, die Nährstoffe, so werden die komplexierten, eventuell zuvor in schwerlöslicher Form vorliegenden Elemente besser pflanzenverfügbar. Fulvosäuren z. B. werden gut in Wasser gelöst.

Andere Huminstoffe sind jedoch nicht wasserlöslich. Vielmehr noch kennzeichnet sie eine hohe Persistenz gegenüber mikrobiellen und chemischen Angriffen. Durch die starke Einbindung von Nährstoffen nehmen sie die Funktion eines Nährstoffspeichers wahr. Die Grauhuminsäuren z. B. mit ihrem engen C/N-Verhältnis sind die wichtigsten nachhaltigen *N-Quellen* im Boden (KICKUTH, 1972). Werden Huminsäuren hydrolisiert, so können Pflanzen einen großen Teil des enthaltenen Stickstoffes aufnehmen (OTTO, 1974).

Bezüglich des *Wirkstoffcharakters* der Huminstoffe steht der Wissenschaft bei intensiver Forschung sicherlich noch manche angenehme Überraschung bevor.

Neben einer positiven Beeinflussung des Wurzelwachstums konnte SAALBACH 1956 eine Verbesserung der N- und K-Aufnahme sowie eine Intensivierung der Enzymtätigkeit von Roggen durch Huminsäuren nachweisen. Nach CHAMINADE (1959) können Pflanzen in Anwesenheit von Huminstoffen Stickstoff noch in Konzentrationen verwerten, die bei Abwesenheit der Huminstoffe nicht mehr zu einer Ertragssteigerung führen.

SAALBACH fand auch eine Erhöhung der Welkeresistenz durch Huminsäuren (1957). Nach PASZEWSKI besitzen Hymatomelansäuren eine der Indol-3-Essigsäure ähnliche, stimulierende Wirkung auf das Pflanzenwachstum (alle z. n. SCHEFFER/ULRICH, 1960, S. 223 ff.). Weitere Wirkstoffeigenschaften der Huminstoffe werden in den Kapiteln C 2.8.3. und C 2.13.2. diskutiert.

Die Huminstoffe verbessern auch in vielfältiger Weise das *Bodengefüge,* hemmen die *Erosion* und wirken fördernd auf Vegetation und Bodenleben ein:

— durch Adsorptionsvorgänge und Verkittung von Bodenteilchen;
— durch die Verminderung der Aus- und Abwaschungsverluste an Tonmineralen infolge einer Bildung von „Ton-Humus-Komplexen";
— durch Einbindung und Abgabe von Wasser (quellen und schrumpfen) sowie wegen des hohen Wasserhaltevermögens überhaupt.

Seit langem ist bekannt, daß die günstige Beeinflussung des Wasserhaushaltes durch organische Substanz und speziell durch Stallmist als einer der wesentlichen Faktoren bei der Verbesserung der physikalischen Eigenschaften der Böden angesehen werden muß. Die im Jahre 1939 von BOUYOUCOS durchgeführten Untersuchungen geben einen Einblick in diese Zusammenhänge (Tab. 35).

Zugeführter Stallmist in % des Bodens	Maxim. Wasseraufnahme in %	Welkepunkt %	nutzbares Wasser	
			%	rel.
0	13,3	7,61	5,69	100
2	15,7	8,65	7,05	124
4	18,7	9,44	9,26	163
6	20,4	9,90	10,50	184
8	23,9	10,36	13,54	238
10	25,3	11,28	14,02	246
12	27,0	12,03	14,27	263

Tab. 35:
Wirkung von Stallmist auf das nutzbare Wasser eines sandigen Lehmbodens (BOUYOUCOS, z. n. RAUHE, 1968 a, S. 938)

Für Müllklärschlammkomposte wies KRIETER (1980 c) eine Verbesserung des *nutzbaren Wassers* verschiedener Böden nach. Diese Ergebnisse sind vielfach bestätigt (s. bei SCHAMSABADI, 1980).
Komposte wirken als Korrektiv für nachteilige physikalische und chemische Eigenschaften eines Bodens, wobei diese Wirkungen um so deutlicher hervortreten dürften, je extremer die Eigenschaften sind, die der jeweilige Boden aufweist (z. B. Sande — Tonböden).

2.6.1.3. Bildungsbedingungen der Huminstoffe

Liest man in der Literatur Beschreibungen, unter welchen Umständen sich Huminstoffe im Boden bilden, so steht man nach der Lektüre oft nicht schlauer da als zuvor. AUBERT (1981, s. 92) etwa schreibt:
„Die Humusbildung ... hängt von zahlreichen Faktoren ab:
— ...

— Vom Klima: die besten Bedingungen bestehen bei Temperaturen zwischen 30 und 35 °C und einer Luftfeuchtigkeit von 60 bis 70 %. Dies sind auch die besten Bedingungen für die Mineralisierung."
Wie lassen sich solche Widersprüche lösen?
Die Huminstoffbildung wird meist zwei verschiedenen Bereichen zugeordnet, einem sogenannten *biologischen Humifizierungsprozeß* und einem *abiologischen Humifizierungsprozeß*.
Bei der „Biologischen Humifizierung" sollen von Lebewesen, insbesondere bestimmten Pilzen und Bakterien, körpereigene, dunkle

(Farb-)Stoffe gebildet werden, die viele Autoren bereits zu den Humin-stoffen zählen (FLAIG, 1968; MÜLLER, 1965; SCHEFFER und ULRICH, 1960). SEKERA (1977) gibt weiterhin an, daß es einigen For-schern, wie FRANZ, KUBIENA und LAATSCH gelungen sei, die Bil-dung von Huminstoffvorstufen im Darmtrakt von Bodentierchen nach-zuweisen.

Andere Autoren (KICKUTH, 1972) betonen sehr stark die bodenspezi-fischen Kondensationsreaktionen zu Huminstoffen, die nicht über von Lebewesen gesteuerte Enzymketten vollzogen werden („Abiologische Humifizierung").

Auch können nach der Autolyse von Bakterien freigesetzte Substanzen, wie etwa die erwähnten Farbstoffe, noch zu höhermolekularen Verbin-dungen reagieren. Bei den normalen Abbauprozessen der Mikroorganis-men, v. a. bei der *Ligninzersetzung,* werden Vorstufen der Huminstoffe gebildet.

Bereits im Kap. C 2.4.3. ist angesprochen, daß Mikroorganismen aus einfachen biochemischen Grundbausteinen kompliziertere Verbindun-gen, wie *Phenole,* herstellen können, die im weiteren dem Aufbau von Huminstoffen dienen.

Nach dem heutigen Stand der Forschung kann man also annehmen, daß für die Bildung von Huminstoffen die biologische Aktivität unabding-bar ist, der Bildungsprozeß hochmolekularer Huminstoffe selbst aber in Form von bodenspezifischen chemischen Reaktionen, wie Kondensa-tion und Polymerisation, abläuft (KICKUTH, 1982).

Daraus folgt auch, daß ein gewisser Abbau organischer Substanz die Humifizierung sogar begünstigen kann.

Umgekehrt fördern der Zersetzung organischer Substanz abträgliche Faktoren nicht unbedingt die erwünschte Humifizierung.

Nehmen wir als deutliches Beispiel hierfür einen sauren Standort mit Heidevegetation. Die anfallenden hemmstoffreichen organischen Reste weisen ein weites C/N-Verhältnis auf und werden nur schwer umgesetzt. Zwar findet man auch auf diesem Standort Huminstoffe, doch erschöpft sich deren Bildung überwiegend in den Fulvosäuren. Da kaum Bodentiere auftreten, um die OS mit dem Mineralboden zu vermischen, bilden sich Rohhumusauflagen mit einem weiten *C/N-Verhältnis* von 33 und darüber.

Andererseits tritt in Böden, die der Mineralisierung über weite Zeitabschnitte günstige Bedingungen bieten, oft die hochwertige Humusform Mull auf, mit einem engen C/N-Verhältnis von 12 und darunter.

Selbst optimale Bedingungen für eine Zersetzung der OS im Boden führen zwar meist zu einem weitgehenden, oft aber nicht vollständigen Abbau der organischen Dünger (SCHEFFER, 1979, S. 63). Dies gilt um so mehr, wenn die organischen Dünger stabile Stoffgruppen, wie Lignin oder Huminstoffe, aufweisen, wie die Untersuchungen von SPRINGER (1960) zeigen.

Während so leicht umsetzbare organische Substanzen, wie junge Gründünger, in relativ kurzer Zeit einem fast vollständigen Abbau unterliegen können, werden Festmiste nur allmählich und über Jahre hinaus mineralisiert.

In diesem Zusammenhang muß auch berücksichtigt werden, daß je nach Einmischung des Düngers größere oder kleinere Portionen des organischen Düngers in den Boden gelangen, deren Inneres nur begrenzt dem Zugriff der zersetzenden Lebewesen unterliegt. Die Struktur solcher organischer Kompartimente, wie auch die von organo-mineralischen bzw. rein mineralischen Aggregaten, ermöglicht die Bildung eines Mosaiks feinster Hohlräume neben massiven Teilchen, das unter den Einflüssen des Standortes dauernd verändert wird.

Solcherart entstehen selbst bei günstiger allgemeiner Durchlüftung des Bodens Zonen, die partieller Anaerobie unterliegen, d. h. über kürzere oder längere Zeit ganz oder teilweise von der Luftzufuhr abgeschnitten sind. In einem Teil dieser kleinen und kleinsten Bereiche können selbst bei vorwiegender Mineralisierung im Boden noch Huminstoffe gebildet werden.

Aber auch Zeiten, in denen in größeren Zonen des Bodens die Mineralisation unterdrückt wird, durchläuft ein Standort mehrmals im Laufe der Vegetation. Es sei hier nur an Regenperioden erinnert.

Wenn jetzt die partiell anaeroben Zonen stark hervorgehoben werden und auch klar ist, daß starke Sauerstoffzufuhr die Mineralisation in erheblichem Maße fördert, so muß doch betont werden, daß die Huminstoffbildung des Sauerstoffes nicht entbehren kann (KICKUTH, 1982).

Dies gilt — wie bereits gesagt — für die Bildung von Huminstoffvorstufen, beispielsweise bei der Ligninzersetzung und genauso für Prozesse der Huminstoffbildung selbst. In etlichen Teilbereichen der Humifizierung, wie etwa bei der Oxidation der Polyphenole, stellt der Sauerstoff einen notwendigen Reaktionspartner dar (FLAIG, 1968).

Anscheinend existiert hinsichtlich einer optimalen Huminstoffbildung ein Bereich günstiger Sauerstoffversorgung bei reduziertem O_2-Partialdruck, in dem einerseits der Sauerstoffanspruch der Humifizierung gedeckt, andererseits aber die Mineralisation gedrosselt wird.

Versucht man, die bisher diskutierten Bedingungen der Huminstoffbildung als Maßstab an die Hofdüngeraufbereitung anzulegen, so läßt sich zum Kompost folgendes sagen:

— nach einer intensiven Abbauphase liegen in der Umbau- und in der Aufbauphase reichlich Bausteine und Vorstufen der Huminstoffe vor, v. a. in Form von oxidiertem Lignin, in das Stickstoff aus Eiweißspaltprodukten eingebaut wurde (Lignoproteine);

— es steht zu vermuten, daß partiell anaerobe Zonen im Kompost auftreten, insbesondere, wenn sich die Miete etwas gesetzt hat oder neue Schichten aufgetragen werden. Immerhin wird dabei deutlich, daß im Kompost je nach Material, Aufsetzen und Belüftungsregime die Sauerstoffzufuhr erheblich variieren kann und daß nicht alle Durchlüftungswerte in dieser Bandbreite auch der Humifizierung zuträglich sein müssen. Doch hat sich ja die Luftzufuhr bei der Kompostierung nicht allein nach der Huminstoffbildung zu richten;

— im Kompost liegt weiterhin der pH-Wert in dem von FLAIG (1968) hinsichtlich der Huminstoffbildung geforderten alkalischen Bereich;

— die während der Rotte in hohem Maße freigesetzten Kationen können schon mit niedermolekularen Huminstoffen stabile Salze bilden;

— während der Abkühlung und in der Reifephase besiedelt die Makrofauna den Kompost und trägt mit der Vermischung von organischen und mineralischen Bestandteilen zur Bildung von organo-mineralischen Verbindungen bei, die oft als „Ton-Humus-Komplexe" bezeichnet werden.

NEHRING und SCHIEMANN schreiben 1952:

„Die Bedingungen für diese sogenannte Indore-Kompostierung, ..., sowie für die Stallmistvererdung kommen den Forderungen nahe, die den neueren Erkenntnissen über die Bildungsweisen der Huminsäuren entsprechen ..."

Da die Bildung der Huminstoffe funktionell nicht von der Bezeichnung der Hofdünger, sondern von den in ihnen stattfindenden Umsetzungen abhängt, sollte der Wert der Stapelmiste hinsichtlich der Humifizierung in ebenso weitem Rahmen schwanken wie der die Umsetzung maßgeblich steuernde Faktor „Durchlüftung" des Stapels. Wenn auch Stapelmiste, nach allgemeiner Übereinkunft, als anaerob aufbereitete Hofdünger angesehen werden, so gab und gibt es doch sehr wohl Beispiele „unter falscher Flagge", d. h. Stapelmiste, die eher einem Mistkompost entsprechen (s. d. Kap. B 1).

Geht man jedoch vom Extremfall, dem Kaltstapelmist aus, der ja zu Zeiten als ideale Form der Hofdüngeraufbereitung empfohlen wurde, so wird klar, daß diese Behandlung unter vollkommenem Luftabschluß kaum den Anforderungen der Huminstoffbildung genügt.

Huminstoffe sind in jedem Mist enthalten, insoweit sie bereits im Darmtrakt der Tiere gebildet werden. Ob darüber hinaus im Kaltstapelmist eine Humifizierung in größerem Maße abläuft, muß bezweifelt werden, da der Luftsauerstoff praktisch vollständig fehlt. Der intermediär, d. h. aus O_2-haltigen Verbindungen freiwerdende Sauerstoff, dürfte kaum zu nennenswerter Huminstoffbildung führen. In diesem Zusammenhang wäre auch zu fragen, ob die Umsetzungen der organischen Substanz unter anaeroben Bedingungen zu ähnlich brauchbaren Huminstoffvorstufen führen wie unter gedrosselter Luftzufuhr. Nach TROLL-DENIER (1971) wird Lignin unter anaeroben Bedingungen nicht abgebaut.

Weiterhin steht im Zweifel, ob unter den Bedingungen der Stapelmistbereitung in größerem Umfang stabile Humate bzw. organo-mineralische Verbindungen gebildet werden, da weder mineralische Zuschlagstoffe eingesetzt werden, noch eine dem Mistkompost entsprechend intensive Besiedelung des Stapels mit Bodentierchen erfolgt.

2.6.2. Humus und Düngung

2.6.2.1. Die Wirkung verschiedener organischer Materialien auf den Boden

Nach der Klärung des Begriffes Humus und der Bildungsbedingungen der Huminstoffe gilt es nunmehr, die zweite zu Anfang aufgeworfene Frage zu beantworten:

„Wie beeinflussen die verschiedenen organischen Dünger Menge und Qulität der *organischen Substanz* im Boden?"

Für die uns besonders interessierenden Hofdünger sind bereits einige wesentliche Wirkungsmechanismen erläutert worden. In den folgenden Abschnitten werden sie weiter ausgeführt.

Diese noch mehr grundsätzlichen Überlegungen sollen dann anhand vergleichender Versuche zu verschiedenen Hofdüngern in den Kapiteln C 2.6.2.3. bis C 2.6.2.6. überprüft werden.

Gegenüber der zu Anfang aufgeführten Meinung, es sei egal, welche organischen Dünger dem Boden zwecks Erhaltung oder Verbesserung des Humus zugeführt würden, wies SPRINGER (1960) in einem zehnjährigen Feldversuch nach, daß es Bedingungen gibt, unter denen huminstofffreie organische Dünger, wie Stroh oder Gründüngung, schnell und fast vollständig mineralisiert werden. Andere Autoren zeigten, daß diese Dünger sogar den Abbau des im Boden vorhandenen Humus fördern können (GISIGER z. n. SAUERLANDT, 1956, S. 33).

Diesen in der Folge öfter beobachteten *„priming effect"* oder Zündeffekt (TROLLDENIER, 1971) führt MÜLLER (1965) darauf zurück, daß sich durch den Abbau der schwerzersetzlichen Anteile der organischen Substanz in Verbindung mit dem hohen Nährstoffangebot eine Mikroflora entwickeln kann, die auch zum Abbau von Dauerhumus, respektive Huminstoffen befähigt ist. Die huminstoffabbauende, sogenannte *autochthone* Mikroflora, nutzt bei reichlichem Angebot leicht abbaubarer organischer Substanz auch diese gut umsetzbaren Stoffe, die normalerweise von einer *zymogen* genannten Mikroflora metabolisiert werden (KICKUTH, 1982). Nicht nur das Nährstoffangebot, sondern auch günstige Bedingungen, die den Wasserhaushalt, die Erwärmung, die Durchlüftung und den pH-Wert des Bodens betreffen, fördern die autochthonen Mikroorganismen.

Unter solchen Bedingungen können nicht nur der *Nährhumus* abgebaut, sondern auch die Huminstoffe in einem Maße umgesetzt werden, daß es zu einer negativen Humusbilanz kommt, d. h. zu einem stärkeren Abbau wie Aufbau von Huminstoffen im Boden.

Diese Zusammenhänge zeigen den großen Einfluß, den die Standortbedingungen auf die Umsetzung der organischen Dünger ausüben, ebenso wie die vom Menschen durchgeführten Kulturmaßnahmen.

Die Bodenart spielt hier gleichermaßen eine Rolle wie die Jahreszeit, über Niederschläge und Temperatur, sowie die Bodenbearbeitung mit ihrer periodischen Durchlüftung des Bodens.

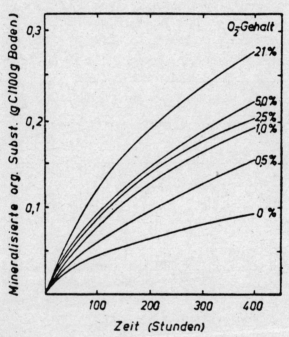

Abb. 43:
Die Mineralisierung von Weizenstroh im Boden (Zusatz 1,25 %)
in Abhängigkeit vom O_2-Gehalt der Luft und der Zeit
(PARR und REUSZER, z. n. SCHEFFER und SCHACHTSCHABEL, 1979, S. 60)

Trotz einer möglichen Förderung der Huminstoffbildung durch eine gedrosselte Mineralisierung, wie im letzten Kapitel beschrieben, stellen Humifizierung und Mineralisierung im Prinzip Gegenspieler dar. Die Umsetzung der organischen Substanz im Boden läßt sich gemäß dieser antagonistischen Wirkung in gewissem Rahmen steuern.

Wählt man z. B. eine intensive Bearbeitung der mit Frischmist oder Gülle abgedüngten Stoppel im Sommer sowie der folgenden Sommerzwischenfrucht im noch warmen September bei jungem Pflanzenbestand, so geht man massiv in den Umsatz organischer Substanz und erreicht eventuell auch eine „Humuszehrung".

Umgekehrt wird eine Anreicherung mit Huminstoffen und damit der Aufbau des „Dauerhumus" gefördert, wenn die organische Substanz in den Düngern bereits in einen stabileren Zustand überführt worden ist. Düngung mit reiferem Kompost zu mehrjährigem Kleegras kann in dieser Hinsicht als eine sehr wirksame Maßnahme angesehen werden, weil zusätzlich noch die lange Bodenruhe unter dem Wechselgrünland genutzt wird.

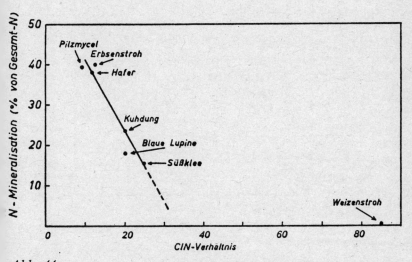

Abb. 44:

Mineralisierung des Stickstoffs organischer Stoffe mit unterschiedlichem C/N-Verhältnis (JENSEN, z. n. SCHEFFER und SCHACHTSCHABEL, 1979, S. 227) in 25 Tagen bei 40°C

Der Einfluß der Zusammensetzung der organischen Substanz aus dem Dünger selbst auf ihre Umsetzung im Boden ist nun vielfältiger Natur.

Eine ganz wesentliche Rolle spielt dabei das *C/N-Verhältnis*. Organische Reste mit einem engen C/N-Verhältnis werden leichter mineralisiert als solche mit einem weiteren C/N-Verhältnis (Abb. 43). Es muß allerdings berücksichtigt werden, daß das Verhältnis zwischen dem verfügbaren Kohlenstoff und dem verfügbaren Stickstoff (C_v/N_v), das ja den Ausschlag für die anfänglichen Umsetzungen gibt, ein ganz anderes sein kann, als das Verhältnis zwischen total vorhandenem Kohlenstoff und Stickstoff (C_t/N_t) (SCHEFFER und ULRICH, 1960).

Darüber hinaus beeinflußt das Verhältnis zwischen *Lignin und Zellulose,* das *Säure/Basen-Verhältnis* der Pflanzenreste und eventuelle Hemmstoffwirkungen von Pflanzeninhaltsstoffen den Abbau der organischen Substanz. Meist wirken alle diese Faktoren zusammen, wenn auch verschiedentlich einzelne den Ausschlag geben (SCHEFFER und ULRICH, 1960).

Noch einmal anders liegt der Fall bei solch speziellen Verbindungen, wie es die Huminstoffe sind. Trotz ihrem teilweise sehr engen C/N-Verhältnis werden sie langsam mineralisiert, da nur wenige Mikroorganismen zu ihrem Abbau befähigt sind.

Dieser Überblick zeigt auch, daß es natürlich nicht nur „leicht" umsetzbare organische Stoffe, „*Nährhumus*", und „schwer" umsetzbare organische Substanz, „*Dauerhumus*" bzw. Huminstoffe, gibt. Zwischen den beiden Polen existieren Verbindungen mit mittlerer Stabilität, und auch die beiden Extreme selbst weisen ja noch eine Bandbreite unterschiedlich metabolisierbarer Verbindungen auf. Dennoch ist es sinnvoll, eine solche Unterscheidung in zwei Extreme zu treffen, da die Umsetzungen im Boden letztendlich auf diese hinauslaufen, was bedeutet, daß einfachere Verbindungen durch Reaktion zu hochmolekularen Huminstoffen der schnellen Mineralisierung entzogen oder über den weiteren Abbau in die relativ gut umsetzbare Körpersubstanz des Bodenlebens integriert oder aber vollständig zerlegt werden.

Aus den bisherigen Erläuterungen dürfte ersichtlich sein, daß eine rein mengenmäßige Betrachtung, die der Art und Behandlung der organischen Dünger keine Bedeutung zumißt, doch an der Oberfläche des Problems verhaftet bleibt.

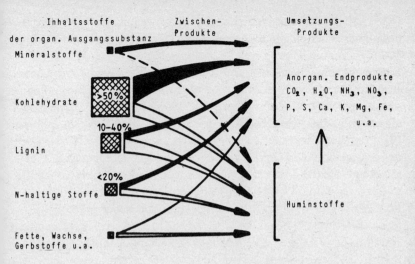

Inhaltsstoffe
der organ. Ausgangssubstanz

Zwischen-
Produkte

Umsetzungs-
Produkte

Mineralstoffe

Kohlehydrate >50%

10-40%

Lignin

<20%

N-haltige Stoffe

Fette, Wachse,
Gerbstoffe u.a.

Anorgan. Endprodukte
CO_2, H_2O, NH_3, NO_3,
P, S, Ca, K, Mg, Fe,
u.a.

Huminstoffe

Abb. 45:
Ausgangsstoffe, Abbau und Aufbau der organischen Substanz
im Boden (SCHROEDER, z. n. MÜCKENHAUSEN, 1982, S. 210)

Umgekehrt besteht bei Beachtung qualitativer Aspekte durchaus die
Möglichkeit, eine organische Düngung gezielt einzusetzen bzw. die Wirkung verschiedener organischer Dünger, z. B. des Kompostes, abzu-
schätzen.

Junger Kompost etwa enthält noch mehr leicht verfügbare, organisch
gebundene Nährstoffe, z. B. Stickstoff im Mikrobeneiweiß. Als
Bestandteile der Huminstofffraktion wären hier Fulvosäuren, Hymatomelansäuren und auch schon Braunhuminsäuren aufzuführen.

Im **reifen Kompost** sind die Nährstoffe stärker in den Dauerhumus eingebunden. Mit zunehmender Kompostreife treten auch die besonders
stabilen Grauhuminsäuren auf, die oft an Tonminerale gebunden werden und so die Strukturwirkung des Kompostes verbessern.

Als in hohem Maße strukturwirksam und damit auch besonders widerstandsfähig gegen den Abbau im Boden können mit Sicherheit aber
keine Komposte angesehen werden, die gerade ein halbes Jahr auf der
Miete liegen. Soll die Strukturwirkung des Kompostes gezielt eingesetzt
werden, so empfiehlt es sich, Komposte zu verwenden, die mindestens
ein Jahr alt sind. Auch die Grauhuminsäuren gewinnen ja durch die
„Reifung" erheblich an Stabilität hinzu.

2.6.2.2. Die umstrittene „Humusdüngung"

Sinn und Zweck einer Kompostgabe als „Humusdüngung" im biologischen Landbau werden von konventioneller Seite oft angezweifelt. Zwei Argumente werden im Rahmen dieser Kritik angeführt. Erstens, so sagt man, läge die Qualität des Humus im Stapelmist nicht unter der von Mistkompost, d. h. es würden bei der Stapelung des Mistes in gleichem Umfang Huminstoffe gebildet werden wie bei der Kompostierung. Überdies seien diese hofdüngereigenen Huminstoffe an Stabilität nicht mit jenen des Bodens vergleichbar.

Das zweite Argument betrifft die sogenannte Humusbilanz eines Bodens. Hierauf soll jedoch erst später eingegangen werden.

Zunächst gilt es, das erste Argument ausführlicher zu durchleuchten. Zu diesem Zweck sollen vergleichende Versuche über die Humuswirkung verschieden aufbereiteter Hofdünger herangezogen werden.

2.6.2.3. Vergleichende Versuche zur „Humuswirkung" der Hofdünger

Die Notwendigkeit, auf diese Versuche näher einzugehen, sehe ich um so mehr, als sie alle schon älter und somit wenig bekannt sind. So selten sie in der Literatur angeführt werden, so wenig sachdienlich sind jedoch diese Zitate oftmals.

Dies gilt für verfälschende Wiedergaben wie die folgenden von RAUHE (1968 c, S. 965):

„Die aerobe Umsetzung des Mistes in den Kompostmieten soll die Bildung von Dauerhumus fördern und eine stärkere Anreicherung von echten Humusstoffen im Boden ermöglichen. Umfangreiche vergleichende Untersuchungen der einzelnen Huminsäurefraktionen, die von NEHRING und SCHIEMANN (1952) durchgeführt wurden, brachten aber keine Bestätigung dieser Annahme.

Von SPRINGER (1960) wird anhand der Ergebnisse eines Feldversuches, in dem die Wirkung unterschiedlicher organischer Dünger geprüft wird, gleichfalls festgestellt, daß die Kompostierung des Stallmistes vom Standpunkt der Humusmehrung aus nicht gerechtfertigt erscheint."

Gleichermaßen müssen aber auch bruchstückhaft-unvollständige Zitate, wie von ACHERMANN (1977) zu einem falschen Bild führen.

Allerdings — dies sei hier schon vorausgeschickt — bringen auch die in den folgenden Abschnitten erläuterten Versuche noch keine endgültige Klärung des Problems, so bedeutsam ihre Ergebnisse auch sein mögen.

Zwei Gründe sehe ich hierfür als verantwortlich an:

— die Untersuchung der komplexen Zusammenhänge, die bei einer vergleichenden Darstellung verschiedener Methoden der Hofdüngeraufbereitung auftreten, bedingt einen schwer erfüllbaren experimentiellen Aufwand. Aus diesem Grund sind bisher noch zu wenig Daten für einen echten Vergleich vorhanden;

— die zur Zeit der angeführten Versuche vorliegenden Kenntnisse über die Kompostierung waren noch zu lückenhaft, um eine optimale Rotte zu ermöglichen, oder sie wurden bei der Versuchsdurchführung zu wenig beachtet.

2.6.2.4. Die Untersuchungen von NEHRING und SCHIEMANN sowie von SCHULZ

NEHRING und SCHIEMANN untersuchen 1952 die Bildung von Huminstoffen (HS) in Stapelmist, Hofmist, Erdmist (= Mistkompost mit Erdzusatz) und in Indore-Komposten. Als Maß für die HS-Konzentration in den jeweiligen Hofdüngern diente ihnen der sogenannte *Zersetzungsgrad* (ZG). Der ZG gibt das Verhältnis der HS zur gesamten OS in % an. Die HS selbst wurden anhand ihrer Unlöslichkeit in Acetylbromid *("Bromacetolyse")* bestimmt. Schon hier zeigt sich ein wesentliches Problem:

Fulvosäuren und Hymatomelansäuren, die ja zu den HS gezählt werden, sind ebenso wie die Nicht-Huminstoffe (NHS) in Acetylbromid löslich. Aus diesem Grund kritisierte auch FLAIG (1968) diesen von SCHEFFER und SPRINGER empfohlenen Trennungsgang als ungeeignet zur Unterscheidung von HS und NHS.

Im weiteren führten NEHRING und SCHIEMANN (1952 b) jedoch umfangreiche Untersuchungen zur Charakterisierung der einzelnen HS-Fraktionen durch, bei denen jedoch keine Fulvosäuren erfaßt wurden (Peptisation mit NaOH, Fällung mit HCl). Weder SCHULZ (1952) noch SPRINGER (1960) erfaßten in ihren Untersuchungen Fulvosäuren oder Hymatomelansäuren in den Hofdüngern, da sie nur den ZG mittels der Bromacetolyse bestimmten.

Beiden Säuren kommt aber — neben ihrem Wirkstoffcharakter (s. d. Kap. C 2.6.1.2.) — eine Bedeutung als Vorstufe für die Bildung höherpolymerer Huminsäuren zu.

2.6.2.4.1. Der Zersetzungsgrad (ZG) verschiedener Hofdünger

Die Tabelle 36 bietet einen Überblick zum ZG verschiedener Hofdünger. Diese Angaben mehrerer Autoren zeigen aufgrund der höheren ZGe der Komposte deutlich, daß bei diesen mit einer stärkeren Huminstoffbildung gerechnet werden kann als bei Stapelmisten.

Hofdünger	L*)	ZG	Hofdünger	L*)	ZG
Frischmist I	0	13,4			
Frischmist II	0	12,0			
Stallmist (jung)	1,5	18,9	Erdmist	4-5	32,9
Stallmist (alt)	6	26,7	Mistkompost	4-5	35,8
			Mehrjähriger		
			Kompost	—	53.6
Stapelmist I	2,5	21.6	Erdmist I	2,5	29,7
Stapelmist II	3	16,2	Erdmist II	3	27,8
Stapelmist III	3	16,4	Erdmist III	3	25,8
Hofmist	4	19,8	Erdmist I	4	34,0
Stapelmist	4	31,5	Erdmist II		35,5
			Indore-Komposte I-IV	3,5	43,9

*) = Lagerungsdauer in Monaten

Tab. 36:
Die Huminstoffbildung in unterschiedlich behandelten Hofdüngern,
gemessen am ZG-AcBr (nach NEHRING und SCHIEMANN, 1952 a;
SCHULZ, 1952 sowie SPRINGER, 1960)

Wie die Ergebnisse von NEHRING und SCHIEMANN (1952 a) belegen, muß es auch hinsichtlich der Humifizierung der Komposte als notwendig angesehen werden, möglichst günstige Rottebedingungen zu schaffen. Die in diesen Untersuchungen gewonnenen Indore-Komposte wiesen wegen des nur geringen Erdzuschlages einen besseren Kompostierungsverlauf und damit einen höheren Humifizierungsgrad auf als die Erdmiste, bei denen der starke Erdzuschlag einen negativen Einfluß auf die Rotte ausübte.

2.6.2.4.2. Die „Huminstofffraktionen" in den Hofdüngern

NEHRING und SCHIEMANN (1952 b) isolierten zur Kennzeichnung der gebildeten Huminstofffraktionen ein Huminsäuregemisch aus ihren Hofdüngern. Die Huminsäuren wurden durch Extraktion mit NaOH und anschließender Fällung mit HCl gewonnen. Als Vergleichssubstanzen dienten Bodenextrakte und künstliche Huminsäuren.
Sowohl die Untersuchungen der ZGe der Hofdüngerextrakte wie auch kalori- und kolorimetrische Untersuchungen, sowie der Methoxylgrup-

penanteil *) der verschiedenen Huminsäuren deuteten darauf hin, daß in den jungen Zersetzungsprodukten keine Grauhuminsäuren gebildet wurden. Hierin eingeschlossen sind auch die drei- bis viermonatigen Indore-Komposte. Die Huminsäurefraktionen wurden in den jungen Komposten anscheinend durch Hymatomelan- und Braunhuminsäuren gekennzeichnet.

Ähnliche Ergebnisse erzielte SCHULZ (1952) bei seinen kolorimetrischen Messungen.

Im Gegensatz zu den jungen Bildungen wies ein zweijähriger Gärtnerkompost, der von NEHRING und SCHIEMANN (1952 b) mitvermessen wurde, recht günstige Werte auf. Dies galt sowohl für die kalorimetrische Messung wie für den Methoxylgruppenanteil. Im ZG lag er besser als die synthetische Braunhuminsäure von Merck und als das Extrakt eines braunen Waldbodens, jedoch noch erheblich unter den Werten der Schwarzerdeextrakte.

Leider wurden zu diesem Gärtnerkompost die aufschlußreichen kolorimetrischen Werte nicht angegeben.

In Untersuchungen von SCHULZ (1952) wurde der Bindungszustand der Huminstoffe an Aschebestandteile und Tonminerale, gemessen am SrL/L-Quotient (= Verhältnis zwischen laugenlöslichen und säurefällbaren zu laugenlöslichen Huminstoffen; vgl. SPRINGER, 1960) vom Frischmist über den Stapelmist zum Erdmist hin fester.

Bei Betrachtung aller Daten des Gärtnerkompostes steht zu erwarten, daß in gewissem Maße bereits die Verschiebung in Richtung Grauhuminsäuren erfolgt ist.

Wenn diese Untersuchungen auch erst andeutungsweise Klärung gebracht haben, so erstaunt die Schlußbetrachtung von NEHRING und SCHIEMANN (1952 b) doch sehr:

„Es haben sich in diesen Untersuchungen in bezug auf die Bildung von echten Humusstoffen die Erwartungen, die man auf die neuen Verfahren der Erdmiste und Indore-Kompostbereitung gesetzt hat, nicht erfüllt."

---

*) Methoxyl-Gruppe = OCH_3 ist eine funktionelle Gruppe des Lignins und wird zum Teil als Maß für „Reife" und Polymerisationsgrad der Huminstoffe herangezogen.

Betrachtet man abschließend die Ergebnisse der bisher aufgeführten Untersuchungen, so läßt sich folgendes feststellen:

— im Gegensatz zu der oft angeführten Gleichwertigkeit von Stapelmist und Mistkompost hinsichtlich der Huminstoffbildung existieren eindeutige Hinweise dafür, daß im Kompost mehr und schneller Huminstoffe gebildet werden;

— bezüglich ihrer Art und Stabilität sind die Huminstoffe aus den jungen Bildungen mehrmonatiger Rotte nicht mit denen verschiedener Böden zu vergleichen.

Reife, mehrjährige Komposte liefern schon eher vergleichbare Huminstoffqualitäten wie die OS von Böden.

2.6.2.5. Der Feldversuch von SPRINGER

2.6.2.5.1. Überblick

1947 bis 1957 führte SPRINGER (1960) umfangreiche Feldversuche durch, die dazu dienen sollten, die Einwirkung verschiedener organischer Dünger auf Gehalt und Qualität der *organischen Substanz* von Böden zu untersuchen.

Als Versuchsglieder wurden verschiedene Torfe und Stroh — die im weiteren nicht näher erläutert werden — sowie zwei Stallmistvarianten (St I = vier bis sechs Wochen alt und St II = sechs Monate alt) ein Erdmist, ein Mistkompost und ein mehrjähriger Erdkompost aus Wirtschaftsabfällen überprüft.

Als Versuchsstandort diente eine leicht saure, gleyartige Braunerde aus Lößlehm — ein schwerer Boden also.

Weitere Daten, v. a. über die organischen Dünger und die Aufbereitung der Hofdünger sind leider nur spärlich vorhanden.

Die wichtigsten Ergebnisse des SPRINGER-Versuches sind für einen Teil der organischen Dünger in den Tabellen 37 bis 40 zusammengefaßt.

Die Probenahme erfolgte erstmals 1954, sieben Jahre nach Versuchsbeginn und zwei Jahre nach der letzten organischen Düngung. Die zweite Probe wurde 1957 genommen.

In der **kolorimetrischen Bestimmung der Huminstoffe (HS-Wert)** stiegen die HS-Werte bei der ersten Probenahme (PN) an, und zwar in der Reihe Gründüngung (G) < St I < Erdmist (E) < Mistkompost (Mk)

< St II < mehrjähriger Kompost (K). Bei allen Versuchsgliedern fielen die Werte zur zweiten PN hin wieder ab.

Die **Humifizierungszahl (HZ)** fiel zur ersten PN hin bei allen Versuchsgliedern mit Ausnahme von K ab. Zur zweiten PN hin stieg sie wieder an. Dies bedeutet, daß die schwächer humifizierten Dünger den Humuszustand des Bodens verschlechtert haben und sich dieser längere Zeit nach dem Ende der organischen Düngung wieder „regeneriert" hatte. Bei K blieb die HZ nach dem Anstieg bei der ersten PN zur zweiten PN hin konstant.

Beim **Bindungszustand der Huminstoffe (SrL/L)** lagen die Werte für Mk, E und St auf gleichem Niveau. K schnitt besser ab.

Beim **Farbquotienten (FQ)** waren die Verhältnisse ähnlich wie beim Bindungszustand. Der Anstieg des FQ nach der organischen Düngung wies darauf hin, daß in den organischen Düngern weniger ausgereifte HS vorlagen als in der bodenbürtigen OS. Dieser Fall galt auch für das Versuchsglied K.

Der **ZG der Bodenmischproben** wurde anhand der Bromacetolyse (AcBr) und der *Sulfacetolyse* (AcS) bestimmt. Hier sanken die Werte bei den St zur ersten PN hin ab, E und Mk verhielten sich indifferent. K zeigte sehr hohe Werte und einen deutlichen Anstieg bei beiden PN.

Ver-suchs-glied	Differenz 1947—1957			Z. G.					
	% C_t	% C_h*) (AcBr)	% C_h*) (AcS)	AcBr			AcS		
U	− 0,05	± 0,00	+ 0,02	50,8	51,9	52,7	44,7	47,3	48,0
St I	+ 0,48	+ 0,39	+ 0,26	50,4	47,3	58,6	43,6	43,4	46,4
St II	+ 0,70	+ 0,50	+ 0,34	50,0	48,6	57,4	47,0	44,4	47,5
E	+ 0,58	+ 0,44	+ 0,33	51,2	46,2	58,7	37,4	39,8	43,4
Mk	+ 0,60	+ 0,44	+ 0,33	53,2	53,2	58,1	38,9	38,3	42,9
K	+ 0,93	+ 0,73	+ 0,60	48,5	52,9	60,8	38,8	45,4	49,3
				1947	1954	1957	1947	1954	1957

*) C_h = Kohlenstoff in AcBr- bzw. AcS-unlöslichen Huminstoffen

Tab. 37:
Die Veränderung von C_t, C_h und ZG in den Bodenmischproben
des Feldversuchs von SPRINGER (1960) (Auszug) in Abhängigkeit
von der Düngung (Versuchsglieder s. Tab. 38)

2.6.2.5.2. Das Verhalten der Huminstoffe

Mit der Bilanzierung der HS aus den Parzellen, die mit verschiedenen organischen Materialien gedüngt worden waren, konnte SPRINGER (1960) nachweisen, daß die HS aus dem Kompost im Boden noch erheblichen Umsetzungen unterliegen. Von den HS aus dem Stallmist wurde absolut und prozentual ein geringerer Anteil abgebaut als von denen aus den Komposten. Bei der St-I-Parzelle war zur zweiten PN hin sogar eine Neubildung von HS über deren Abbau hinaus erfolgt. SPRINGER führte dies auf reichlich vorhandene HS-Vorstufen im Stallmist I zurück.

Mit der AcS-Analyse wurde der Anteil an stabileren HS erfaßt. Hier erfolgte bei den St zur ersten PN hin ein Anstieg, was SPRINGER auf „tätige Miste" schließen ließ, bei denen aus den weniger stabilen AcBr-Huminstoffen zunächst viele AcS-Huminstoffe gebildet wurden.

Aus seinen Versuchsergebnissen zog SPRINGER (1960, S. 35) den Schluß:

„..., daß es unter den Boden- und Klimaverhältnissen, unter denen unser Dauerversuch durchgeführt wird, vom Standpunkt der Humusmehrung aus nicht unbedingt gerechtfertigt erscheint, eine stärkere Verrottung des Stallmistes (vgl. St II) anzustreben ... oder dem Stallmist Erde (Ton) beizumischen oder eine solche Mischung zu kompostieren ...

Wir besitzen freilich noch keine Erfahrungen darüber, wie sich in dieser Hinsicht leichte Böden, eventuell auch unter anderen Klimabedingungen verhalten."

Leider wird die Eingrenzung auf die schweren Böden wie auch das kleine aber wichtige Wörtchen „unbedingt" bei vielen Autoren, die den SPRINGER-Versuch zitieren, unterschlagen (s. d. Kap. C 2.6.2.3.). Dadurch wird der Anschein erweckt, das Problem sei eindeutig geklärt.

Doch auch die Schlußfolgerung von SPRINGER (1960) ist für mich in dieser Weise nicht nachvollziehbar. Die Gründe hierfür sollen in den folgenden Abschnitten dargelegt werden.

Versuchsglied	Org. Substanz		AcBr-Huminstoffe					AcS-Huminstoffe				
	Zugabe (in kg/a)	Zunahme (in kg/a) 1947-54	Zugabe (in kg/a)	Zunahme (in kg/a) 1947-54	Verlust oder Gewinn*) 1947-54	1954-57	1947-57	Zugabe (in kg/a)	Zunahme (in kg/a) 1947-54	Verlust oder Gewinn*) 1947-54	1954-57	1947-57
Ungedüngt (U)	—	—	—	(6,0)	—	—	—	—	(15,0)	—	—	—
Gründüngung (G)	1 200	155,2	—	77,6	—	—	—	—	41,4	—	—	—
Stallmist I (St I) (6 Wochen alt)	1 200	372,4	226,7	155,2	− 31,6	+ 20,5	− 11,1	140,6	160,3	+ 14,0	− 18,4	− 4,4
Stallmist II (St II) (6 Monate alt)	1 200	574,1	320,6	268,9	− 16,1	− 3,2	− 19,3	181,6	237,9	+ 31,0	− 34,2	− 3,2
Erdmist (E)	1 200	465,5	394,4	181,0	− 54,1	+ 11,8	− 43,2	223,2	201,8	− 9,6	− 13,9	− 23,5
Mistkompost (MK)	1 200	563,7	429,5	300,0	− 30,2	− 16,9	− 47,1	273,8	212,0	− 22,6	− 15,1	− 37,7
Kompost (K)	1 200	755,1	642,8	429,3	− 33,2	− 8,0	− 41,2	474,1	387,9	− 18,2	− 16,4	− 34,6

*) = in % Zugabe

Tab. 38:
Bilanz der organischen Substanz und der Huminstoffe im Feldversuch von SPRINGER (1960) (Auszug)

2.6.2.5.3. Anmerkungen zur Wertung der Huminstoffbilanz bei SPRINGER

Bei der Betrachtung der HS-Bilanz ergibt sich zunächst einmal die Frage nach der Stabilität der aus den Vorstufen des weniger gerotteten St I im Boden neu gebildeten HS. Sie bleibt letztendlich offen, da nach 1957 keine Probenahme mehr erfolgte. Unterlagen diese Neubildungen nach 1957 im Boden weniger der Mineralisierung wie die mit den Komposten zugeführten HS, und wenn, in welchem Maß?

Damit erhebt sich auch die Frage, wie die HS-Bilanz nach weiteren zehn Jahren ohne organische Düngung ausgesehen hätte. Trotz aller Neubildungen bei St I einerseits und dem Abbau der HS bei der Variante K andererseits betrug nämlich die Zunahme der AcBr-HS auf den K-Parzellen Ende 1957 noch fast das Doppelte der Zunahme der St-I-Parzellen und bei den AcS-HS sogar mehr als das Doppelte.

Gegenüber der prozentualen Zu- bzw. Abnahme der HS auf den verschiedenen Parzellen müssen also die von SPRINGER vernachlässigten

	Huminstoffe		Parzelle *) mit
	Zufuhr 1947—1952	Bilanz 1957	
AcBr	643	+ 378	K
	430	+ 228	MK
	394	+ 227	E
	227	+ 202	St I
	321	+ 259	St II
AcS	474	+ 310	K
	274	+ 171	MK
	223	+ 171	E
	144	+ 135	St I
	182	+ 176	St II

Tab. 39:
Zufuhr an HS im SPRINGER-Versuch und absolute Zunahme an HS im Boden bis Versuchsende 1957 durch die Zufuhr bzw. die Neubildung von HS bedingt (in kg/a — nach SPRINGER, 1960) (Parzellen s. Tab. 38)

absoluten Werte berücksichtigt werden. In der Tabelle 39 sind die entsprechenden Daten wiedergegeben.

Mit fortschreitender Dauer des Versuches wird das AcBr/AcS-Verhältnis der Huminstoffzunahme auf der K-Parzelle enger, d. h. es werden wesentlich mehr AcBr-HS abgebaut als AcS-HS. Von den stabileren AcS-HS, die mit K zugeführt worden waren, lagen nach zehn Jahren Versuchsdauer noch 65 % im Boden vor und 35 % waren abgebaut worden.

Auch wenn die HS-Anreicherung im Boden nicht in dem von SPRINGER erwarteten hohen Maß stattgefunden hat, so muß man doch bedenken, daß die mit den jeweiligen Hofdüngern **zugeführte** Menge an HS für die unmittelbare Wirkung ausschlaggebend ist. Auf der K-Parzelle wurden eben fast dreimal soviel HS zugegeben als auf der St-I-Parzelle, was sich auf den Wasserhaushalt des Bodens, sein Sorptionsvermögen und andere Faktoren auswirkte (s. d. noch später).

Und auch wenn eine starke Mineralisation der HS aus dem Kompost erwartet werden muß, so kann dieser Vorgang doch nicht einfach unter „Verluste" geführt werden. Im Gegenteil, die HS sind dieserart als Nährstoffpuffer zu betrachten, die eine allmähliche Nährstoffnachlieferung über viele Jahre hinweg bewirken.

Um eine vollständige Bilanz zu erhalten, müßten noch die Aufbereitungsverluste an OS bei den verschiedenen Hofdüngern berücksichtigt werden. Schließlich: was nützt eine doppelt so hohe HS-Konzentration, wenn nur die Hälfte des Düngers übrigbleibt? Im Normalfall werden die Rotteverluste an OS die Rechnung noch zuungunsten des Kompostes verschieben.

Entsprechende Bilanzen liegen bisher aber nur aus den Versuchen von SCHULZ (1952) vor.

Auch nach Abzug der Rotteverluste an OS schnitt dort der Erdmist beim Zugewinn an „echten, acetylbromidunlöslichen Huminstoffen" günstiger ab als der Stapelmist (29 % Zugewinn gegenüber 19 % Zugewinn).

Erst weitere Untersuchungen unter Betrachtung der einflußnehmenden Parameter: Art und Menge der zugeführten organischen Substanz bzw. Huminstoffe aus den organischen Düngern, Einarbeitung der Dünger, Witterung und Zufuhr weiterer Nährstoffe, können jedoch eine Klärung der Frage erlauben, wie sich die Huminstoffe unterschiedlich aufbereiteter Hofdünger im Boden verhalten.

2.6.2.5.4. Weitere Ergebnisse

Aus den **Analysen des Unterbodens** bei SPRINGER (1960) ergab sich, daß die C_t-**Werte** zur ersten Probenahme (PN) hin insgesamt anstiegen, Die organische Düngung wirkte also bis in den Unterboden hinein. Zur zweiten PN hin, als die organische Düngung ausblieb, fiel der C_t-Wert bei der Mehrzahl der Versuchsglieder ab oder stagnierte. Nur die K-Parzelle zeigte noch einen leichten Anstieg. Die N_t-**Werte** verhielten sich tendenziell ebenso.

Die **HS-Werte** (kolorimetrische HS-Bestimmung) zeigten bei der ersten PN in den meisten Fällen einen Anstieg, zur zweiten PN hin war der **HS-Wert** aber schon wieder abgefallen.

Zum Teil lagen die dabei erreichten Werte noch unter dem Ausgangsniveau.

SPRINGER führt dieses Phänomen auf die relativ starke Auswaschung von HS aus dem Unterboden (22 bis 45 cm) zurück. Da sowohl Mk wie auch K keinen Abfall der HS-Werte zeigten, steht zu vermuten, daß bei diesen Hofdüngern weniger auswaschungsgefährdete HS bzw. stabile Humate gebildet worden waren.

		U	G	S	St I	St II	E	Mk	K	HT I
T-Wert	1947	15,1	n.b.	n.b.	n.b.	n.b.	n.b.	n.b.	15,2	n.b.
	1954	14,8	16,3	16,3	17,9	19,0	18,5	19,3	21,5	22,0
H-Wert	1947	6,12	n.b.	n.b.	n.b.	n.b.	n.b.	n.b.	5,98	n.b.
	1954	4,32	3,86	5,85	3,67	3,42	3,42	3,82	1,79	9,81
S-Wert	1947	9,91	—	—	—	—	—	—	9,8	—
	1954	10,5	12,4	10,4	14,2	15,6	15,1	15,5	19,7	12,2
V-Wert	1947	65,6	—	—	—	—	—	—	64,6	—
	1954	70,9	76,3	64,0	79,5	82,0	81,5	80,2	91,7	55,4

T-Wert = Sorptionskapazität
H-Wert = austauschbare H^+
S-Wert = T-Wert minus H-Wert (sorbierte Basen)
V-Wert = Sättigungswert = S/T x 100
Parzellen: s. Tab. 38; HT I = Hochmoortorf; S = Stroh

Tab. 40:
Sorptionskapazität der Bodenmischproben im Feldversuch
von SPRINGER (1960) unter dem Einfluß verschiedener
organischer Dünger (Auszug)
Anlaysen nach MEHLICH, Angaben in mval/100 g trockener Boden

Das **Wasserhaltevermögen** stieg unter dem Einfluß der organischen Düngung bis hin zum Kompost in nachstehender Reihenfolge an: G < St I < E < St II < Mk < K.

Die Angaben über die **Ionen-Umtausch-Kapazität** der verschiedenen Parzellen sind der Tabelle 40 zu entnehmen.

Es beeindrucken besonders die günstigen Werte von K. Ähnliche Ergebnisse erzielte auch SCHULZ (1952), der eine deutliche Erhöhung der Sorptionskapazität von Böden durch organische Dünger in der Reihenfolge Stallmist < Stapelmist < Erdmist feststellte.

2.6.2.5.5. *Problematik des SPRINGER-Versuchs*

Wie bereits zu Anfang erwähnt, sind vergleichende Versuche zur Humuswirksamkeit verschiedener Hofdünger alles andere als einfach durchzuführen. Hinsichtlich einer Interpretation der Ergebnisse ist es natürlich nützlich, die Schwierigkeiten zu kennen, die im Versuch zu überwinden waren, und auch die Versuchsanstellung bzw. -durchführung genau zu betrachten. Über die bereits angeführten „Haken" der Ergebnisse hinaus seien hier noch die wesentlichen „Ösen" des letztgenannten Punktes, der Versuchsanstellung bei SPRINGER (1960) untersucht.

Bei der Aufbereitung der Hofdünger sticht zunächst die überaus hohe Erdbeimischung zu den „Komposten" ins Auge. Der *Erdzuschlag* (1 : 3 bis 1 : 1) lag sogar noch höher als die ohnehin schon sehr hohen, zur damaligen Zeit praxisüblichen Zugaben.

Die daraus resultierenden Schwierigkeiten betreffen zunächst einmal das Nährstoffangebot für die agierenden Lebewesen im Kompost. Immerhin variierte ja der Ascheanteil bei E, Mk und K in den Versuchen von SPRINGER zwischen 84 bis 86,5 %. Für die „arbeitende Bevölkerung" im Erdmist war also nur 13,5 bis 16 % C-haltiges Material vorhanden. Auch die Nährstoffkonzentration insgesamt wird mit dem hohen Erdanteil gedrückt. Nach Angaben von SCHEFFER (1979) liegen die durchschnittlichen Gehalte der Böden an P bei 0,05 %. Die Verfügbarkeit des P in Böden ist zum großen Teil schlechter als die von P im Mist.

Der K-Gehalt der Böden scheint mit 0,2 bis 3,3 % recht hoch, doch liegt auch hier die Verfügbarkeit niedrig. 98 % des K sind fixiert oder nativ gebunden.

Auch wenn man erwartet, daß die Mikroorganismen während der Rotte einen Teil der schwerverfügbaren Nährstoffe mobilisieren, so bleibt die Nährstoffkonzentration doch gering, v. a. zu Anfang der Rotte. Aus einem unzureichenden Nährstoffangebot bzw. schlechter Zugänglichkeit des größten Teils der Nährstoffe einen ungünstigen Einfluß auf den Rotteverlauf und damit auch auf den ZG der „Komposte" zu folgern, erscheint nur logisch. Im übrigen wird diese Ansicht durch die Ergebnisse von NEHRING und SCHIEMANN (1952) mit einem Sägemehl-Indore-Kompost unterstützt, der einen niedrigeren ZG aufwies als Indore-Komposte mit leichter umsetzbaren C-Quellen.

Je höher der Zuschlag an Erde wird, um so stärker beeinflußt deren ZG auch den ZG des gesamten Erdmistes. Daten über die zugesetzte Erde fehlen jedoch bei SPRINGER (1960).

Auf eine zweite Schwierigkeit weisen andere Autoren hin. So schreibt SCHULZ (1952), daß bei starkem Erdzusatz eine befriedigende Durchmischung mit dem organischen Material erschwert sei, weswegen in solchen Mischungen einzelne, kaum von der Rotte erfaßte Nester aufträten, wie er sie auch in seinen Versuchen beobachtete. Zuviel Erde im Kompost kann auch bewirken, daß sich die Miete insgesamt zu stark setzt. Dies gilt um so mehr, wenn das Material sehr feucht und/oder die Miete zu hoch ist. PETTERSON (1973) gibt an, daß die Kompostmieten bei Erdzusatz schwer und dicht werden. Er führt zwar weiter aus, daß die Erde kaum einen Einfluß auf die Rotte ausüben dürfte, jedoch muß dabei beachtet werden, daß in seinen Versuchen immer eine hohe Gabe an Fleischmehl zum Mist zugesetzt wurde, die etwa 30 % der organischen Substanz des Mistes betrug.

Die Problematik starker Erdzusätze kennt die Praxis im übrigen schon lange. So schreibt KOENEMANN (1981, S. 29):

„Das wesentliche Merkmal der Erden im Gegensatz zu den Humusstoffen ist, daß sie sich langsam umsetzen, daß sie viel Luft und ein häufiges Umsetzen bedürfen ...

Höher als ein Meter darf kein Erdkompost angelegt werden."

Die Probleme mit dem Erdzusatz werden sicherlich nicht kleiner, wenn, wie bei SPRINGER (1960) in der Variante E der Fall, überhaupt nicht umgesetzt wird. Der Mk sollte zwar umgesetzt werden, dies unterblieb jedoch in den ersten beiden Versuchsjahren.

Bei mineralischen Zuschlagstoffen, wie Erde, sollte man auch immer im Auge behalten, daß ihr Anteil im Kompost — bedingt durch die Rotteverluste an organischer Substanz — mit fortschreitendem Kompostierungsverlauf relativ zunimmt.

Auch wenn nur ¼ Erde zugesetzt wird, so liegt der Anteil an Erde im reifen Kompost doch etwa bei der Hälfte, wenn 50 % der Substanz aus dem organischen Anteil verlorengehen.

Hinsichtlich der Untersuchungen von SPRINGER muß außerdem darauf hingewiesen werden, daß die Nährstoffzufuhr zu den einzelnen Parzellen außerordentlich hoch und auch verschieden war, was möglicherweise zu unterschiedlichen Mineralisierungsbedingungen geführt hat. So erhielt die K-Parzelle von 1947 bis 1952 an Gesamtnährstoffen 5 700 kg N, 3 900 kg P und 4 300 kg K! Mit dem St I wurden „nur" 3 700 kg N zugeführt sowie 1 070 kg P. Bei Mk betrug die K-Zufuhr 8 360 kg K.

Im eigentlichen Feldversuch hat SPRINGER (1960) beabsichtigter- oder unbeabsichtigterweise Bedingungen geschaffen, die die Mineralisierung der organischen Substanz in hohem Maße förderten. Dazu gehört einmal die Fruchtfolge, in der mit einem 55 %igen Hackfruchtanteil gearbeitet wurde. (Aus der Beschreibung geht nicht hervor, ob Raps ebenfalls als Hackfrucht behandelt wurde, wodurch der Hackfruchtanteil auf 70 % gestiegen wäre).

Die hohen Kalkgaben steuern die Umsetzungen genauso in Richtung Abbau wie die intensive Einarbeitung der OS in den Boden. SPRINGER schreibt:

„Die gleichmäßige Vermischung des Bodens mit den hohen Düngergaben bereitete v. a. bei den Torfen gewisse Schwierigkeiten, die durch eine intensive Bodenbearbeitung (Pflügen, Fräsen, Eggen, Walzen) nach Möglichkeit behoben wurde".

Nicht zuletzt bewirkten auch die hohen Versuchsgaben an OS selbst, sowie an Nährstoffen überhaupt, erhöhte Mineralisationsraten. In diese Richtung weisen Versuche von SAUERLANDT (1956), der nachweisen konnte, daß alljährlich kleinere Gaben an OS insgesamt schneller umgesetzt wurden als entsprechend größere Gaben in mehrjährigen Abständen.

Um in relativ kurzer Zeit zu verwertbaren Ergebnissen zu gelangen, wurden bei SPRINGER (1960) die organischen Dünger nicht nur jährlich, sondern noch dazu in extremen Mengen von umgerechnet 200 dt aschefreie TS/ha gegeben, was etwa 90 bis 140 t Frischmist/ha entsprach.

Von dieser Warte aus gesehen, dürfte die starke Zersetzung der jungen HS-Bildungen aus den Hofdüngern weniger erstaunen.

2.6.2.6. Die Feldversuche von SAUERLANDT

Vergleichende Versuche zur „Humuswirkung" von Frischmist und Mistkompost führte SAUERLANDT (1956) auf leichten Böden durch. „Humus" wurde dabei nur anhand des organisch gebundenen C bestimmt.

Hinsichtlich der Aufbereitung des Kompostes dürfte es sich dabei um geeignetere Rotteprodukte gehandelt haben als in den Versuchen von SPRINGER (1960), wie sich aus den allgemeinen Angaben zum Temperaturverlauf und zum Erdzusatz bei SAUERLANDT (1956) schließen läßt. Der Anteil der Erde lag jedoch mit 20 bis 25 % schon über dem heute angestrebten Anteil von maximal 15 %. Die Werte der OS, deren Anteil an der TS nach Abschluß der Rotte 22 % betrugen, sind als sehr niedrig zu betrachten.

Als Ergebnis gibt SAUERLANDT (1956) an, daß es unter seinen Versuchsbedingungen möglich war, den Humusspiegel des Bodens mit Mistkompost zu halten oder zu verbessern. Dies gelang nicht mit Frischmistgaben auf der Basis gleicher Mengen an OS wie beim Mistkompost.

Wie bereits erwähnt, sind hinsichtlich einer Aufbesserung des Humusgehaltes der Böden mehrjährige größere Gaben an Kompost günstiger zu bewerten als jährliche kleinere Gaben (SAUERLANDT und TIETJEN, 1970, S. 66 ff.). Dies geht aus der Abbildung 52 hervor, die einen Winterweizenschlag charakterisiert, der im Jahre 1957 angelegt wurde. Der Versuch selbst begann 1951, wobei der Gehalt an OS im Boden 1,7 % betrug (bei einer Streuung von 0,039 %). Die Fruchtfolge beinhaltete zu 33 % Hackfrüchte.

Die günstige Wirkung des Kompostes auf den Humusgehalt, v. a. in größeren, mehrjährigen Gaben, läßt sich auf verschiedene Ursachen zurückführen.

Zunächst einmal wird der Mistkompost aufgrund seines höheren Gehaltes an stabilen HS langsamer mineralisiert als der Frischmist oder der

Stapelmist. Dadurch bleibt mehr organische Substanz im Boden. Darüber hinaus existieren anscheinend auch indirekte Wirkungen, wie SAUERLANDT und TIETJEN (1970) angeben.

Sie folgern aus ihren Versuchsergebnissen, daß, durch die lange Nachlieferung von Nährstoffen und organischen Wirkstoffen aus dem Kompost bedingt, das Wurzelwachstum des Weizens erheblich gesteigert wurde und dadurch trotz fortlaufender *Mineralisierung* eine Zunahme

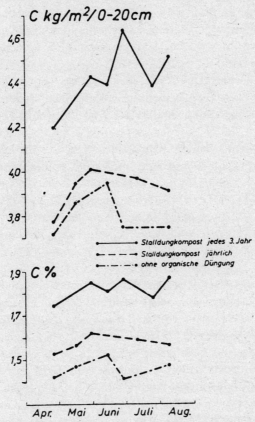

Abb. 46:
Zu- und Abnahme des Gehaltes und der Menge an organisch gebundenem Kohlenstoff im Boden während des Wachstums von Winterweizen. Düngung mit und ohne Stalldungkompost, 1957 (SAUERLANDT und TIETJEN, 1970, S. 66)

181

an organisch gebundenem Kohlenstoff im Boden zu verzeichnen war.

Eine besondere Bedeutung für das verstärkte Wurzelwachstum durch Kompost soll nach Ansicht der genannten Autoren dem Nitrat zukommen. Nitrat wird wegen der kontinuierlichen N-Nachlieferung aus dem Kompost in geringeren Mengen anscheinend noch zu Zeiten gebildet, in denen die Hauptaufnahme an Nährstoffen durch die Pflanze bereits beendet ist. Dadurch soll das Wurzelwachstum stark angeregt werden.

Dieses Beispiel zeigt, daß die Einwirkung des Kompostes auf den Humuszustand des Bodens sehr komplexen Zusammenhängen unterliegt.

Der ursächliche Grund für die stärkere Anreicherung des Bodens mit OS bei großen Kompostgaben im Abstand mehrerer Jahre ist in der Anpassung der mikrobiellen Zersetzer an ihre Nahrungsgrundlage zu suchen.

Werden kleine Gaben in geringen zeitlichen Abständen gegeben, so speist man quasi in eine immer laufende Mineralisationskette ein. Der gleichmäßige Nährstoffanfall führt zu einer sich ständig bis zu einem gewissen Level vermehrenden Mikrobenpopulation, die neues Material sofort umsetzen kann. Dadurch wird der gegenläufige Prozeß der Stabilisierung organischer Substanz, die Huminstoffbildung, erfolgreich konkurrenziert (KICKUTH, 1982).

Im Gegensatz dazu führen „Futterpausen" zu einem „Ruheniveau" der zymogenen Zersetzer. Die bei Zufuhr von neuem Material erst anlaufende Aktivierung, d. h. v. a. Vermehrung der abbauenden Mikroorganismen läßt den Konkurrenzreaktionen, die die OS stabilisieren, mehr Zeit.

2.6.2.7. Das Humusgleichgewicht eines Standortes

Als zweites Argument gegen den Kompost als Humusdünger, bzw. oft sogar gegen eine Humusdüngung schlechthin, wird manchmal angeführt, eine Hebung des Humusgehalts im Acker sei ohnehin nur sehr eingeschränkt möglich.

Als Begründung dient das sogenannte Humusgleichgewicht: Abbau und Zufuhr organischer Substanz sollen sich unter bestimmten Standortbedingungen mit der Zeit die Waage halten.

Folgende Rechnung wird aufgemacht: An einem bestimmten Standort wird im jährlichen Durchschnitt der Anteil x der OS im Boden mineralisiert. Auf der anderen Seite wird dem Boden über Wurzelrückstände, Gründüngung, Mist etc. im Jahr die Menge y an OS zugeführt. Übersteigt diese Zufuhr die Mineralisation, so wird der überschüssige Humus angereichert. Infolge dieser Humusmehrung steigt aber — bei prozentual gleicher, jährlicher Mineralisationsrate — die absolut abgebaute Menge an OS. Der Überschuß aus der Zufuhr schmilzt so nach und nach zusammen, bis der Gleichgewichtspunkt erreicht ist, an dem sich Mineralisation und Zufuhr an OS die Waage halten.

Trägt man diesen Zusammenhang graphisch auf, so erhält man den Humuszuwachs des Standortes über die Zeit als asymptotische Kurve, d. h. der Humusgehalt strebt gegen einen Grenzwert.

Mit einer Beschränkung der Betrachtung auf diesen, prinzipiell richtigen, Rechengang werden jedoch drei wesentliche Gesichtspunkte unterschlagen.

Erstens geht aus einer solchen rein quantitativen Betrachtung nicht hervor, welcher Art der Humus im Boden ist. Wenn auch die OS im Boden nicht oder kaum zunimmt, so kann sich doch das Verhältnis der an der OS anteiligen Gruppen verschieben, etwa in Form einer Zunahme von HS und einer Abnahme von Nicht-Huminstoffen.

Zweitens sagt eine Überlegung, daß es eine Obergrenze des Humusgehaltes im Boden gibt, nichts darüber aus, auf welcher Höhe dieses Maximum liegt. Die Humusgehalte auf verschiedenen Böden und bei unterschiedlichen Bewirtschaftungsweisen zeigen ja, daß die Werte stark variieren.

Daraus folgt drittens, daß in Kulturböden die Obergrenze hinsichtlich des Humusgehaltes nicht per se durch den Standort festgelegt, sondern in erheblichem Maße durch die Kulturmaßnahmen des Menschen beeinflußt wird (dieser Zusammenhang wird in Kap. C 2.6.2.1. ausführlich diskutiert).

Wer mit der Düngung, der Bodenbearbeitung etc. fortwährend auf einen Umsatz an organischer Substanz ausgeht, möglicherweise sogar von dem ursprünglich vorhandenen Humus im Boden zehrt, der wird sein Humusgleichgewicht auf einem sehr niedrigen Niveau finden. Viele intensiv wirtschaftenden Ackerbaubetriebe legen es ja inzwischen nahe, die mögliche Obergrenze eines Bodens außer acht zu lassen und stattdessen nach dem Minimalgehalt an OS zu fragen.

Umgekehrt beweist die Praxis des biologischen Landbaus, daß ein hoher Humusgehalt des Bodens erreicht und auch gehalten werden kann. Dies liegt v. a. in einer verstärkten Gründüngung, der Wiedereinführung des Kleegrasbaus und der Kompostdüngung begründet.

Es wird von niemandem bestritten, daß es eine „praxisbezogene" Obergrenze des Gehaltes an organischer Substanz im Boden gibt und ebensowenig, daß es nicht sinnvoll sein kann, den Humusgehalt um jeden Preis zu steigern.

Gerade die biologisch wirtschaftenden Betriebe sind ja darauf angewiesen, das „Guthaben" organische Substanz im Boden zu bestimmten Zeiten und Raten in Ertrag umzumünzen. Es darf darüber nur nicht vergessen werden, daß hohe Gehalte und gute Qualität des Humus erst einen fruchtbaren Boden ausmachen. Über die Beeinflussung so wichtiger Bodenparameter, wie biologische Aktivität, Wasserhaushalt und Sorptionsfähigkeit wirkt der Humus indirekt auf die Ertragsfähigkeit und die Ertragssicherheit eines Bodens ein.

2.6.3. Zusammenfassung

Die gesamte organische Substanz eines Bodens — also sowohl ihr Nährhumus- wie auch ihr Dauerhumusanteil nimmt hinsichtlich eines fruchtbaren Pflanzenbaus eine bedeutende Stellung ein.

Im Verlauf einer Vegetation wird ein Teil der OS mineralisiert. Diesen gilt es immer wieder zu ergänzen, wenn man auf Dauer gesehen keinen Raubbau betreiben will.

Bei der Rückführung der organischen Substanz zum Boden wirken die verschiedenen organischen Dünger durchaus unterschiedlich. Deshalb genügt es nicht, nur die jährlich mineralisierte C (Kohlenstoff)-Menge aus dem Humus des Bodens einerseits und die mit den organischen Düngern zugeführte C-Menge andererseits zu betrachten. So können huminstofffreie Materialien wie Stroh oder Gründüngung unter bestimmten Umständen einem fast vollständigen Abbau unterliegen. Mit solchen organischen Düngern wird der mineralisierte Anteil des bodenbürtigen Humus nicht dauerhaft zurückgeführt.

Bei den Hofdüngern wirkt die Aufbereitungsform des Mistes auf ihr Verhalten im Boden zurück. Wenn auch hinsichtlich der „Humuswirkung" verschieden behandelter Hofdünger noch keine endgültige Klärung erzielt werden konnte, so darf doch als gesichert gelten, daß:

— die im Frischmist enthaltenen Huminstoffvorstufen und niedermolekularen Huminstoffe im Boden teilweise zu Huminsäuren umgewandelt werden;

— bei der Kompostierung mehr und hochwertigere Huminstoffe gebildet werden als bei der Stapelmistbereitung;

— die jungen Huminstoffe aus den nur wenige Monate gerotteten Hofdüngern bei weitem nicht die Stabilität der bodenbürtigen Huminstoffe erreichen.

Eine wesentlich bessere Qualität der HS ist anscheinend mit reifen, mehrjährigen Komposten zu erzielen. Kompostiert man, um ein hochwertiges Humusprodukt zu erhalten, dann sollte man eine zumindest einjährige Rotte anstreben. Während mit zunehmender Reife hochmolekulare HS im Kompost gebildet werden, nehmen die Rotteverluste an OS relativ ab.

Insgesamt gesehen kann man sagen, daß es die heutigen Kenntnisse dem Bauern prinzipiell ermöglichen, einzelne Maßnahmen bezüglich der Umsetzung organischer Substanz im Boden, in Abhängigkeit von seinen jeweiligen Zielen, sorgfältig zu planen.

Um eine „Strukturwirkung" und damit die Anreicherung des Bodens mit „Dauerhumus" zu erreichen, kann er im Extrem mit einer Reifkompostgabe zu mehrjährigem Kleegras die förderlichen Faktoren Bodenruhe, N-Anreicherung und Zufuhr stabiler organischer Stoffe kombinieren.

Auf der anderen Seite lassen sich, falls erwünscht, mit einer intensiven Einarbeitung der jungen Gründüngung im Spätsommer ungeheure Mengen an organischer Substanz und an Nährstoffen umsetzen bzw. mobilisieren.

2.7. Verbesserung der physikalischen und chemischen Eigenschaften von Böden; Verminderung der Bodenerosion

Kompost fördert nicht nur das Bodenleben, sondern verbessert in vielfältiger Hinsicht die physikalischen und chemischen Eigenschaften der Böden.

Kompostdüngung erhöht die Stabilität des Bodengefüges. Die dafür verantwortlichen Faktoren sind im Kap. C 2.6.1.2. im Zusammenhang mit der Humuswirkung des Kompostes und im Kap. C 1.5. hinsichtlich der Aktivierung des Bodenlebens besprochen.

Andere mit dem Kompost erzielbare Wirkungen betreffen die Durchlüftung und den Wasserhaushalt eines Bodens (s. d. Kap. C 2.6.2.5.4. und C 2.6.1.2.) sowie die Verbesserung der Sorptionskapazität (s. d. Kap. 2.6.2.5.4.).

Aufgrund dieser Eigenschaften trägt die Düngung mit Kompost auch zur Verminderung der Bodenerosion durch Wind und Wasser bei. Besonderes Gewicht gewinnt die erosionshemmende Wirkung des Kompostes in Gebieten mit Intensivanbau von Wein und Hackfrüchten in hängigen Lagen.

Jahrzehntelange Monokulturen, äußerst geringe Zufuhr an organischer Substanz zum Boden, offenliegende Bodenoberflächen und krasse Eingriffe des Menschen durch Kulturmaßnahmen, wie Rigolen oder Erdbewegungen durch Raupenfahrzeuge bei der Flurbereinigung, haben im intensiven *Weinbau* Rheinhessens zu einer Degradation der Böden und zum Teil verheerenden Erosionserscheinungen geführt (KRIETER, 1980 a-c).

Verschiedene Autoren geben für die Weinbaugebiete Erosionsfälle an, die bei schweren Landregen von etwa 30 mm Niederschlag um 180 bis 190 t Boden/ha lagen (s. bei KRIETER, 1980 b und HANGEN, 1983).

Untersuchungen von KRIETER (1980 a-c) ergaben im erosionsstarken Jahr 1975 einen Bodenabtrag von 438 t/ha in Niersteiner Weinbergen und 498 t/ha von Rebanlagen in Ludwigshöhe/Rheinhessen. Diese Werte entsprachen Bodenschichten von 3,4 bzw. 3,8 cm! Durch einmalige Zugabe sehr hoher Müllkompostmengen konnte in diesen Untersuchungen die Erosion aufgehalten werden.

Die folgende Tabelle gibt die Boden- und Nährstoffverluste in den Rebanlagen bei verschiedener Behandlung wieder.

Datum des Erosionsfalles	Nieder-schlags-menge in mm	Zeit in min.	Bodenabtrag in Tonnen			
			Nierstein		Ludwigshöhe	
			O-Parz.	H-Parz.	O-Parz.	H-Parz.
21. 6.	9,2		0,3	—	0,6	—
5. 7.	28,0	30	14,0	—	12,5	—
10. 8.	13,0		0,6	—	1,2	—
12. 8.	13,5		—	—	0,4	—
17. 8. (morgens)	28,0		—	—	0,3	—
17. 8. (abends)			—	—	0,9	—
31. 8.	25,0	30	7,0	—	9,0	—
Gesamt-Bodenabtrag 1975 (in Tonnen) Parzelle: 500 m²			21,9	—	24,9	—

Tab. 41:
Niederschlagsbedingter Bodenabtrag in Weinberg-Versuchsparzellen im Jahre 1975 (KRIETER, 1980 b — O = ohne organische Düngung, H = mit Kompost)

Die günstige Wirkung des Kompostes tritt in diesen Untersuchungen schon durch einen drastisch reduzierten oberflächlichen Abfluß des Regens hervor.

Der mit Müllklärschlammkompost (Mkk) gedüngte Boden war aufgrund des höheren Anteils an Grobporen und dem verminderten Feinporenanteil weit besser dazu in der Lage, hohe Niederschlagsmengen aufzunehmen bzw. in den Unterboden abzuleiten als der Boden ohne organische Düngung.

Neben dieser neueren Untersuchung mit sehr aktuellem Bezug weisen auch zahlreiche ältere Arbeiten übereinstimmend auf die Verbesserung der physikalischen Bodeneigenschaften durch Mkk hin. Eine Übersicht bieten SCHAMSABADI (1980) und HANGEN (1983). Besonders hervor tritt dabei die Erhöhung des Porenvolumens und eine Verschiebung innerhalb der Porengrößen, die Verbesserung des Wasserspeichervermögens und der Austauschkapazität der Böden. Verschiedene Autoren betonen die erosionshemmende Wirkung von Mkk (vgl. KOCH/SEEBERGER, 1984).

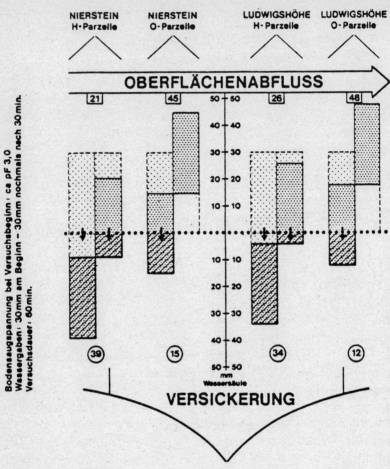

Abb. 47:
Wasseraufnahmekapazität und Oberflächenabfluß von Wasser bei
Weinberg-Versuchsparzellen unterschiedlicher Humusversorgung
(KRIETER, 1980 c — H = mit Kompost,
O = ohne organische Düngung)

2.8. Kompost: Für die Gesundheit von Boden und Pflanze

2.8.1. Abbau von Bioziden und Futterzusätzen bei der Kompostierung

Die Möglichkeit, daß über Stroh bzw. Futtermittel und damit über den Mist Rückstände von Bioziden sowie von Futterzusätzen wieder auf die landwirtschaftliche Nutzfläche gelangen können, wirft die Frage auf, wie solche Rückstände auf den Rotteverlauf einwirken und insbesondere, ob sie während der Kompostierung abgebaut werden.

Biozidrückstände bergen im übrigen nicht nur Gefahren für den Menschen, der sie mit den Lebensmitteln aufnimmt. Bereits direkt im Boden entfalten manche Biozide schädliche Wirkungen. So hemmt nach Angaben von OTT (1980) Benomyl die Infektion der Pflanzenwurzel mit *Mykorrhiza,* was zu einer schlechteren Mobilisierung von Nährstoffen durch die Pflanze führen kann.

Indirekte Hinweise auf die Umsetzung von Bioziden im Kompost liegen vor. So geben MUEHLMANN und SCHRADER (1957 z. n. HERMANN, 1982) an, daß die Stabilität von Organophosphorsäuren, die als Grundlage etlicher Insektizide dienen, mit steigendem pH-Wert und zunehmender Temperatur abnimmt. LICHTENSTEIN und SCHULZ (z. n. HERMANN, 1982) machen 1964 auch mikrobielle Aktivitäten für den Abbau solcher Stoffe verantwortlich.

Wenn zum Abbau der Biozide im Kompost bisher auch nur orientierende Versuche durchgeführt wurden, so weisen diese doch darauf hin, daß dem Kompost allgemein, und speziell noch bestimmten Mikroorganismenarten, eine bedeutende Rolle bei der Beseitigung jener Geister zukommen könnte, die die Chemie rief und die die Landwirtschaft nun nicht mehr los wird.

In ersten Untersuchungen zum Abbau von Bioziden bei der Kompostierung am FIBL erschienen halogenierte Kohlenwasserstoffe als recht widerstandsfähig. Darauf weist auch eine jüngere Forschungsarbeit von HERMANN (1982) hin, wobei hier mit Lindan gearbeitet wurde. Demgegenüber scheinen Organophosphorsäureprodukte, wie Metasystox R und Parathion (E 605 forte), während der Rotte einem starken Abbau zu unterliegen (HERMANN, 1982).

Im Gegensatz zu den genannten Ergebnissen konnte ARNDT (1981) keinen Abbau von Parathion bzw. Metaparathion feststellen, wenn diese

Wirkstoff	Abbaurate (/)	Quelle
Bromophenoxim	52	FIBL 1977/79
2,4-D	0	VOGTMANN (1981)
Benomyl	61	
CCC	0	
CC	73	
Zn-Bacitracin	86	
Lindan I	99,4	FRAGSTEIN und
Lindan II	99,3	HERMANN (1983)
Diazinon I	99,3	
Diazinon II	98,8	
Propineb I	86,3	
Propineb II	82,6	
Tylosin I	100,0	
Tylosin II	100,0	

I = 1. Konzentrationsstufe; II = 2. Konzentrationsstufe

Tab. 42:
Abbau von Bioziden und Futterzusätzen bei der Kompostierung von Mist innerhalb von zwei Monaten

Mittel bei der Kompostierung von Müll zugegeben wurden. Diese Ergebnisse beziehen sich jedoch nur auf die allererste Rottephase von sieben Tagen.

In weiteren Untersuchungen am Fachgebiet für alternative Landbaumethoden der Gh Kassel in Witzenhausen unterlagen alle zugesetzten Agrochemikalien im Hühnermistkompost, einschließlich Lindan, einem starken Abbau (s. Tab. 42). Gründe für diese widersprüchlichen Ergebnisse sind bisher nicht bekannt.

Der Einsatz von Antibiotika und anderen Futterzusätzen in der Tierhaltung, insbesondere bei der Geflügelhaltung sowie den intensiven Mastverfahren von Schwein und Rind, gehört inzwischen zum Management „moderner" landwirtschaftlicher Betriebsformen. Dabei wurde von Anfang an die Unbedenklichkeit dieser Zusätze veranschlagt, was die Verseuchung tierischer Produkte, die als Lebensmittel dienen, anbelangt:

„Futterzusätze dürfen die Qualität der Nahrungsmittel nicht beeinträchtigen; Antibiotika sollen während der Körperpassage nicht resorbiert werden" (z. n. TIETJEN, 1974).

Inzwischen wurde jedoch deutlich, daß durch den Übergang von Futter-zusätzen in Milch, Eier etc. erhebliche Probleme auftreten können (s. d. MARQUARDT, 1981).

Läßt man diesen Aspekt einmal außer acht, so müßte man dennoch Bedenken äußern, da von den Tieren um so größere Mengen an Futter-additiven wieder ausgeschieden werden, als im Körper weniger resor-biert bzw. umgewandelt wurden. Dieser Anteil taucht dann in den Hof-düngern auf, gelangt aufs Feld und ...? Das Fragezeichen an dieser Stelle scheint berechtigt, obwohl einige Autoren davon ausgehen, daß „keine bedenklichen Wirkungen zu erwarten sind" (s. bei PLATZ, 1975). Die Notwendigkeit, in diesem Bereich fundierte Untersuchungen durchzuführen, betont hingegen MALETTO (1981).

Gegen die prinzipielle Unbedenklichkeit stehen auch Versuche von TIETJEN (1974), die zeigen, daß Futterzusätze sehr wohl einen Einfluß auf das Pflanzenwachstum ausüben, auch wenn dieser sehr unterschied-licher Natur sein kann. So führte die Düngung mit *Trockenkot von Hühnern* bei gleichzeitiger Bodenapplikation von Antibiotika zu Ertragsdepressionen. Gleiches galt für einen Hühnermist-Torfkompost.

Ohne Antibiotikum		Hühnerkot-torfkompost 200 g = 2,5 g N	Hühnerkot trocken 125 g = 2,5 g N	Ohne organische Düngung
		Korn TS g		
		88,9	82,7	63,9
Zusatz:				
Aureomycin	5 mg	74,9	71,0	64,2
	25 mg	77,8	72,3	62,9
Bacitracin	5 mg	70,6	69,1	63,7
	25 mg	74,1	73,7	64,5
Streptomycin	5 mg	72,2	70,0	63,3
	25 mg	73,0	66,5	60,9
∅ Antibiotika		73,8	70,4	63,8

Tab. 43:
Einfluß von Antibiotika auf den Ertrag von Hafer im Gefäßversuch,
N-Grunddüngung = 1,0 g N/Gefäß als Ammoniumnitrat
(TIETJEN, 1974) (Auszug)

Unterschiedliche Wirkungen zeigten sich, je nach zugesetztem Antibiotikum im Futter, bei der Düngung mit Schweinegülle. Manche Antibiotika wirkten ertragssteigernd, andere drückten den Pflanzenertrag.
Nach ALISON, BRANDL bzw. LEH (z. n. TIETJEN, 1974) wirken die meisten Antibiotika phytotoxisch. Weiterhin wäre zu fragen, inwieweit die Pflanzen Antibiotikarückstände aus dem Hofdünger aufnehmen.
In Untersuchungen des FIBL konnten bei der Kompostierung rund 86 % des zugesetzten Antibiotikums Zn-Bacitracin abgebaut werden (VOGTMANN, 1981). Ob sich dieses Ergebnis auf andere Antibiotika übertragen läßt, ist nicht bekannt.

2.8.2. Abtötung von Unkrautsamen, tierischen und pflanzlichen Schadorganismen während der Rotte

Verkompostierte Samen verlieren vollständig ihre Keimkraft während der Rotte bzw. werden wie die jungen Keimpflänzchen unter Hitzeinwirkung zerstört (GLASSER, 1953; SIEBERT, 1983).
Die Überlebensfähigkeit von Krankheitserregern ist bei sorgfältiger Kompostierung unter dem Einfluß der hohen Temperaturen gering, wie bereits die von MÜLLER erstellte Tabelle über die Widerstandsfähigkeit von tierpathogenen Bakterien, Viren und Parasiten gegenüber Hitze zeigt (z. n. STRAUCH et al., 1977, S. 39).
Bei entsprechend gelenkter Rotte weist die Kompostierung eine thermophile Phase mit Temperaturen zwischen 60 und 70°C auf.
Bei der Eliminierung von Schadorganismen spielen überdies die Salzkonzentrationen, die Bildung von sogenannten Inhibitoren (Hemmstoffe, toxische Verbindungen für die Erreger) sowie der Einfluß der „Konkurrenten" oder „Antagonisten" unter den Lebewesen eine ganz wesentliche Rolle (s. d. noch später sowie Kap. C 2.8.5.).
Trotz dieser Effekte muß man bei der Hygienisierung von Materialien, die als organische Düngemittel eingesetzt werden sollen, darauf achten, daß alle Zonen der Kompostmiete die thermophile Phase durchlaufen. Da die Außenzonen der Miete normalerweise kühler bleiben als der Mietenkern, muß also umgesetzt oder noch besser, eine dicke Schicht Abdeckmaterial auf die Miete aufgetragen werden.

Besondere Bedeutung gewinnt der hygienische Aspekt bei der Kompostierung von Müll-klärschlammkomposten und bei der Entseuchung von Misten aus infizierten Tierbestän-den über die Kompostierung. Bei der staatlichen Bekämpfung der meisten anzeigepflichti-gen Seuchen werden Hofdünger, Streumaterialien und Futterreste, die mit dem Erreger infiziert sind, entweder verbrannt, vergraben oder kompostiert (LÜTTICKEN z. n. STRAUCH et al., 1977). Zu diesem Zweck muß eine „vorschriftsmäßige Dünger-packung" vorgenommen werden, wobei der verseuchte Dünger mit nicht verseuchtem Mist und Erde abgedeckt wird.

Als Schadorganismen an Pflanzen treten oft *Pilze* auf. Infizierte Pflan-zenteile werden meist verbrannt, da man eine Weiterverbreitung der Pilze befürchtet. Nach SPOHN (S. 99) können solche Pflanzenteile jedoch bei der Kompostierung verwendet werden, da im Verlauf der Rotte Schadpilze vernichtet werden.

GLASSER (1953) zeigte bereits in den fünfziger Jahren, daß pflanzen-schädliche Mikroorganismen bei sachgerechter Kompostierung keine Überlebenschance haben.

Es sollte jedoch kein verseuchtes Material verwendet werden, wenn, wie bei der Kompostierung im Hausgarten oft der Fall, keine optimalen Rottebedingungen gewährleistet werden können, z. B. weil die Mieten zu klein sind und folglich nicht auf hohe Temperaturen kommen.

In Untersuchungen von HOITINK et al. (1976) wurden Phytophtora cinnamomi, Rhizoctonia solani, Botritis cinera u. a. während der Kom-postierung von Hartholzrinden vollständig abgetötet, während in der nichtkompostierten Kontrollvariante noch Phytophtora und Rhizocto-nia nachgewiesen werden konnten.

Ihre Ergebnisse führen die Autoren auf einen reinen Temperatureffekt zurück, geben jedoch an, daß die Schadpilze während der Komposti-rung auch durch andere Faktoren unterdrückt werden können, wie aus der Literatur zu ähnlichen Untersuchungen hervorgehe. V. a. nennen sie dabei die Bildung von Stoffen, die einen toxischen Charakter für die Pilze besitzen. Außerdem heben sie den Einfluß von Antagonisten (Gegenspielern der Schädlinge) hervor, die auch parasitische Nemato-den dezimieren sollen (MALEK und GARTNER z. n. HOITINK et al., 1976).

2.8.3. Wirkstoffe im Kompost

Hinsichtlich der „Wirkstoffe" im Kompost gibt es eine ganze Menge vielversprechender Hinweise, aber noch weit mehr offene Fragen.

Wirkstoffe ganz allgemein gelangen als Inhaltsstoffe abgestorbener Pflanzen in den Kompost, sie werden im Verlauf der Rotte und zum Teil aus dem Umbau von Hemmstoffen gebildet.

KLOKE (z. n. SCHEFFER, 1979) konnte nachweisen, daß Zwischenprodukte der Humusbildung als Wachstumsfaktoren („Wuchsstoffe") direkt oder nach ihrer Umwandlung in den Pflanzenstoffwechsel eingreifen (s. d. Kap. C 2.6.1.2.). ACHERMANN (1977) vertritt die Ansicht, daß solche Stoffe v. a. in der Jugendentwicklung der Pflanze von Bedeutung sind, wenn deren Assimilationsapparat noch wenig leistungsfähig ist.

Nach FISCHNICH (1955) zählen zu den Wuchsstoffen im engeren Sinne die Zellstreckungswuchsstoffe (Auxine) sowie die Zellteilungswuchsstoffe (Meristine). Auxine werden mit zunehmender Rotte im Stalldung abgebaut (HAMENCE). Bestimmte Huminstoffe besitzen jedoch eine der Indol-3-Essigsäure, dem bekanntesten Auxin, ähnliche Wirkung (s. d. Kap. C 2.6.1.2.). Hefewuchsstoffe, die zu den Meristinen zählen, werden nach Angaben von BOAS im Hofdünger gebildet (alle z. n. SAUERLANDT und TIETJEN, 1970).

Andere Wirkstoffe wurden in Form von Vitamin B_2 (Riboflavin), Vitamin B_5 (Panthotensäure) und Nicotinsäureamid durch STARKEY (z. n. SAUERLANDT und TIETJEN, 1970, S. 189 ff.) während der ersten Wochen aerober und anaerober Zersetzung von organischem Material nachgewiesen. Später unterlagen sie dem Abbau. Vitamin B_{12} fand GERRETSEN (1962) in Müllkomposten.

PFEIFFER wies 1965 Cyanocobalamin in Komposten nach (s. d. Kap. C 2.3.4.4. — alle z. n. SAUERLANDT und TIETJEN, 1970, S. 189 ff.).

Beim Einsatz von *Traubentresterkomposten* machte man gute Erfahrungen hinsichtlich der Stimulierung des Wachstums der Pflanzen und einer vorbeugenden Wirkung gegen pilzliche Schädlinge (GRAEFE, 1982 a).

Diese positiven Wirkungen werden auf phenolische Verbindungen im Kompost zurückgeführt (WURST, 1982; ORTHOFER, 1982). Daß die Resistenz der Pflanze gegenüber Schadorganismen durch Phenole in der Pflanze selbst bedingt sein kann bzw. daß die Synthese phenolischer Produkte in der Pflanze nach einer Infektion mit Pilzen gesteigert wird ist bekannt (WURST, 1982).

Umgekehrt weiß man aber auch, daß bestimmte *phenolische Verbindungen* als keim- und wuchshemmende Substanzen wirken.

Von der *Baumrinde* her sind die Gerbstoffe und ihr Hemmstoffcharakter ein Begriff. Bei der Kompostierung der Baumrinde werden diese Stoffe abgebaut. Dies geschieht gleichermaßen mit dem Weingerbstoff, dem Tannin, der zù den *Proanthocyanidinen* zählt. Neben dem Tannin enthält die Weinbeere noch weitere Polyphenole, wobei den Anthocyanidinen (roter Weinfarbstoff), die zur Klasse der *Flavonoide* zählen, eine besondere Bedeutung zukommt.

Die prinzipiell möglichen Umbauwege der Flavonoide bei der Kompostierung von Trester sind in der Abbildung 48 dargestellt. Es können sich relativ stabile aromatische Verbindungen geringerer Größe bilden. Unter diesen aromatischen Umbauverbindungen finden sich nun solche, die einen günstigen Einfluß auf das Pflanzenwachstum ausüben (ORTHOFER, 1982). Bei der Kompostierung des Traubentresters stieß man zunächst auf die *Protochatechusäure* (3,4-Dihydroxi-Benzoesäure, s. Abb. 49), die selbst in starker Verdünnung das oberirdische Wachstum der Pflanze wie auch die Wurzelbildung stimuliert. Über die Aus-

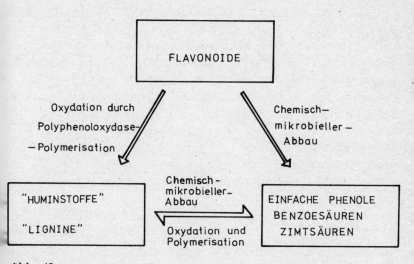

Abb. 48:
Abbau von flavonoiden Polyphenolen bei der Humifizierung
(ORTHOFER, 1982)

wirkungen dieser Verbindung auf die Resistenzbildung herrscht noch keine Klarheit. Weitere einfacher gebaute Phenole, die man im Trester-kompost gefunden hat, werden zur Zeit hinsichtlich ihrer Wuchsstoff-wirkung untersucht (ORTHOFER, 1982).

Antibiotika werden im Kompost durch verschiedene *Pilze* gebildet. Nach RHODE (1956, S. 51) sind bei der Antibiotikabildung besonders Penicillien und Aspergillusarten aktiv. HENN (1980) vermutet, daß Kompost v. a. über die Förderung der Streptomyceten Anlieferung und Aufnahme von Antibiotika durch die Pflanze bewirkt. Die Fähigkeit von Pflanzen, Antibiotika aufzunehmen, wurde von WINTER und WILLEKE (1951) nachgewiesen.

Die durch organische Düngung induzierte Bildung von Antibiotika kann nach SCHARPF (1971) zu einer Immunisierung der Pflanze gegen bestimmte Erreger führen.

FLAIG (1976) sowie BUNDY und BREMNER (1973) (z. n. VOGT-MANN, 1979, S. 10) weisen auch darauf hin, daß mit phenolischen Abbauprodukten des *Lignins* und mit den *Benzochinonen,* die Bestand-teile der Huminstoffe im Kompost sind, nitrifikationshemmende Stoffe bei der Umsetzung OS entstehen.

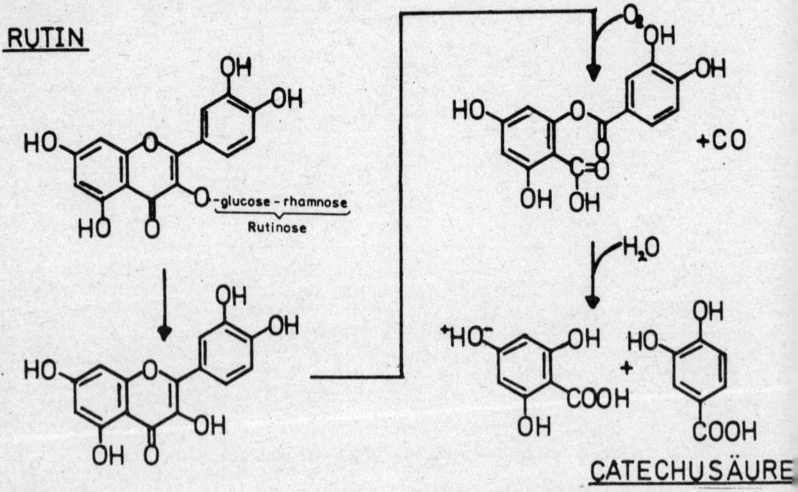

Abb. 49:

Abbau von Flavonoiden durch Mikroorganismen, dargestellt am Beispiel des Flavonols Rutin (ORTHOFER, 1982)

2.8.4. Lebewesen im Kompost und ihre nützlichen Eigenschaften

Über die Mikroorganismen im Kompost, die als Erstbesiedler die Umsetzungen über weite Zeiträume der Rotte bestimmen, ist bereits im Kap. C 2.4.2. berichtet. Nach RHODE (1956) ist die Mikrobendichte im Kompost gegenüber dem Stapelmist stark erhöht (s. Tab. 44).

Mit zunehmender Abkühlung gewinnen Klein- und Kleinsttierchen bei der Kompostierung an Bedeutung.

SAUERLANDT (1956) gibt an, daß die frühestmögliche Besiedelung der Mieten mit Milben bereits nach drei Wochen eintritt und die ersten *Collembolen* nach vier bis sechs Wochen erscheinen können. Gleichzeitig sind Käferlarven zu beobachten, die Käfer selbst folgen etwa vierzehn Tage später.

Kurz darauf treten meist die ersten *Würmer* und *Enchytraeiden* auf. Die Besiedelung kann sich aber erheblich verzögern, v. a. wenn der Kompost auf einem wenig belebten Untergrund aufgesetzt wurde. Dann wandern die letztgenannten Spezies nach drei bis fünf Monaten in die Miete ein.

Insekten besiedeln den Kompost nach Anflug.

Hofdünger	Gesamt-keime	Hefen	Schimmel-pilze *)	Strahlen-pilze **)	Bakterien
Frischmist	59,8 x 10^9	2,50 x 10^9	3,10 x 10^6	—	57,3 x 10^9
Mistkompost (2 Wo.)	39,2 x 10^9	0,20 x 10^9	18,00 x 10^6	1,0 x 10^6	39,0 x 10^9
Mistkompost (6 Wo.)	31,0 x 10^9	0,05 x 10^9	25,00 x 10^6	2,5 x 10^6	31,0 x 10^9
Mistkompost (3 Mon.)	25,0 x 10^9	0,04 x 10^9	0,25 x 10^6	n.b.	25,0 x 10^9
Mistkompost***) (2 J.)	0,4 x 10^9	—	3,00 x 10^6	30,0 x 10^6	0,4 x 10^9
Stapelmist (3 Mon.)	0,035 x 10^9	—	—	1,0 x 10^6	0,034 x 10^9

*) = nach RHODE entsprechen 1000 Schimmelpilze in Größe und Aktivität 1 Mio. Bakterien
**) = nach Angaben von RHODE in 2jährigem Kompost zu 20 % „Humusbildner"
***) = reiner Rindermistkompost; andere Komposte sind Mischungen verschiedener Miste
n.b. = nicht bestimmt

Tab. 44:
Gehalt an Mikroorganismen in 1 g Hofdünger (Frischmasse)
(MÜLLER, z. n. RHODE, 1956, S. 133)
Alter der Hofdünger in Wochen (Wo.), Monaten (Mon.) und Jahren (J.)

1.3 Einige Beispiele von Kleintieren im Kompost

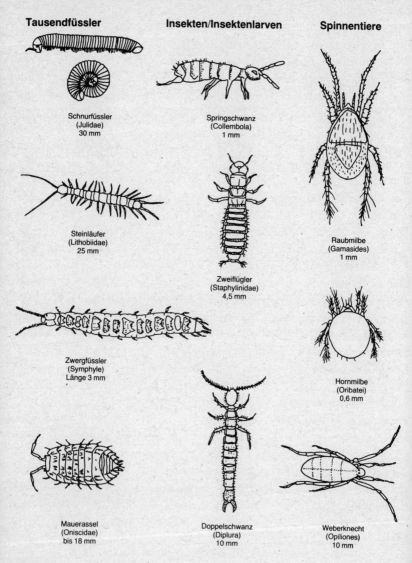

Tausendfüssler

Schnurfüssler
(Julidae)
30 mm

Steinläufer
(Lithobiidae)
25 mm

Zwergfüssler
(Symphyle)
Länge 3 mm

Mauerassel
(Oniscidae)
bis 18 mm

Insekten/Insektenlarven

Springschwanz
(Collembola)
1 mm

Zweiflügler
(Staphylinidae)
4,5 mm

Doppelschwanz
(Diplura)
10 mm

Spinnentiere

Raubmilbe
(Gamasides)
1 mm

Hornmilbe
(Oribatei)
0,6 mm

Weberknecht
(Opiliones)
10 mm

Abb. 50:
Beispiele für Kleintiere im Kompost (nach PFIRTER,
HIRSCHHEYDT, OTT und VOGTMANN, 1982, S. 13)

Die Würmer tragen im Kompost zur Vermischung des mineralischen und organischen Anteils bei. Durch ihre Aktivität erhöhen sie die Verfügbarkeit der Nährstoffe (s. d. Kap. C 2.3.3.2.).

Der rote Mistwurm (Eisenia foetida) fühlt sich im Kompost besonders wohl. Im Boden findet man ihn kaum, wohl lebt er aber unter dicken Schichten organischen Materials. Er besiedelt den Kompost relativ früh und ist als Organismus der Abkühlungsphase zu bezeichnen, während der große Regenwurm im Kompost erst in der späteren Reifephase auftritt.

Aber auch das Vorkommen des roten Mistwurms variiert sehr stark. In manchen Komposten findet man ihn kaum, während es in anderen Komposten geradezu von ihm wimmelt. So schreibt HENNIG (1982), daß in Mistkomposten schon 6 bis 8 % lebende Wurmmasse gefunden wurde, d. h. pro m³ Kompost rund 46 bis 64 kg.

Durch alle die Pilz- und Pflanzenfresser im Kompost angelockt, erscheinen auch bald die räuberisch lebenden Bodentierchen. Bringt man den Kompost aus, dann gelangen die Räuber mit auf das Land und leisten hier einen enormen Beitrag zur biologischen Schädlingsbekämpfung. *Raubmilben* etwa dezimieren die rote Spinne (Spinnmilbe) und *Laufkäfer* fressen Schädlinge, deren Larven und Eier, wie z. B. die Eier der Kohlfliege (VOGTMANN, 1981).

Eine kleine Übersicht zu den Milliarden von Nützlingen, die mit dem Kompost ausgebracht werden, bietet Abbildung 50.

Untersuchungen zur Besiedelung des Kompostes mit *Springschwänzen* wurden in den sechsziger Jahren am Goetheanum in Dornach durchgeführt.

Die Betrachtung galt hier weniger der Besiedelungsdichte oder der genauen Zusammensetzung der Artenwelt im Kompost. Vielmehr diente die morphologische Unterscheidung sowie die Beobachtung des zeitlichen und räumlichen Verhaltens verschiedener Springschwanzarten (Collembolen) dazu, Kenntnisse über die Besiedelungs**dynamik** eines Kompostbewohners zu erhalten.

Quasi als Abbildung der jeweiligen Umweltverhältnisse in der Miete sollte diese Dynamik, ebenso wie die parallel erstellten chemischen Analysen und die Untersuchungen zur äußeren Beschaffenheit des Kompostes, Aufschluß über den Rotteverlauf geben:

„. . . hier dagegen soll versucht werden, die Gestalt und die Lebensweise der Tiere selbst als Aussagemittel für die Verhältnisse im Kompost zu verwenden" (BOCKEMÜHL, 1981).

Die Erstbesiedelung mit Collembolen erfolgt meist in der dritten, allgemein als Abkühlung bezeichneten Phase durch mittlere Formen, die sowohl zu den insektenartigen licht- und luftliebenden wie zu den wurmartigen licht- und luftmeidenden Formen zählen. Hierin spiegelt sich nach Ansicht der Verfasser der Wechsel zwischen durchlüfteten und dichteren Stellen wieder. Die wenig differenzierten in schneller Folge wechselnden Arten mit hoher Individuenzahl kennzeichnen eine Übergangsphase von starkem Zerfall bzw. Umbau zur Stabilisierung des Kompostes.

Zur Reifephase hin treten in den oberen Bereichen des Kompostes immer mehr die Oberflächenformen der Collembolen in Erscheinung, während mit weiter fortschreitender Reife und dem Übergang des Kompostes zum „Stadium humosen Bodens" in den tieferen Schichten der Miete vermehrt die typischen, unterirdisch lebenden, wurmartigen Bodenformen zu finden sind.

Aus den rasch wechselnden Zuständen bei Zerfall und Umbildung der Stoffe bildet sich so eine neue Gliederung: der relativ stabile Lebenszusammenhang im reifen Kompost.

2.8.5. Unterdrückung von Schadorganismen durch Kompostdüngung im Pflanzenbau

Eine gute Versorgung des Bodens mit organischer Substanz und speziell mit Kompost übt in vielfältiger Weise eine Pflanzenschutzwirkung aus.

Humus mindert die Anfälligkeit der Pflanze gegen Krankheit schon deshalb, weil Bodenzustand und Ernährungslage der Pflanze verbessert werden.

Organische Düngung hemmt pflanzenpathogene Mikroben, indem sie deren Konkurrenten bzw. Parasiten fördert.

Auch die Toxine der Schaderreger werden zum Teil durch organische Substanz inaktiviert, was eine Pflanzeninfektion verhindern kann (SCHARPF, 1971). Hohe Gehalte an organischer Substanz im Boden verhindern überdies den Übergang von Saprophyten (von toter organischer Substanz lebende Organismen) zur parasitischen Ernährung an der Pflanze (WHITEHEAD z. n. SCHEFFER, 1979).

COOK (1978) stellte fest, daß Avocados auf gut mit organischer Substanz versorgten Böden weniger anfällig gegen Phytophtora waren als Avocados, die auf Böden mit geringen Gehalten an organischer Substanz wuchsen. In diesen gut versorgten Böden lag der Gehalt an Äthylen, einem Pflanzenhormon, wesentlich höher als auf den Böden mit geringen Gehalten an organischer Substanz. COOK sah hierin einen maßgeblichen Grund für die Unterdrückung von Phytophtora, da Äthylen die Bildung von Sporen bei diesem Schadpilz beeinträchtigte.

REINMUTH und DOWE (1966) wiesen auf die Rolle von Raubpilzen im Boden bei der Nematodenbekämpfung hin. Diese Pilze werden durch organische Düngung stark gefördert. Eine Bodenimpfung mit einem solchen Pilz (Arthrobotrys conoides) in Verbindung mit einer organischen Düngung dezimierte den geprüften Nematoden (Pratylenchus penetrans) entscheidend (von 100 % bei der unbehandelten Kontrolle auf 2 bis 6 %).

Extrakte von Kompost und von Stallmist wirkten auf die Ausbildung von klebrigen Mycelfortsätzen und Fangschlingen bei den Raubpilzen ebenso steinmulierend wie wässrige Lösungen, die zuvor mit Nematoden besiedelt worden waren.

Ein weiteres Beispiel für den vorbeugenden Einsatz von Kompost gibt SCHARFFENBERG (1968), der mit einer Kompostdüngung Kartoffelkäferbefall verhindern konnte.

Pflanzenerden, die unter Verwendung von *Rindenkomposten* hergestellt werden, besitzen die Fähigkeit, Schadpilze zu unterdrücken. Dies wiesen HOITINK et al. (1977) an Lupinenkulturen nach, die in Torf-Sandkulturen erheblichen Befall mit Phytophtora cinnamomi aufwiesen, in Rindenkompost-Sandkultursubstraten jedoch nur einen sehr geringen. Neben Inhibitoren, die das Vermehrungsgeschehen der Pilze beeinträchtigten und v. a. in Substraten eine Rolle spielten, die zum ersten Mal benutzt worden waren, traten auch hier wieder antagonistische Mikroorganismen auf, die besonders in schon mehrjährig benutzten Kultursubstraten eine Schädigung der Pilze hervorriefen. Von manchen Schadpilzen wurden nach HOITINK (1980) über 600 antagonistische Pilze, Bakterien und Actinomyceten im Rindenkompost entdeckt.

Weitere Untersuchungen von HOITINK (1980) weisen darauf hin, daß bei unterschiedlichen Rindenkomposten eine gewisse Spezifität hinsichtlich der Unterdrückung schädlicher Pilze vorhanden ist, d. h. daß mit Komposten aus bestimmten Rinden ganz bestimmte Schadorganismen kontrollierbar sind, andere jedoch nicht.

Um eine fungizide Wirkung mit Rindenkompost zu erzielen, muß unbedingt darauf geachtet werden, daß der Holzanteil bei den Rinden nicht zu hoch liegt und daß keine unreifen Komposte in luftdichten Säcken transportiert werden, in denen sie in Fäulnis übergehen. Mit solchen Produkten werden die Pilze nämlich eher gefördert als unterdrückt.

SEKIGUCHI (z. n. HOITINK et al., 1980) zeigte bei der Kultur von Yam-Wurzeln, daß der Befall mit Fusarium durch Zufuhr von Kiefernrindenkompost in Mengen von etwa 30 t/ha unter Kontrolle gebracht werden konnte. Er erzielte damit eine ebensogute Wirkung wie mit Methylbromid-Applikationen und eine bessere Wirkung wie mit der Spritzung von Benomyl.

GRAEFE (1980 a) führt an, daß der Einsatz von *Traubentresterkomposten* bei der Neuanpflanzung von Weinstöcken die sonst übliche sieben- bis achtmalige Fungizidspritzung überflüssig machte.

2.9. Nutzung der Kompostierungswärme

2.9.1. Überblick

Wie die Temperaturwerte in der Abbildung 23 (Kap. C 2.4.2.) bereits zeigen, fällt im Kompostturm über eine lange Zeitspanne gleichmäßig Energie in Form von Wärme an.

Dies ist natürlich auch bei Kompostmieten der Fall, wobei hier wegen der fehlenden Zwangsbelüftung die Temperatur stärkeren Schwankungen unterworfen ist. In jüngster Zeit versucht man nun, die bei der aeroben Umsetzung organischer Stoffe anfallende Wärme zu Heizzwecken zu nutzen.

Versuche mit Buschwerk-Komposten in Südfrankreich ergaben, daß eine 50-t-Miete Wärmeenergie produzierte, die ausreichte, 4 l Wasser pro Minute von 10 auf 60 °C über 6 Monate hinweg zu erhitzen. Zum Wärmeaustausch legte man einfache Plastikleitungen schlangenförmig senkrecht oder waagrecht in die Miete, bzw. es wurden Leitungen um eine zylindrisch aufgebaute Miete herumgelegt. Jean PAIN gibt an, in einer 120-t-Miete aus Buschwerk-Kompost über 18 Monate lang 58 °C gemessen zu haben.

Intensiv wird seit einiger Zeit in Österreich zur Wärmerückgewinnung bei der Kompostierung von *Traubentrestern* geforscht (GRAEFE, 1979). Bei den bisherigen Anlagen wurde entweder ein Heizkessel mit Tresterschrot ummantelt oder Wärmeaustauschrohre in den Trester eingelegt.

Bei dem zuletzt genannten System muß darauf geachtet werden, daß die Rohre nicht die verschiedenen Kompostzonen queren bzw. querende Rohre isoliert werden. Ansonsten kann es zu einem Wärmeausgleich zwischen den verschiedenen Zonen kommen, wodurch die mikrobiellen Umsetzungsprozesse empfindlich gestört würden.

Nach GRAEFE (1982 b) gelang es bei den bisherigen Anlagen, etwa 25 % der Rottewärme zu nutzen. Damit konnte einer Tonne Traubentrester rund 100 000 kcal entsprechend 116 kwh Wärmeenergie entzogen werden (1 l Heizöl $\approx$ 8 600 kcal). Verbesserte Systeme wurden bereits getestet. Bei der Erzeugung von Warmwasser konnte man bisher Temperaturen bis zu 68 °C erzielen. Kleinere Anlagen, bei denen verschieden große Warmwasserkessel mit einem m³ Traubentrester ummantelt wurden, lieferten etwa vier Wochen lang Warmwasser über 40 °C.

Vor kurzem wurde auch ein Forschungsbericht des Landtechnischen Vereins Weihenstephan über die Wärmegewinnung aus Festmist fertiggestellt (SCHULZ, 1982). Die hierin aufgeführten Ergebnisse geben ebenfalls zu einiger Hoffnung auf eine weitere sinnvolle Nutzung der Kompostierung Anlaß.

Der Wärmeanfall hängt von der Tierart ab, die den Mist für die Kompostierung liefert (s. Tab. 45). Die Werte in Tabelle 45 geben einen Überblick zum möglichen Nutzeffekt, besitzen aber nur theoretischen Charakter, da zur Zeit maximal 50 % der anfallenden Wärmemenge genutzt werden kann (SCHULZ, 1982).

Der totalen Wärmeausnutzung dürfte jedoch auch eine natürliche Grenze gesetzt sein, da bei zu starkem Entzug die Temperaturen nicht mehr auf die Normalwerte steigen. In dieser Hinsicht erhebt sich die Frage, ob die Umsetzungen in der Miete dann noch befriedigend verlaufen. Andererseits könnte der Wärmeentzug v. a. aus Gemischen mit hohem Anteil an leicht umsetzbaren organischen Stoffen noch zusätz-

Rindermist	$2016 - 3528$ x 10^3 kJ/m³; $\varnothing$ 2772 x 10^3 kJ/m³ = 100 %
Pferdemist	$3024 - 5040$ x 10^3 kJ/m³; $\varnothing$ 4032 x 10^3 kJ/m³ = 145 %
Schweinemist	$3234 - 4815$ x 10^3 kJ/m³; $\varnothing$ 4024 x 10^3 kJ/m³ = 145 %

$$\begin{align}
1 \text{ kcal} &= 4,2 \text{ kJ} \\
860 \text{ kcal/h} &= 1 \quad \text{kW} \\
1000 \text{ x } 10^3 \text{ kJ} &= 28 \quad \text{l Heizöl}
\end{align}$$

Tab. 45:
Anfallende Wärmemengen bei der Kompostierung von 1 m³ Festmist mit einem Schüttgewicht von 0,6 bis 0,7 dt/m³ (SCHULZ, 1982)

liche Vorteile bringen. Hier schlägt man praktisch zwei Fliegen mit einer Klappe: zum einen kann viel Energie als Wärme entzogen werden, und zum anderen erlaubt es der Wärmeentzug, die Temperatur in der Miete um 55 °C zu halten, was hinsichtlich einer Verminderung der Stickstoffverluste von Vorteil wäre (s. d. Kap. C 2.5.2.2.).

Die existierenden Verfahren der Wärmenutzung aus Festmist arbeiten entweder intensiv oder extensiv.

Während bei den letztgenannten Verfahren der Wirkungsgrad bei gleichzeitig einfacher Bauweise und niedrigen Herstellungskosten in den unteren Bereichen liegt, arbeiten die intensiven Verfahren mit hohem Wirkungsgrad, sind aber andererseits teuer.

Eine andere Unterscheidung der Verfahren zur Wärmegewinnung bei der Kompostierung kann nach der Art der Wärmetauscher getroffen werden.

Meist wird Wasser als Medium des Wärmeentzuges und z. B. wassergefüllte spiralförmige Röhren als Austauscher benutzt.

Bei anderen Verfahren wird die erwärmte Luft selbst abgeführt. Eine einfache Variante besteht hierbei in senkrecht in den Kompost gestellte Hohlröhren. Die erwärmte Luft tritt oben aus und gleichzeitig wird vom Mietengrund Frischluft nachgesaugt. Solche Anlagen werden wegen ihrer einfachen Herstellung meist im Gärtnereibereich und v. a. im Kleingewächshaus eingesetzt, wo sie aufgrund des CO_2 in der austretenden Luft noch zusätzlich einen Düngeeffekt bewirken (ZIMMERMANN, 1979).

Komplizierter gebaute Anlagen, die dem Kompost die erwärmte Luft entziehen, arbeiten mit einem besseren Wirkungsgrad.

Ihre Einsatzmöglichkeiten sind jedoch begrenzt, da die erwärmte Luft, soll sie zu Heizzwecken in Wohnräumen benutzt werden, durch Filter von unangenehmen Gerüchen gereinigt werden muß.

2.9.2. Wärmegewinnung aus der Kompostierung von Festmist — extensive Verfahren

Ein sogenannter Mistkollektor, der mit den im Handel erhältlichen Materialien leicht selbst gebaut werden kann, ist im Betrieb KOCH in Heisebeck in Betrieb.

Diese Anlage arbeitet nach folgendem Prinzip:

Der Mist wird mittels Greiferanlage oder Frontlader auf die dreiseitig eingefaßte Dungstätte gelegt und anschließend mit dem Kollektor abgedeckt. Der Kollektor besteht aus einer wärmegedämmten Platte, an die über ein Maschendrahtgitter ein spiralförmig gewundenes Polypropylen (PP)-Rohr aufgehängt wird.

Das durchfließende Wasser gibt die Wärme mittels eines Metallaustauschers an die Brauchwasseranlage weiter.

Der gesamte Kollektor ist einseitig drehbar gelagert und kann mit einer Seilwinde angehoben werden, um ein mechanisches Befüllen und Entleeren der Anlage zu ermöglichen (s. Abb. 51).

Die zur Wärmegewinnung aus dem Mist von 12 GVE Schwein benutzte Miststätte des Betriebes KOCH besteht aus einer 3,10 m x 3,60 m großen eingefaßten Betonplatte, auf die jeweils eine Mistschicht von 30 bis 40 cm Stärke aufgelegt wird.

Das Füllgewicht pro Schicht betrug, bei einem Rauminhalt derselben von 3,9 m^3 und einem Schüttgewicht von 600 bis 700 kg/m^3, rund 2,5 t.

An dieser Anlage führte die Landtechnik Weihenstephan Messungen durch (SCHULZ, 1982). Der Mist erwärmte sich dabei in den ersten Tagen auf 52,5°C. In den folgenden Tagen fiel die Temperatur um etwa 1,5°C pro Tag ab. Sank die Temperatur unter 40°C, so wurde — in der Regel nach 8 bis 12 Tagen — eine neue Schicht Mist aufgetragen bzw. ein neuer Stapel angelegt.

Der Wärmegewinn lag bei diesen Untersuchungen um 66 % niedriger als die derzeitig mögliche Maximalausbeute, die in den dänischen Untersuchungen bestimmt wurde. Sie erreichte damit eine etwa 17 %ige Nutzung der anfallenden Wärme.

Die gesamte gewonnene Wärmemenge pro Jahr entsprach 9 700 kwh, äquivalent 981 Liter leichtem Heizöl, abzüglich der Energie für die Umwälzpumpe.

Diese Energie wurde auf dem Betrieb der Kochs zur Brauchwassererwärmung und für eine Niedertemperatur-Fußbodenheizung benutzt.

Die Materialkosten für den Kollektor betrugen ca. 1 300,— DM (400,— DM für Holz, 200,— DM für Rippenrohre aus PP, 150,— DM für die Seilwinde mit Seil und Umlenkrolle, 150,— DM für die Umwälzpumpe und 400,— DM für Sonstiges). Weitere Kosten kämen hinzu, falls eine entsprechende Miststätte im Betrieb nicht vorhanden wäre.

Bei dieser Anlage bleibt hinsichtlich des Düngewertes des Kompostes zu beachten, daß sie angerottetes Material liefert (Rottezeit zwischen 10 und 50 Tagen je nach Schicht). Werden mehrere Kollektoren eingesetzt,

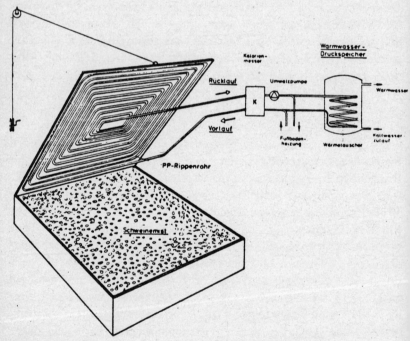

Abb. 51:
Mistkollektoranlage zum Entzug von Wärme bei der Kompostierung von Festmist auf dem Betrieb Koch (SCHULZ, 1982)

so kann das abgekühlte Material im Kollektor fertigkompostiert werden, während die Wärme aus einem anderen Kollektor mit frischer Füllung entzogen wird.

Nutzt man nur einen Kollektor, will aber einen reiferen Mistkompost einsetzen, dann muß man quasi umsetzen.

Ohnehin wird aber in den meisten Fällen nicht der ganze Mist zur Wärmegewinnung herangezogen werden, weswegen die Düngewirtschaft flexibel bleiben kann.

Von SCHULZ (1982) wurden auch Versuche zur Wärmegewinnung aus Kompostmieten durchgeführt.

Hierbei testete er zunächst wassergefüllte Kunststoffmatten als Wärmeaustauscher. Als effektiver und auch praktikabler erwies es sich jedoch, die erwärmte Luft selbst aus dem Mistkompost abzusaugen und diese dann einem Luft/Wasser-Wärmeaustauscher zuzuführen.

Diese Methode wird als Umluftverfahren bezeichnet.

Der Wirkungsgrad der Wärmenutzung lag bei den Mietenversuchen von SCHULZ unter dem Wirkungsgrad, der beim Kollektor gemessen wurde. SCHULZ verwendete beim Umluftverfahren allerdings Mist, der bereits stark angerottet war.

2.9.3. Wärmegewinnung aus der Kompostierung von Festmist — intensive Verfahren

Sie werden entweder absätzig oder kontinuierlich betrieben.

Die dänischen Verfahren arbeiten nach einer mehr oder minder abgewandelten „Silo-Kompostierung" (s. d. Kap. 2.11.3.). Dabei kann etwa 50 % der anfallenden Wärme genutzt werden.

Rund ¼ dieser Energie muß für den Belüftungsventilator in Abzug gebracht werden, so daß der Wirkungsgrad (genutzte Wärmeenergie/anfallenden Wärmeenergie) bei knapp 40 % liegt.

Eine hohe Ausnutzung der Wärme weist auch das patentierte Verfahren nach NOCKEMANN auf, bei dem sowohl Beschickung als auch Entnahme kontinuierlich erfolgen. Das Material wird über ein Förderband oder ein Gebläse in den isolierten Behälter gebracht. Hier fällt kalter Mist in einen Vorwärmer, um die Abkühlung der wassergefüllten Wärmetauscher zu verhindern. Von dort aus geht es weiter auf die sogenannten Tauscherplatten, die in einem Winkel von 60° zum Boden angebracht sind. Einmischwinkel, die die an Gleitketten über die Tauscherplatten bewegt werden, ermöglichen eine intensive Mischung und Lockerung des Materials, was wiederum eine gute Wärmeabgabe zur Folge hat. NOCKEMANN (z. n. SCHULZ, 1982) schätzt die Anschaffungskosten für eine solche Anlage, mit der der Wärmebedarf eines durchschnittlichen Einfamilienhaushaltes abgedeckt werden kann, auf etwa 10 000,— DM.

2.10. Sonstiges

Aufgrund seiner vielfältigen positiven Eigenschaften findet der Kompost auch für verschiedene Sonderzwecke Verwendung. So kann die Stallabluft über *„Erdfilter"*, die eigentlich Kompostfilter sind, von üblen Gerüchen gereinigt werden.

Bestimmte Komposte dienen als Kultursubstrat für Speisepilze. Sie dürfen zu diesem Zweck kein Ammonium-N mehr enthalten.

„Pilzreifer" Kompost stellt eine vorzügliche *Wühlerde* für Ferkel dar. Eventuell mit etwas Erde vermischt, kann man durch ihn prophylaktische Eisen-, Vitamin- und Antibiotikaspritzen sparen (s. bei SPOHN und SPOHN, 1979).

SPOHN erwähnt auch, daß sich Reifkompost als Zusatz zur Einstreu in der Bodenhaltung von Hühnern bewährt hat. Er verhindert dort auch Staubbildung, und die Hühner baden gerne in ihm.

Inhaltsübersicht des Kapitels

2.11. Wie man's macht: Methoden und Geräte

2.11.1. Die Kompostmiete

2.11.1.1. Das Aufsetzen der Mieten und die verwendbaren Geräte

Im Gegensatz zur Kompostierung im Hausgarten werden die Kompostmieten im landwirtschaftlichen Betrieb in den allermeisten Fällen nicht mehr mit der Hand aufgesetzt.

Manchmal findet man Bauern, die ihre Komposte mit dem Frontlader aufsetzen. Dies sollte wegen der mangelnden *Durchmischung* des Ausgangsmaterials vermieden werden. Wo immer — wie auf den meisten Höfen — die entsprechenden Geräte vorhanden sind, wird als übliches Verfahren das Laden des Mistes mit dem Frontlader auf den *Miststreuer* und das anschließende Aufsetzen der Miete mit dem Streuer selbst praktiziert.

Beim Aufsetzen existieren zur Zeit zwei grundsätzlich verschiedene Methoden, zum einen das rückwärtige Abstreuen des Mistes vom Streuer zu sogenannten Walmenmieten und zum anderen das seitliche Abstreuen des Materials mit speziellen Miststreuern. Das zuletzt genannte Verfahren kann nach der Form der Kompostmieten in zwei Teilverfahren gegliedert werden. Die Miete besitzt dabei Walm- oder Trapezform.

Beim Abstreuen des Mistes nach hinten mit den normalen Miststreuern wird Wagen für Wagen rückwärts angesetzt, bis die ganze, lange Walmenmiete fertiggestellt ist (s. Abb. 52 und 53).

Das Material wird um so besser gemischt und zerkleinert, je langsamer der Vorschub der Kratzkette am Miststreuer bei hoher Zapfwellendrehzahl ist.

Die Höhe der Walzen am Miststreuer begrenzt die Höhe der Miete, sie liegt meist zwischen 1,3 und 1,5 m. Die Breite der Miete richtet sich ebenfalls nach der Walzenform und soll 2 bis 3 m betragen.

Der große Vorteil dieser Art des Aufsetzens ist, daß die Geräte meist vorhanden sind und somit keine Neuanschaffungen getätigt werden müssen.

Andererseits bestehen bei diesem Verfahren folgende Nachteile:

— bei jedem Abladen, d. h. mit jedem neuen Streuer muß rückwärts in derselben Spur gefahren werden, was zu erheblichen Verdichtungen des Bodens führen kann;

— durch den hohen Druck des Materials können beim einmaligen Aufsetzen anaerobe Zonen am Mietensockel entstehen;

— der Mist muß zwischengelagert werden — eine dementsprechend große Dungstätte muß zur Verfügung stehen. Die Haufen sollten bei der Lagerung locker, nicht höher als 1,5 m aufgeschüttet werden;

— nicht alle Unkrautsamen in den Randzonen werden bei einmaligem Aufsetzen der Miete abgetötet oder zum Keimen gebracht.

In jüngster Zeit werden auch Miststreuer mit einem seitlichen Förderband zum Entladen des Mistes zum Aufsetzen der Miete benutzt.

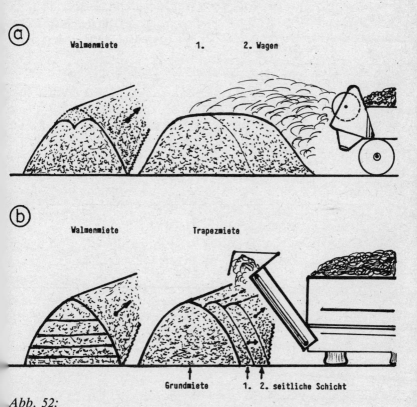

Abb. 52:
Aufsetzen der Kompostmieten mit dem Standard-Miststreuer (Abstreuen nach hinten [a] und mit dem seitlich entladenden Dungstreuer [b])

Abb. 53 und 54:
Das Aufsetzen der Mieten im Bild

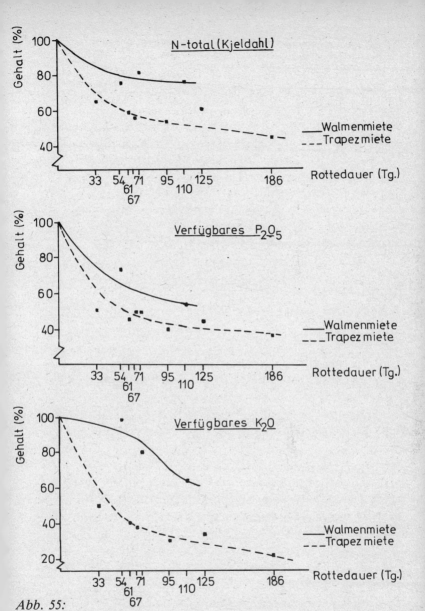

Abb. 55:

Relative Gehaltsabnahme von N_t (KJELDAHL), P_2O_5 und K_2O während der Kompostierung in Abhängigkeit von der Mietenform (FIBL; AUGSTBURGER, WIDMER, VOGTMANN und OTT, 1981)

Das Aufsetzen erfolgt dabei schichtenweise:

— zur **Walmenmiete,**

— zu einer Walmengrundmiete, an die dann wiederum schichtenweise seitlich bis zur endgültigen Mietenbreite angesetzt wird. So entsteht die **Trapezmiete** oder Wandermiete.

Bei beiden Verfahren sollen in der Regel alle 10 bis 14 Tage Schichten von 20 bis 40 cm Stärke aufgetragen werden. Mit dem seitlichen Abstreuband kann eine Mietenhöhe von 2 m erreicht werden, was bei sperrigem Material günstig ist.

Von Vorteil bei diesem Verfahren ist:

— bei der Feldmiete, daß vom Weg aus seitlich auf das Feld abgestreut werden kann, das Feld also selbst nicht befahren werden muß,

— daß der täglich anfallende Mist, wenn er aus dem Stall kommt, direkt auf den Miststreuer geladen werden kann (z. B. Miststreuer direkt unter dem Hochförderer) und dann schichtenweise an oder auf die Miete gesetzt wird. Eine Lagerung entfällt. Der Nachteil des Verfahrens besteht in der kostspieligen Anschaffung eines neuen Miststreuers.

In ersten vergleichenden Versuchen Walmenmiete: Trapezmiete hat bei seitlichem Aufsetzen die Walmenmiete besser abgeschnitten. Bei der morphologischen Beurteilung in diesen Untersuchungen des FIBL wurde die Trapezmiete anhand von Feuchtegehalt, Geruch und Farbe des Kompostes eindeutig schlechter bewertet als die Walmenmiete. Auch die Nährstoffverluste waren höher (AUGSTBURGER et al., 1981).

Miststreuer, die seitlich entladen, werden in der BRD von der Firma Weichel, Heiningen, gebaut. Sie sind wesentlich teurer als normale Streuer, bieten jedoch noch weitere Vorteile (Überladeband für Schüttgut beim Ernteeinsatz, Breitstreuwerk für feinste Verteilung des Kompostes — s. d. Kap. C 2.13.2.).

2.11.1.2. Lage und Untergrund des Kompostplatzes

Der Kompostplatz soll wind- und sonnengeschützt, z. B. im Halbschatten von Hecken, liegen. Die Miete wird, wenn möglich, parallel zur Hauptwindrichtung angelegt (wegen der Austrocknung und vor allem wegen Auskühlung).

214

Starke Luftbewegung führt bei Mieten ohne Abdeckung zu einem erheblichen Wärmeabfluß. Im Winter darf die Miete nicht zu klein sein, sonst friert sie durch. Gleichfalls Vorsicht gilt in dieser Hinsicht bei Mieten mit stark strukturfördernden Materialien wegen der entsprechenden Durchlüftung.

Ansonsten werden die Rottevorgänge im Winter bei guter Abdeckung nur etwas gebremst. Allerdings gibt SAUERLANDT (1956) an, im Winter auch schon eine um 50 % längere Rottezeit beobachtet zu haben (s. auch Abb. 56).

Bei der derzeitigen Kompostierung im landwirtschaftlichen Betrieb werden meist **Feldmieten** angelegt, und damit steht der Untergrund fest: Erde.

Eine andere Möglichkeit besteht darin, die Mieten nahe am Hof auf einem befestigten Platz anzulegen. Der Untergrund ist dabei wasserundurchlässig, weil man den Sickersaft aus den Kompostmieten auffangen will.

Dagegen wird oft eingewendet, daß eine befestigte *Kompostplatte,* etwa aus Beton, die Besiedelung des Kompostes mit Kleintieren aus dem Boden unterbindet. Das stimmt zwar, andererseits kann man aber die Miete mit Stammkompost und Erde *„impfen".* Man vergißt bei diesem

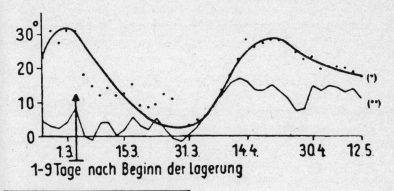

*) Temperatur in der Kompostmiete
**) Lufttemperatur

Abb. 56:
Temperaturverlauf im Mistkompost bei kurzfristiger Frosteinwirkung
(SAUERLANDT, 1956, S. 10)

Einwand auch meist, daß die oberen Bodenzonen unter mancher Feldmiete durch Schlepperdruck und die Vernässung mit dem Sickersaft bereits so stark verdichtet sind, daß dort kaum noch Bodenorganismen existieren (s. auch Abb. 57 u. 58, S. 224 c).

Dies gilt um so mehr, wenn die Mieten immer auf demselben, angestammten Platz angelegt werden.

Die Besiedelung des Kompostes hängt überdies davon ab, wie belebt der Untergrund überhaupt ist. Auf manchen Sandböden lohnt sich eine Impfung mit Reifkompost sicherlich auch.

Wird nun auf befestigtem Untergrund kompostiert, so muß andererseits auf eine sorgfältige Impfung des Kompostes geachtet werden. Viele Bodenorganismen aus dem Stammkompost überleben ja die hohen Temperaturen der thermophilen Phase nicht, deswegen darf der Impfkompost auch nicht ganz in das neue Material mit eingemischt werden. Beim einmaligen Aufsetzen mit dem Normalstreuer geht man so vor, daß man die erste neue Ladung an einen Restblock mit Kompost ansetzt. Ein anderer Teil Stammkompost kann eingemischt werden. Beim schichtenweisen Aufsetzen muß der Kern von Impfkompost, auf den man aufstreut, dick genug sein, um gegen die hohen Temperaturen zu isolieren.

Dieserart steht den Bodenlebewesen mit dem Stammkompost eine Rückzugsmöglichkeit zur Verfügung.

Eine andere Möglichkeit besteht noch darin, nach der Erhitzung eine Schicht reifen Kompostes über die Miete zu streuen, was gleichzeitig der Unkrautunterdrückung dient.

Während sich das Problem mit der Besiedelung des Kompostes durch Bodenorganismen auch lösen läßt, wenn man eine befestigte Rotteplatte benutzt, ist im umgekehrten Falle eine Lösung des Sickersaftproblems bei Feldmieten nicht möglich. In den vielen niederschlagsreichen Gegenden Deutschlands zählt der Sickersaft aber leider zum täglichen Brot des Kompostierens. Am besten ist es hinsichtlich der Witterungseinflüsse natürlich, die Miete vollständig gegen Regen zu schützen. Dazu bestehen im Moment jedoch erst ansatzweise Lösungen. Wenn die Miete nicht ausreichend gegen Niederschlag geschützt wird, so müßte auf jeden Fall der anfallende *Sickersaft* aufgefangen werden:

— Sickersaft enthält in hohem Maße aus der Miete ausgewaschene pflanzenverfügbare Nährstoffe;

— wegen des hohen Nährstoffgehaltes belastet der Sickersaft Bäche und Flüsse (Eutrophierung);

— er trägt bei Feldmieten zur Verdichtung des Oberbodens bei.

Der Sickersaft kann aber nur bei Mieten am Hof aufgefangen werden. Man leitet ihn dann arbeitssparend in die Jauchegrube ein.

Daneben hat die Hofmiete den weiteren Vorteil, daß man sie leichter gegen Regen schützen kann und daß der Arbeitsaufwand sinkt. Man muß hier ja beim Aufsetzen nur einen kurzen Weg zurücklegen und fährt den langen Weg bei der Ausbringung des Kompostes mit erheblich weniger Material aufgrund der Rotteverluste. Umgekehrt transportiert man den Mist bei der Feldmiete den langen Weg zum Acker und fährt mit der reduzierten Masse des Kompostes den kurzen Weg bei der Ausbringung.

Wer die Möglichkeit hat, sollte also den Kompostplatz direkt am Hof anlegen.

Abb. 59:
Eine Sammelmiete, die schnell zum „Haufen" wird, wenn man nicht rechtzeitig eine richtige Miete aufsetzt. Der Sickersaft fließt ungenutzt davon

Abb. 60:
Rotteplatte aus Rinnenbetonsteinen. Der Sickersaft kann gut abfließen — eine günstigere Durchlüftung von unten durch die schmalen Schlitze der Steine ist jedoch nicht zu erwarten

Abb. 61:
Befestigter Kompostplatz mit schwachem Gefälle. Der Sickersaft wird über die Rinne in eine Grube geleitet

218

Zur Befestigung des Untergrundes, die allerdings eine recht kostspielige Angelegenheit ist, werden verschiedene Materialien benutzt.

Sickersaft kann bei Hofmieten auf Rinnenbetonsteinen leicht aufgefangen werden. Ebenso fließt das CO_2, was ja schwerer als Luft ist, durch die Rinnen ab, was hilft, anaerobe Zonen am Mietensockel zu vermeiden (s. Abb. 60).

Rotteplatten aus Betonsteinen mit Rinnen sind derzeit leider noch viel zu teuer (m² ≈ 80,— DM).

Wird auf Betonplatten oder sonstigen undurchlässigem Untergrund (Ton) aufgesetzt, so muß dieser eine Neigung von 3 bis 5 % aufweisen, damit der Sickersaft wegfließen kann und der Fuß der Miete trocken bleibt (s. Abb. 61).

2.11.1.3. *Schutz der Miete gegen Regen*

Wie bereits im Kapitel C 2.2. angesprochen, muß Regen als jener Faktor angesehen werden, der in unseren Breiten die Bemühungen des Bauern, einen hochwertigen Kompost zu gewinnen, am ehesten zunichte machen kann.

Auch gehen mit dem niederschlagsbedingten Sickersaft aus der Miete viele Nährstoffe verloren.

Es gilt also, die Kompostmieten gegen Niederschläge zu schützen. Um diesen Zweck zu erreichen, kann man viele Mittel einsetzen. Stellt man jedoch die Frage, wie „dicht" denn die jeweilige Lösung ist und mit welchen Umständen verbunden, so bleibt dem Bauern zur Zeit nur wenig Auswahl.

Im Gegensatz zur Kompostierung im kleinen Bereich, dem Garten, bestehen in der Landwirtschaft noch keine optimalen Lösungen: bezüglich des „Regenschutzes" herrscht das große Ausprobieren.

Am einfachsten stellt sich das Abdecken der Miete mit Ernterückständen, wie z. B. Stroh, dar. Eine dicke Lage Stroh hat sich als Schutz vor der Sonneneinstrahlung und der Austrocknung, zur Wärmeisolation zwecks Abtötung von Unkrautsamen in den Außenbereichen der Miete, die durch die Abdeckung hohe Temperaturen erreichen, sowie als Schutz vor Regenschauern bewährt. Strohabdeckungen versagen jedoch bei langandauernden Regenfällen. Anders ist dies bei gepreßten Strohlagen, wie man sie bei den Rundballen vorfindet. In einigen Betrieben versucht man zur Zeit, die Strohlagen der ausgerollten Rundballen als Abdeckung für den Kompost zu benutzen.

Absolut wasserdicht sind natürlich Abdeckungen aus Kunststoffolien. Folien werden bisher praktisch nur im Hausgarten und in Gärtnereien benutzt. Es existieren zwei verschiedene Systeme:

Bei der ersten Methode liegt die Folie auf Holzbalken auf, die man über die Miete legt und wird durch eine Beschwerung mit Steinen oder Holz am Fortfliegen gehindert. Durch den so gebildeten Luftspalt zwischen Folie und Kompost soll eine ausreichende Belüftung gewährleistet werden. Die Miete wird meist erst nach 10 bis 14 Tagen abgedeckt, also nachdem die Erhitzung mit den ersten intensiven Umsetzungen bereits etwas abgeklungen ist. Dabei soll der Kompost nur zu ⅔ von der Folie bedeckt werden, damit von der Seite her noch genügend Luft hereinstreichen kann.

Beim zweiten System wird die Plane auf eine Dachlatte aufgerollt, in deren Enden jeweils zwei Nägel eingeschlagen sind. Die Nägel ruhen in zwei seitlich bei der Miete angebrachten Halterungen. Die Folie wird dann — quasi wie von der Rolle ab — über die Miete gezogen. Damit sie nicht aufliegt, werden in die Mitte des Kompostes zwei Stäbe gesto-

Abb. 62:
Kunststoffolien als Regenschutz für den Kompost

chen, die mit einer Dachlatte verbunden sind und ein Stück über den Mietenkamm hinausragen.

Der Vorteil dieses Systems liegt gegenüber dem zuerst genannten in einer vollständigen Abdeckung des Kompostes bei gleichzeitig guter Luftführung, sowie in einer schnelleren und leichteren Handhabung.

Die Überdachung eines Hofmietenplatzes fällt wohl für die meisten Betriebe wegen der hohen Kosten aus.

2.11.1.4. Platzbedarf

Der Platzbedarf bei der Kompostierung richtet sich im wesentlichen nach der gewählten Mietenform.

Prinzipiell bestehen drei Möglichkeiten, die Mieten am Kompostplatz aufzusetzen, wie die Abbildung 67 zeigt.

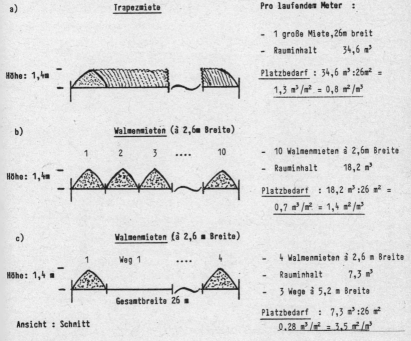

Abb. 63:
Verschiedene Möglichkeiten, die Kompostmieten anzulegen und der dafür benötigte Platz

221

Die in der Variante a) dargestellte *Trapezmiete* gewährleistet die beste Ausnutzung der Fläche. Pro m² Kompostplatz können etwa 1,3 m³ Kompost angesetzt werden. Der Nachteil hierbei ist in der notwendigen Anschaffung eines seitlich entladenen Miststreuers zu sehen.

Möglichkeit b) zeigt die Anlage von *Walmenmieten* am Hofplatz. Feldmieten sind nach dem selben Prinzip angelegt, werden aber meist als lange Mieten in einer Reihe aufgesetzt und nicht in Form mehrerer kurzer Mieten nebeneinander. Der Platzbedarf liegt hier in der Mitte, pro m³ können 0,7 m³ Kompost aufgesetzt werden.

Bei der dritten Möglichkeit mit den Wegen zwischen den Mieten besteht der größte Anspruch an den Platz. Pro m² können nur etwa 0,3 m³ Kompost aufgesetzt werden. Die beiden letztgenannten Systeme lassen sich auch mit einem normalen Streuer praktizieren.

Der Gesamtflächenanspruch der verschiedenen Varianten wird bei gegebener Betriebsgröße in Tabelle 46 dargestellt. Hinzu kommt eventuell noch ein befestigter Ladeplatz vor bzw. hinter den Mieten, der bei der Möglichkeit c) entfällt, wenn die Wege zwischen den Mieten so breit angelegt werden, daß man sie auch zum Laden benutzen kann.

Variante *)	Durchschnittliche Rottedauer				
	8 Monate	6 Monate	4 Monate		
a	360	270	180	130 b. 4 Mon. 195 b. 6 Mon. 260 b. 8 Mon.	1,3
b	670	500	335	220 b. 4 Mon. 330 b. 6 Mon. 440 b. 8 Mon.	2,4
c	1 635	1 225	815	—	3,5
Platzbedarf (m²) / Varianten				Ladeplatz	pro m³ Material

*) Varianten s. Abb. 63

Tab. 46:
Flächenanspruch eines Kompostplatzes bei einem Viehbestand von 30 GVE Rind (= 500 t Mist, 700 m³ Mist/Jahr) und verschiedenen durchschnittlichen Kompostierungszeiten (ohne Zufahrtswege)

Wie die Tabelle zeigt, ist der Flächenanspruch eines Kompostplatzes erheblich, v. a. wenn eine lange Kompostierungszeit angestrebt wird. Die durchschnittliche Aufbereitungszeit wird wesentlich verkürzt, wenn man den Mist zum Teil frisch oder als ganz jungen Kompost ausbringt.

Bei der Befestigung des Kompostplatzes am Hof treten — durch diesen Flächenanspruch bedingt — enorme Kosten auf. Demgegenüber kann aber auf der Rotteplatte der Sickersaft aufgefangen werden, mit dem viele Nährstoffe aus der Miete ausgewaschen werden.

Veranschlagt man einen Betrieb mit 30 GVE Rind und somit einem jährlichen Mistanfall von etwa 500 t, so kann der Bauer insgesamt rund 2 500 kg N mit den Hofdüngern ausbringen. Diese Menge verringert sich bei der Kompostierung um die Rotteverluste. Unterstellt man, daß in einer Feldmiete, die im Herbst starken Niederschlägen ausgesetzt ist, die Stickstoffverluste — bedingt durch die Auswaschung — nicht bei 25 % wie normalerweise der Fall, sondern bei 37 % oder gar bei 50 % liegen, so gehen aus den angeführten 500 t Mist rund 300 bis 600 kg N mit dem Sickersaft verloren. Hinzu kommen Verluste an K, Mg, Ca und vielen Spurenelementen. Allein die Stickstoffverluste würden bei den derzeitigen Düngerpreisen 600,— bis 1 200,— DM ausmachen.

Nun wird zwar nicht auf allen Höfen der ganze Mist kompostiert werden, auch unterliegt nicht jede Miete den ungünstigen Witterungsbedingungen des Herbstes. Überdies mangelt es noch an endgültiger Klärung über das Maß der Auswaschung von Nährstoffen, weil Untersuchungen zu den Feldmieten unter verschiedenen Praxisbedingungen fehlen. So ist der Stickstoff im Kompost in der ersten Rottephase, wenn noch viel Harnstoff und Ammonium-N vorliegt und in der letzten Phase nach der Bildung von Nitrat-N stark auswaschungsgefährdet, dazwischen jedoch weniger. Fällt der Regen in den zuletzt genannten Zeitraum, dann bleiben die N-Auswaschungsverluste wahrscheinlich gering, während starke Niederschläge zu Anfang und am Ende der Rotte möglicherweise noch größere N-Verluste hervorrufen, als in der obigen Rechnung unterstellt. Damit soll nur gesagt sein, daß die Nährstoffverluste mit dem Sickersaft zwar in weitem Rahmen variieren, daß gleichwohl aber sehr hohe Verluste auftreten können, die ein Auffangen des Sickersaftes schon rein vom betriebswirtschaftlichen Standpunkt aus als lohnenswert erscheinen lassen.

Dies läßt sich überschlägig berechnen, wenn man vom Platzbedarf ausgeht, wie er in Tabelle 46 angeführt ist.

Legt man zugrunde, daß aller Mist (von 30 GVE) kompostiert wird,
daß hohe Sickersaftverluste auftreten (umgerechnet 1 500,— DM/Jahr)

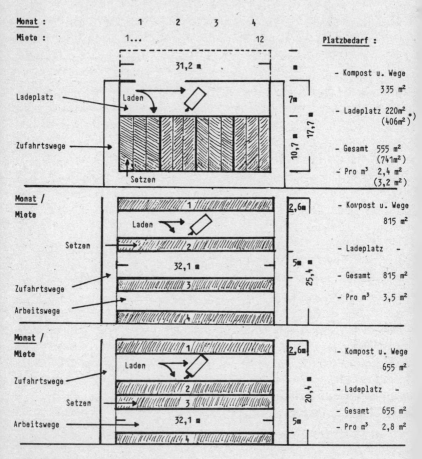

Abb. 64:

Anlagemöglichkeiten eines Kompostplatzes am Hof und der daraus
folgende Flächenbedarf (bei 30 GVE Rind in ganzjähriger Stallhaltung
und vier Monaten durchschnittlicher Kompostierungsdauer
auf Walmenmieten, ohne Zufahrtswege) — Die Angaben in Klammer
beziehen sich auf einen größeren Ladeplatz (gestrichelt gezeichnet)

224

Abb. 21 a: Zellulosezersetzende Schimmelpilze können den Kompost schon früh mit einem weißgrauen Mycel überziehen (hier: Hühnermist-/Strohkompost)

Abb. 21 b: Mit absinkender Temperatur wird die Miete von Hutpilzen besiedelt (hier: Feldmiete aus Rindermistkompost)

Abb. 22 b: Roter Mistwurm (Eisenia foetida) im Kompost

Abb. 22 a: Auf der Oberfläche einer Komposttonne intensive Besiedelung mit Tintenpilzen, die innerhalb weniger Stunden hervorsprießen und in ebenso kurzer Zeit wieder absterben können.

Abb. 57:
Feldmiete mit typischen Problemen:
Unkrautbewuchs, Vernässung und Verdichtung des
Mietenkerns

Abb. 58:
Ein zerfahrener Boden durch das Laden des Kompostes
von einer Feldmiete

224 c

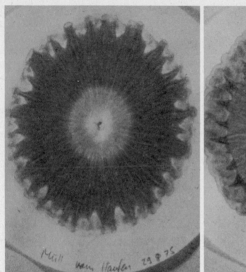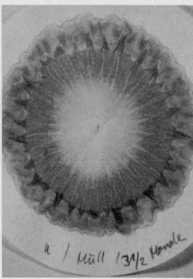

Abb. 67: Bestimmung des Reifegrads von Komposten anhand der Rundfilterchromatogramme (bildschaffende Methode). (Alter der Komposte: Müll-Kompost, frisch vom Haufen; Müll, 3,5 Monate)

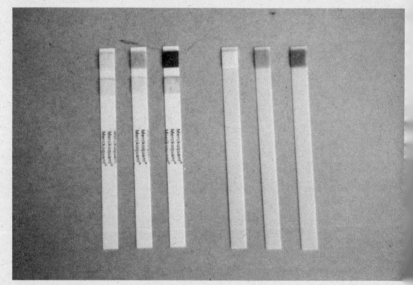

Abb. 68: Nitrat- und Ammoniumtest bei Kompost. Von links nach rechts: Kein, wenig, viel Nitrat — kein, wenig, viel Ammonium
<small>(Teststäbchen: Merckoquant, sind über Drogerien und Apotheken zu beziehen; s. a. PFIRTER et al., 1982</small>

224 d

und es möglich ist, die Rotteplatte billig im Eigenbau zu erstellen (30,— DM/m²), so zeigt es sich, daß bereits nach 10 bis 15 Jahren der monetäre Gewinn durch die Nährstoffe im Sickersaft die Kosten für die Rotteplatte aufwiegt.

Wird hingegen ein großer Teil des Mistes frisch ausgebracht, sind die klimatischen Bedingungen besser und somit die Sickersaftverluste geringer, dann bleibt es offen, ob eine Befestigung des Kompostplatzes rentabel ist. Wer zwecks Erstellung der Rotteplatte gar auf Firmenangebote zurückgreifen muß, der wird bei Preisen von 80,— DM/m² eine Befestigung des Hofplatzes kaum lohnenswert finden.

Gleichwohl sollte man sich aber auch in diesen zuletzt genannten Fällen darum bemühen, des Sickersaftproblemes Herr zu werden. Dies gilt zum einen, um die Nährstoffverluste bei der Aufbereitung des Mistes zu minimieren und zum anderen, um Umweltbelastungen durch den Sickersaft zu vermeiden.

Angesichts der überaus hohen Kosten der Rotteplatte und der gleichzeitig unbestreitbaren Notwendigkeit, Sickersäfte aufzufangen sowie hinsichtlich der schlechten Rottebedingungen in vernäßten Mieten, stößt man konsequenterweise auf die Frage, ob man nicht besser fährt, wenn man eine Sickersaftbildung von vorneherein unterbindet. Dies könnte über die ohnehin angestrebten hohen Einstreumengen an Stroh, kombiniert mit einer wasserdichten Abdeckung der Miete, geschehen. Eine Befestigung des Hofplatzes wäre dann wohl hinfällig.

Abbildung 64 soll zum Abschluß dieses Abschnittes noch an zwei Beispielen zeigen, wie ein Kompostplatz am Hof aussehen könnte und welchen Platz eine solche Lösung beansprucht.

Dabei wird wieder von 30 GVE Rind ausgegangen sowie von einer durchschnittlichen Kompostierungsdauer von vier Monaten.

2.11.2. Das Umsetzen der Mieten

Umgesetzt wird, um die Miete zu lockern, um Sauerstoff in sie hineinzubekommen und damit die Rotte anzuheizen. Dies gilt v. a. für zu nasse, dichte Mieten. Trockenes Material muß dann aber zusätzlich eingestreut werden.

Umsetzen homogenisiert (Nährstoff-Feuchtigkeits-Strukturausgleich). Ist es sehr kalt, darf nicht umgesetzt werden, da sonst die Rotte stockt.

In Anbetracht des erheblichen Arbeitsaufwandes stellt sich natürlich die Frage, ob Umsetzen unbedingt notwendig ist. Denn wer nicht das Glück hat, in einer Berggemeinde zu wohnen, wo er sich die sicher vorhandene Schneeschleuder zu diesem Zweck ausleihen kann, muß das Umsetzen mit Frontlader und Miststreuer bewältigen.

Die *Schneeschleuder* eignet sich allerdings nur für gröberes, leichtes Material, das nicht zu naß sein darf. *Silofräsen* lassen sich auch bei nassem Material einsetzen (PFIRTER et al., 1982).

Spezielle Geräte zum Umsetzen (wie z. B. von Fahr für Müllkomposte entwickelt) sind für den einzelnen Bauern unerschwinglich, könnten jedoch in einer Maschinengemeinschaft lohnen. Bei genauer Betrachtung der optimalen Rottebedingungen dürfte ein Umsetzen jedoch unnötig sein. Die bisherigen Untersuchungen am FIBL ergaben keine gravierenden Unterschiede zwischen umgesetzten und nicht umgesetzten Mieten, wenn die Voraussetzungen für die Kompostierung günstig waren (VOGTMANN, 1981 — s. a. Tab. 30 und Abb. 39).

Abb. 65:
Umsetzen der Kompostmiete mit der Schneeschleuder

Bei eingehendem Studium der älteren Anleitungen zur Kompostierung gewinnt man den Eindruck, daß die heutigen Kenntnisse über die Kompostierung eine sicherere Handhabung der Methode gewährleisten, als dies noch vor 20, 30 oder gar 50 Jahren der Fall war. V. a. in der „Pionierzeit" der Kompostierung führten zu hohe Erd- und Jauchezusätze, mangelndes Durchmischen, geringe Einstreumengen und zum Teil auch zu hohe Mieten doch mancherorts zu Schwierigkeiten mit Schichtenbildung und verdichteten Zonen, insgesamt gesehen zu wenig befriedigenden Ergebnissen.

Das Umsetzen kann deswegen als Korrekturmaßnahme unter ungünstigen Rottebedingungen angesehen werden. Dies betrifft heute weitgehend Mieten, die unter dem Einfluß starker Niederschläge anaerobe Zonen aufweisen.

SAUERLANDT (1956) und SEIFERT (1969) vertreten im übrigen schon seit langem die Ansicht, daß Umsetzen nicht unbedingt notwendig ist.

2.11.3. Kompostieren im „Kompostturm"

In geschlossenen hochsiloähnlichen Behältern (Kompostturm) wird durch Belüftung von unten eine kontinuierliche Rotte des Mistes und damit ein gleichmäßiger Wärmeanfall bei der Kompostierung erzielt (s. Abb. 23). Die Belüftung wird in Intervallen durchgeführt und intensiviert, wenn der Mist nach einer gewissen Zeit zusammengesackt ist.

Der Kompostturm kann direkt über einen Hochförderer vom Stall aus beschickt werden. Würde man ihn auf ein Stahlgestell aufbauen, so wäre auch das Laden sehr vereinfacht. Der Bauer müßte nur noch mit dem Miststreuer unter den Turm fahren und ihn über eine Bodenklappe entleeren.

Als Vorteil des Kompostturmes wird es angesehen, daß man die Luftzufuhr genau steuern kann. Damit erhofft man, eine Verminderung der N-Verluste während der Rotte bzw. eine N-Fixierung aus der Luft zu erzielen (s. d. Kap. C 2.5.2.5.).

Der gleichmäßige Wärmeanfall bei der Kompostierung begünstigt deren Nutzung zu Heizzwecken (s. d. Kap. C 2.9.1.).

Dagegen stehen die Investitionskosten für den Turm und die laufenden Kosten bei der Belüftung.

Abb. 66:
Der Kompostturm am FIBL

2.12. Betrachtungen zum Arbeitszeitbedarf

Beim Aufsetzen des Kompostes spielt neben dem Gesichtspunkt der optimalen Aufbereitung die arbeitswirtschaftliche Seite eine erhebliche Rolle.

Die verschiedenen Verfahren kennzeichnen vom Aufwand her erhebliche Differenzen, was sich entsprechend auf das Betriebsergebnis auswirkt.

Ein extremes Beispiel:

Verfahren 1	Verfahren 2
Handentmistung, Lagerung auf der Mistplatte	Entmistung mechanisch (Hochförderer) direkt auf den Miststreuer mit seitlichem Abstreuband
Laden mit Greiferanlage auf Miststreuer	Entfällt
Aufsetzen der Feldmiete	Kontinuierliches Ansetzen an die Hofmiete
Laden des Kompostes mit dem Frontlader, Ausbringen	Laden des Kompostes mit dem Frontlader, Ausbringen

Abgesehen von der Handentmistung wäre im Verfahren 1 gegenüber 2 ein Arbeitsgang „Laden" mehr aufzubringen. Die Feldmiete würde gegenüber der Hofmiete mehr Arbeitszeit beanspruchen (s. d. Kap. C 2.11.2.).

Der seitlich entladende Miststreuer unter dem Hochförderer stellt zur Zeit wohl die arbeitswirtschaftlich günstigste Lösung bei der Kompostierung dar. Allerdings besteht von der technischen Ausstattung bzw. der Neuanschaffung solcher Geräte her im Betrieb oft kaum ein Spielraum.

Arbeitszeitbetrachtungen sind also erheblich von der Betriebsorganisation abhängig.

Bei Vergleichen gegenüber der Stapelmistbereitung wäre weiterhin noch zu berücksichtigen:

— daß Kompost leichter geladen werden kann, da er locker auf der Miete sitzt und nicht wie der Stapelmist mit dem Frontlader losgerissen werden muß. Auch das Streuen und Einarbeiten geht leichter (SAUERLANDT, 1956; RHODE, 1956);

— daß die **genaue** Handhabung der Miststapelung als anaerobes Verfahren mehr Zeit beansprucht als die Kompostierung, und daß die heute als Stapelmist bezeichneten Hofmieten nicht der Aufbereitung, sondern nur der Lagerung des Mistes dienen (s. d. Kap. B 1);

— daß der Spielraum des Bauern bei der Arbeitseinteilung erweitert wird, da die Zeitspanne für eine mögliche Ausbringung beim Kompost größer ist als die beim Stapelmist.

GRÖTZNER z. n. SAUERLANDT (1956) gelangt in einer älteren Untersuchung zum Ergebnis, daß die Kompostbereitung bei vergleichbarem Mechanisierungsgrad nur eine höhere Arbeitsbelastung mit sich bringt, wenn ein- oder mehrmals umgesetzt wird.

Zu einem ähnlichen Ergebnis kommt ROUX (1979) in einer Semesterarbeit an der ETH Zürich.

Er zeigt, daß auf gleicher Mechanisierungsstufe der Akh-Bedarf der Kompostierung dem der Stapelmistbereitung entspricht, während die Kosten der Arbeitserledigung etwas höher liegen.

	Verfahren	Akh/Jahr	Kosten/Jahr
Kompost	Misten, Hofmiete Kompostladen mit Kran Ausbringen mit Zetter	336,3	Fr. 3 182,70
	Schubstangenentmistung — Feldmiete Kompostladen mit Kran Ausbringen mit Zetter	125,6	Fr. 2 439,— *)
Stapelmist	Mistkarren, Miststock Mistladen mit Kran Ausbringen mit Zetter	372,6	Fr. 3 109,50
	Schubstangenentmistung Mistladen mit Kran Ausbringen mit Zetter	112,8	Fr. 1 609,50 *)

*) = Kosten für die Schubstangeneinrichtung nicht mitgerechnet

Tab. 47:
Arbeitszeitbedarf und Kosten (in SFr.) der Kompostierung bzw. Stapelmistbereitung bei 20 GVE (ROUX, 1979; Auszug)

An einem Beispiel werden diese Zusammenhänge deutlich:
Der Akh-Bedarf bei Schubstangen-Entmistung und Hochförderer auf den Miststapel entspricht in etwa dem Arbeitsaufwand bei gleicher Entmistung, jedoch direkt auf den Streuer beim Kompost und anschließendem Abstreuen zur Miete, was ja nicht viel Zeit benötigt. Die variablen Kosten liegen, wegen des vermehrten Gebrauches von Schlepper und Miststreuer bei der Kompostierung, natürlich etwas höher.
Negativ zu Buche schlägt dann beim Kompost noch die eventuell notwendige Abdeckung. Schlußendlich kann dies aber ein arbeitsmäßiger Vorteil des Kompostes beim Beladen und v. a. bei der Ausbringung (zumindest) ausgleichen, da ja nur 60 bis 80 % der Masse des Stapelmistes ausgebracht werden. Dadurch wird auch der Dieselverbrauch reduziert.

2.13. Die Verwendung von Mistkompost

2.13.1. Der Reifegrad des Kompostes

Ob ein Kompost „reif" ist, entscheidet nach dem jeweiligen Ziel der Düngung der Bauer und nicht das Schema auf dem Papier. Die angenommene Polarität Nährstoffwirkung-Strukturwirkung bei jungem Kompost gegenüber älterem Kompost hat sich in den bisherigen Versuchen bestätigt (ACHERMANN, 1977).
Älterer Kompost führt zu hohen Erträgen, wenn eine genügend lange Vegetationszeit zur Verfügung steht. Er fördert überdies vermehrt das Wurzelwachstum.
Der Reifegrad läßt sich eigentlich deshalb nur im Zusammenhang mit dem Verwendungszweck sehen, weil die verschiedenen Ziele bei der Düngung eine Nutzung des ganzen Spektrums zwischen den beiden Polen, also eine Nutzung der verschiedenen Ab- bzw. Aufbaustufen der organischen Substanz, bedingen.
Der Reifegrad hinsichtlich der Wurzelverträglichkeit des Kompostes kann mit verschiedenen Methoden bestimmt werden:
— einmal nach morphologischen Gesichtspunkten, was bedeutet, daß man die Miete aufgräbt und sich den Kompost besieht. Dadurch wird mehr noch über die Güte des Kompostes eine Aussage getroffen.

— Mittels Bleiacetatpapier wird der Sulfidgehalt bestimmt. Ist Sulfid vorhanden, herrschen noch anaerobe Zustände vor (SPOHN, 1981).

— Umgekehrt werden aerobe Zustände anhand einer Nitratbestimmung ermittelt (Überführung von Ammonium in Nitrat unter Zufuhr von Sauerstoff mit zunehmender Kompostreife). Junge Komposte (3 bis 6 Wochen) enthalten kein Ammonium mehr, aber noch kein Nitrat, reifere Komposte (ab 3 bis 4 Monaten) können 10 bis 12 % des Gesamtstickstoffs in Form von *Nitrat* enthalten. Der Nitrattest kann mit *Teststäbchen* von Merck durchgeführt werden, auf denen ein Abschnitt für Nitrat und Nitrit gekennzeichnet ist.

— Beim *Pflanzentest* wird meist *Kresse* in eine Erde/Kompostmischung gesät (vgl. Abb. 69). Kresse zeigt etwa nach 5 bis 7 Tagen an, ob der Kompost schon wurzelverträglich ist. Sie soll nach 2 bis 3 Tagen vollständig keimen, nach 7 Tagen noch grün sein und weiße Wurzeln aufweisen (PFIRTER et al., 1982).

Abb. 69:
Überprüfung des Reifestadiums mit Kresse als Keimpflanze,
Darstellung der Entwicklung. Rechts: frisch gesät und 1 Tag alt,
Mitte: nach 2 bis 4 Tagen, Links: nach 5 bis 7 Tagen

— Anhand der *„bildschaffenden Methode"* kann die Wurzelverträglichkeit ebenfalls bestimmt werden. Dabei gelangt ein silbernitrathaltiges (wie die Beschichtung beim Negativfilm) Rundfilter zur Anwendung. Es wird mit einem alkalischen Kompostauszug benetzt. Das entstehende Bild zeigt die Anteile der gebildeten Huminstoffe. Mit zunehmender Kompostreife hellen die Außenzonen auf und wandern die dunklen Zonen ins Zentrum des Filters (s. d. a. BRINTON, 1983; HERTELENDY, 1975) (s. a. Abb. 67 u. 68, S. 224 d).

2.13.2. Allgemeines zur Anwendung und Ausbringung von Mistkompost

Kompost führt dem Organismus Boden Nährstoffe in organischer Form und einem ausgewogenen Verhältnis zu.

Die der organischen Form gemäße, kontinuierliche Nachlieferung von Nährstoffen zur Pflanze ist dem Vegetationsstadium angepaßt. Das heißt, je weiter die Vegetation mit der Jahreszeit fortschreitet und damit je wärmer es wird, desto mehr wird mineralisiert und ist dem erhöhten Bedarf der Pflanze zugänglich.

Reifer Mistkompost kann jederzeit zu jeder Kultur auch in die Wurzelzone gegeben werden, ohne daß eine Wachstumshemmung zu befürchten ist. Diese Tatsache erweitert den Handlungsspielraum des Bauern v. a. im Feldgemüsebau.

Der Mist muß also nicht unbedingt im Herbst ausgebracht werden, um keinen Schaden an der Sommerfrucht hervorzurufen. Im Gegenteil: Kopfdüngung ist förderlich.

Sogar eine *Kompostdrillsaat* wurde von RHODE (1956) in den fünfziger Jahren mit zwölf Monate altem Kompost erprobt. Dabei wurde direkt ins Pflanzloch oder in die Saatreihe Kompost gegeben. Als Ergebnisse führt er an:

— prinzipiell besseres Auflaufen,

— bessere Winterfestigkeit und Jugendentwicklung sowie bessere Bestockung beim Getreide,

— verminderter Befall der Kartoffel mit Rhizoctonia und Schorf.

In diesem Zusammenhang ist es interessant, einige ältere Untersuchungen zur *Huminstoffwirkung* zu betrachten.

Wie FLAIG mit verschiedenen Chinonen, erzielte CHRISTEWA (1950 und 1953) durch Zugabe von Fulvosäuren und Huminsäuren eine erhöhte Atmung bei der Pflanze.

Diese Substanzen wirkten anscheinend als H^+-Überträger zwischen verschiedenen Enzymsystemen, v. a. bei der Keimung und im Keimpflanzenstadium. Verstärkte Atmung wiederum bedingte eine erhöhte Stoffaufnahme (CHAMINADE, 1956).

KONONOVA berichtete 1958 über eine starke Stimulierung der *Wurzelneubildung* an den Halmknoten von Getreidekeimlingen durch Huminstoffe.

CHRISTEWA (1955) schrieb der fördernden Wirkung der Huminstoffe bei der Jugendentwicklung der Pflanzen den stärksten Effekt zu (alle z. n. SCHEFFER und ULRICH, 1960, S. 223 ff.).

Berücksichtigt man weiterhin die mögliche Erhöhung der Nährstoffverfügbarkeit bei der Kompostierung, so käme einer Kompostdrillsaat bei Kulturen mit langsamer und unsicherer Jugendentwicklung sowie hohem Nährstoffbedarf (z. B. *Mais)* eine besondere Bedeutung zu.

Für diesen speziellen Verwendungszweck waren in der DDR sogar schon Maschinen konstruiert worden. Als einfachste Variante diente ein auf die Drillmaschine aufgesetzter Kasten, der den Kompost aufnahm (HENNIG, 1982).

Leider verschwand die Kompostdrillsaat „in der Versenkung" und eine eindeutige Klärung der Fragen nach Wirksamkeit und Handhabung steht damit noch aus.

Mit Erfolg wird diese Methode hingegen im Kleinen, d. h. von vielen Hausgärtnern durchgeführt.

Im biologischen Landbau geht man zum Teil in eine ähnliche Richtung, indem man den Kompost direkt vor der Saat oberflächlich leicht einarbeitet.

Flach eingebracht soll der Kompost auch zu anderen Ausbringungszeiten werden, da er, an der Bodenoberfläche liegengelassen, leicht austrocknen kann. In dichten, schon etwas höheren Getreidebeständen kann und muß dann auch wegen der Beschattung nicht mehr eingearbeitet werden. Besteht bei Getreide einmal die Notwendigkeit, Kompost einzuarbeiten, so geschieht dies sinnvollerweise bei der Unkrautbekämpfung mit Netzegge oder *Hackstriegel.* Kompost soll ebenso wie Frischmist nicht aufs Feld gebracht werden, wenn lange *Trockenperioden* zu erwarten sind.

Eine mögliche sinnvolle Frühjahrs- oder Ausgang Winter-Düngung darf nicht zu dem Gedanken verführen, Kompost könne prinzipiell jederzeit im Winter ausgebracht werden!

Auch der Kompost unterliegt ja den Witterungseinflüssen und kann austrocknen oder ausfrieren und so an Wert verlieren. Zwar ist die direkte *Auswaschungsgefahr* von Nitrat mit dem Kompost gegenüber dem Frischmist oder Stapelmist reduziert, es besteht jedoch noch keine Klarheit darüber, ob die Winterausbringung von Kompost nicht doch zu erheblichen Auswaschungsverlusten führen kann (s. d. a. Kap. C 1.2.).

Untersuchungen hierzu sind im Gang und erste Ergebnisse weisen darauf hin, daß man auch bei der Kompostdüngung die natürlichen Gegebenheiten berücsichtigen muß, d. h. die Düngung soll möglichst zu Zeitpunkten durchgeführt werden, wenn der Boden aktiv und von Pflanzen bestanden ist.

Arbeitswirtschaftliche Gründe, die oft für eine Ausbringung im Winter sprechen, taugen wenig, wenn der Kompost im Winter durch Regen und Frost einerseits sowie durch Auswaschungsverluste andererseits seinen Wert verliert und zudem die Gewässer mit Nitrat und Phosphat belastet werden.

Ebenso wie in den bereits höheren Getreidebeständen entfällt auf dem Grünland meist die Notwendigkeit, den Kompost „einzuarbeiten".

Abb. 70:
Fein streuen und gleichmäßig verteilen

Im Gegensatz zu der erwähnten flachen Unterbringung kann der Kompost in gut durchlüfteten Sandböden auch tiefer eingebracht werden.

Wie im Kapitel „Humus" angesprochen, führen kleinere Düngegaben in kürzeren zeitlichen Abständen zu einer stärkeren Nährstoffwirkung, größere Gaben im Abstand mehrerer Jahre eher zu einer Wirkung als *Dauerhumus.*

Bei der Ausbringung des Kompostes muß eine möglichst feine, gleichmäßige und breite Verteilung angestrebt werden. Durch ein breiteres Ausstreuen werden Fahrspuren auf dem Feld reduziert.

Die *Standardstreuwerke* mit liegenden Walzen eignen sich für die Ausbringung weniger, weil sie höchstens Streubreiten von 2 m erreichen und weder fein noch besonders gleichmäßig verteilen.

Sogenannte Breitstreuwerke lassen sich zum genannten Zweck sehr gut einsetzen und werden inzwischen von den meisten Firmen vertrieben, die Miststreuer herstellen. Die Abbildung 71 zeigt verschiedene Streuwerktypen, die Abbildungen 74 und 75 Streuwagen, die mit *Breitstreuwerken* ausgerüstet sind.

Angaben über die Streubreiten finden sich in der Tabelle 48. Dabei ist zu beachten, daß bei der Ausbringung von Frischmist und Tiefstallmist

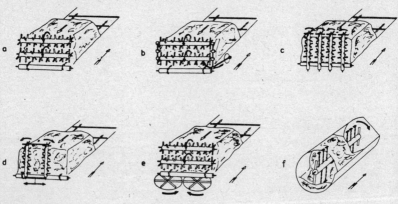

Abb. 71:

Streuwerktypen: a = Schmalstreuwerk; b = Pendelstreuwerk;
c = Breitstreuwerk; d = Fräßstreuwerk; e = Breitstreuwerk mit
Verteilertellern; f = Kettenschlegelstreuer mit seitlichem Auswurf
(für Hühnermist) (nach STRAUCH et al., 1977, S. 175)

mit geringeren Streubreiten gerechnet werden muß, als bei der von Kompost.

Die heute gebräuchlichen Miststreuer arbeiten mit Kratzboden. Bei diesen Streuwagen variiert die pro Zeiteinheit ausgebrachte Dungmenge mit dem Vorschubweg der Kratzkette.

Aus der Abbildung 73 geht hervor, daß der verwendete Miststreuer 11 kg Mist/sec. ausbrachte, als die Kratzkette einen halben Meter zurückgelegt hatte. Dieser Wert stieg auf 14 kg Mist/sec., als die Kratzkette zwei Meter weit abgelaufen war.

Dieser Effekt beruht auf einer zunehmenden Verdichtung des Miststapels im Streuer infolge des Widerstandes, den das Streuwerk dem Vorschub des Mistes entgegensetzt.

Bezüglich der auszubringenden Mistmenge muß klar sein, daß es selbst mit kleinstem Vorschub der Kratzkette und hoher Fahrgeschwindigkeit, bei folglich weiter Fahrstrecke bis zur Entleerung des Streuers, schwierig ist, pro Hektar Mistmengen auszubringen, die unter 100 dt liegen (sogenannte Mistschleier).

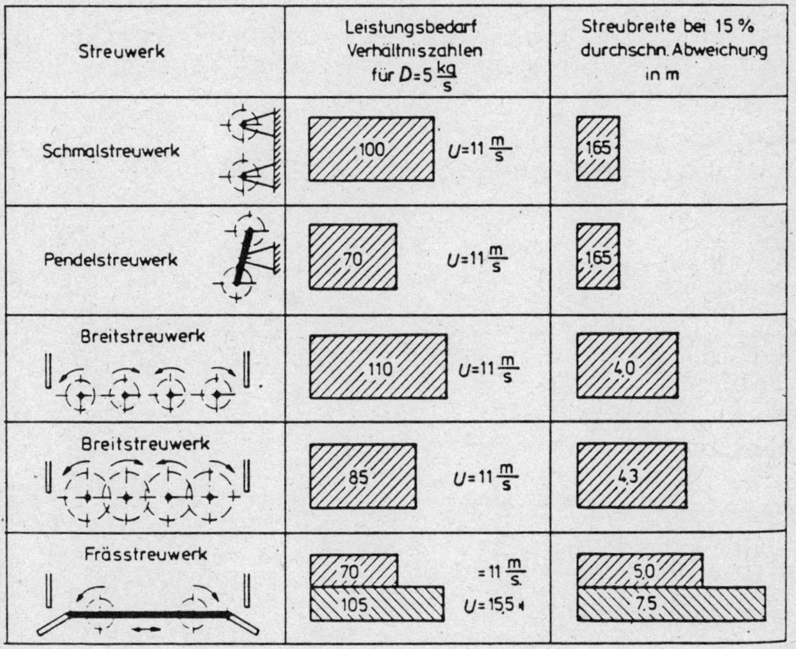

Streuwerk	Leistungsbedarf Verhältniszahlen für $D = 5 \frac{kg}{s}$	Streubreite bei 15 % durchschn. Abweichung in m
Schmalstreuwerk	100 $U = 11 \frac{m}{s}$	1,65
Pendelstreuwerk	70 $U = 11 \frac{m}{s}$	1,65
Breitstreuwerk	110 $U = 11 \frac{m}{s}$	4,0
Breitstreuwerk	85 $U = 11 \frac{m}{s}$	4,3
Frässtreuwerk	70 $= 11 \frac{m}{s}$ / 105 $U = 15,5$	5,0 / 7,5

Abb. 72:
Streubreite und Leistungsbedarf verschiedener Streuwerk-Systeme;
D = Stalldung-Massestrom; U = Umfangsgeschwindigkeit der
Streuwerkzinken (DERNEDDE, 1965, z. n. STRAUCH et al.,
1977, S. 176)

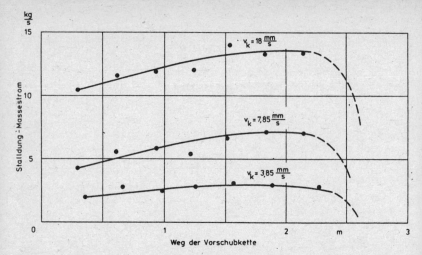

Abb. 73: *Veränderung des abgestreuten Stalldung-Massestroms während der Entladung; V_k = Geschwindigkeit der Vorschubkette (z. n. STRAUCH et al., 1977, S. 177)*

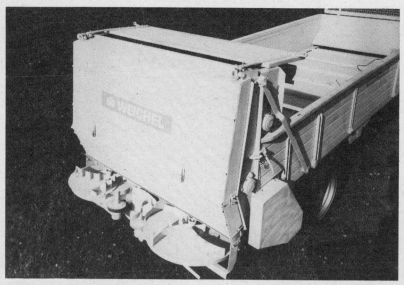

Abb. 74: *Der verbesserte Weichel-Streuwagen mit Breitstreuwerk. Das Streuwerk wird auch getrennt verkauft und paßt in jeden Streuer, der normalerweise mit liegenden Streuwalzen ausgerüstet ist. Laut Hersteller lassen sich damit Streubreiten von über 10 m erzielen*

238

Abb. 75:
Miststreuer mit Breitstreuwerken

2.13.3. Die Verwendung bei den verschiedenen Kulturen

Die folgenden Angaben sind als Anhaltszahlen zu werten:
Wie jede Düngemaßnahme hat sich auch die organische Düngung nach den jeweiligen, genau zu bestimmenden Gegebenheiten am Standort zu richten!

Die Düngegaben schwanken demgemäß in erheblichen Grenzen. Die Kompostwirtschaft selbst hat überdies innerbetriebliche Faktoren, wie Viehbesatz, jahreszeitlichen Anfall und andererseits Bedarf an Kompost zu berücksichtigen.

Die Düngegaben mögen von den Nährstoffgehalten und speziell von den N-Werten her als zum Teil sehr gering erscheinen. Dies gilt um so mehr, wenn man berücksichtigt, daß nur ein Teil der OS im ersten Jahr mineralisiert wird.

Kompostgaben sind aber nur zu einem mehr oder minder kleinen Teil als eine direkte Düngemaßnahme anzusehen. Im biologischen Landbau geht man davon aus, daß ein Teil der Nährstoffe aus organischen Düngern vom Boden weiterverarbeitet und erst nach erneuter Mineralisation der Pflanze zugute kommt.

Selbstverständlich muß der Nährstoffbedarf der Pflanzen gedeckt werden. Das geschieht aber nicht nur über die Hofdünger, sondern auch durch die Mineralisierung des Humus im Boden, in den der nicht abgebaute Teil des Kompostes ebenfalls eingeht, sowie über die Bindung von Luftstickstoff und der Mobilisierung von mineralischen Nährstoffen aus der Bodenreserve.

Alle diese Vorgänge werden wiederum durch die organische Düngung, über deren Einwirkung auf den Boden beeinflußt.

Eine Kompostgabe kann also nicht einfach nur an ihrem Nährstoffgehalt gemessen werden. SAUERLANDT und TIETJEN (1970, S. 36) äußern sich hierzu folgendermaßen:

„Organische Dünger wirken direkt auf die Bodeneigenschaften sowie auf die Pflanze ein, wobei die direkten Wirkungen auf das Bodengefüge, die Pflanze in gleichem wenn nicht sogar stärkerem Maße ertragssteigernd zu beeinflussen vermögen."

Die vielfältigen positiven Wirkungen organischer Düngung hinsichtlich des Bodens sind in den Kapiteln C 2.6.1.2. bis C 2.6.2.5.4. und C 2.7. besprochen.

Im **Getreidebau** sind Kompostgaben von 10 bis 15 t/ha üblich. Nach mehrjährigem Wechselgrünland (Kunstwiese) kann oft auf eine weitere Düngung verzichtet werden.

Geht eine Gründüngung voraus, so erfolgt die Mist- bzw. Kompostschleiergabe auf diese im Herbst.

Nach einjährigen Leguminosen oder gut mit Hof- bzw. Gründünger versorgten Hackfrüchten genügt je nach Nachfrucht eine Jauche-Kopfdüngung im Frühjahr (5 bis 20 m³), die sich v. a. beim **Winterweizen** und bei der **Wintergerste** bewährt.

Der Grund hierfür ist im frühen N-Bedarf dieser Getreide zu sehen, die bereits assimilieren, wenn wegen der niedrigen Bodentemperaturen noch nicht genügend mineralisiert wird. Allerdings sollte man sich im klaren darüber sein, daß eine Düngung mit unbehandelter *Jauche* weitgehend der mit synthetischen Stickstoff entspricht.

Erfahrungen biologisch wirtschaftender Betriebe zeigen, daß auf gut mit OS versorgten Böden bei starker biologischer Aktivität und hohem N-Nachlieferungsvermögen des Bodens die genannten Getreide den Rückstand, der durch mangelnde N-Versorgung im Frühjahr bedingt ist, im Lauf der Vegetation durchaus aufholen können.

Beim **Roggen** ist besonders nach Leguminosenvorfrucht Vorsicht mit einer weiteren Düngung geboten.

Der **Hafer** mit seinem guten Nährstoffaufschließungsvermögen und einer langen Vegetationszeit nützt eine Herbstdüngung gut aus — eine Frühjahrsdüngung entfällt.

Die Kompostgabe erfolgt meist im Herbst, ist jedoch auch als Kopfdüngung auf bis zu 30 cm hohe Bestände möglich.

Beim jungen Kompost bürgert es sich in letzter Zeit ein, die Gaben zu Getreide auf gerade noch gefrorenen Boden im zeitigen Frühjahr auszubringen. Da die Mineralisierung mit jeder Temperaturerhöhung im Bereich zwischen 0 und 10 °C eine enorme Steigerung erfährt, die größer ist als beim Anstieg in höheren Temperaturbereichen (STADELMANN, 1981), werden dem Getreide aus dem Kompost, der mit beginnendem Frühjahr vom Boden umgesetzt wird, viele freiwerdende Nährstoffe zur Verfügung gestellt (s. d. a. Kap. C 1.2.). Diese Düngungsmethode wurde bereits zu Zeiten THAERS unter der Bezeichnung „top dressing" gehandhabt (s. bei SAUERLANDT, 1956 bzw. SAUERLANDT und TIETJEN, 1970).

Beim **Mais** liegt der Nährstoffbedarf höher als bei den anderen Getreidearten. Nach den bisherigen Erfahrungen lohnt er, genau wie der **Raps**, eine Oberflächenkompostierung mehr als Mietenkompost (OTT, 1982).

Wird Mietenkompost zu diesen Kulturen ausgebracht, dann sollte er „pilzreif" sein. Die Gabenhöhe liegt normalerweise zwischen 10 bis 25 t Kompost/ha bzw. 15 bis 40 t Frischmist/ha.

Zu **Kartoffeln und Rüben** bewähren sich wegen ihrer langen Vegetationszeit Kompostgaben kurz vor der Saat und/oder zum Häufeln bzw. Hacken. Beide Kulturen verlangen jüngeren Kompost. Die Gabenhöhe beträgt bei den Kartoffeln etwa 10 bis 25 t Kompost/ha, bei Rüben bis über 30 t Kompost/ha entsprechend 15 bis 50 t Frischmist/ha.

Wegen des enormen Kalibedarfs lohnen Rüben hohe Jauchegaben.

Auf dem **Grünland** wird der Frischmist dem Kompost wegen der erwünschten überwiegenden Nährstoffwirkung vorgezogen. Die Ausbringung erfolgt im Herbst, wenn die Lage rauher ist. In gemäßigteren Gebieten kann der Frischmist zur Wiese auch im Frühjahr ausgebracht werden. Im Winter sollte auch auf dem Grünland kein Kompost ausgebracht werden und schon gar kein Frischmist (s. d. Kap. C 1.2.). Frischmist dient ebenso wie belüftete Gülle und Jauche zur Düngung nach dem Heuen.

Kompost, der meist im Frühjahr oder Frühsommer gegeben wird, wirkt sich besonders günstig auf die botanische Zusammensetzung des Grünlandes aus.

Diese Wirkung ist auch im konventionellen Landbau seit längerem bekannt, wird aber heute anscheinend ignoriert.

Hierzu schreibt SCHLIPF (1952, S. 72):

„Die Wirkung des Kompost-Düngers dauert zwei bis drei Jahre und zeigt sich hauptsächlich darin, daß das Moos verschwindet, gute Wiesenpflanzen sich einstellen, die Süßgräser kräftig hervortreten."

In Betrieben mit überwiegendem Grünlandanteil und Milcherzeugung bzw. Rindermast besteht leicht die Gefahr einer Überdüngung der Wiesen und Weiden. Oft werden nämlich etliche Nährstoffquellen, die dem Grünland zugute kommen, überhaupt nicht in die Düngeberechnung miteinbezogen.

Die Exkremente des Rindviehs enthalten bereits 50 bis 80 % des N, 60 bis 80 % des P und 70 bis 95 % des K, das den Tieren mit dem Futter verabreicht wurde. Bei sorgfältiger Aufbereitung des Mistes geht davon höchstens N in größerem Maße verloren.

Gerade der N wird aber über den Leguminosenanteil im Grünland leicht ersetzt. Weiterhin wird nach Angabe von SCHILLER (1975 a) die Mobilisierung von Nährtoffen unter dem

Grünland meist unterschätzt und reicht nach Schätzung verschiedener Autoren, die er zitiert, allein für eine Ernte von 30 bis 50 dt TS aus. Hinzu kommen noch die Nährstoffe aus dem zugekauften Kraft- und Mineralfutter. Im konventionellen Betrieb werden auch oft Nährstoffe über das hofeigene Kraftfutter und das Stroh vom Acker auf die Wiese umgelagert, da gleichzeitig keine Düngung des Getreides mit Mist erfolgt und der Hackfruchtanteil bzw. die Maisfläche zu gering ist, um die Mistmenge aufzunehmen, die dem Getreide zustände.

Werden nun zusätzlich mineralische Dünger gegeben, so kann leicht eine Überdüngung des Grünlandes die Folge sein.

Eine Überdüngung kann nun wieder über verschiedene Wirkungsmechanismen schädliche Einflüsse auf die Tiere, z. B. im Bereich der Fruchtbarkeit, nach sich ziehen.

Die umfangreichen Grünlanduntersuchungen der landwirtschaftlich-chemischen Bundesversuchsanstalt Linz/Österreich haben deren damaligen Leiter SCHILLER (1975 b) zu folgender Kommentierung dieser Zusammenhänge veranlaßt:

„Eine mittelbare Ursache für die Fruchtbarkeitsstörungen scheint also der überhöhte betriebsinterne Nährstoffkreislauf zu sein. Es sind mehr Nährstoffe im Umlauf als die futterproduzierenden Flächen für Pflanzen- oder Nährstoffhöchsterträge nutzen können. Dabei kann es zu stofflichen Veränderungen und in der Folge zu sexualaktiven Effekten des Wiesenfutters kommen."

In Anbetracht der beschriebenen vielschichtigen Zusammenhänge dürfte es klar sein, daß die Düngung auf dem Grünland noch in größerem Maße variiert als auf dem Acker. Deswegen erscheint es wenig sinnvoll, an dieser Stelle Zahlen aufzuführen.

Auch bei **Feldgemüse** variieren die Kompostgaben. Starkzehrer, wie Kohl, Gurken, Kürbisse etc. erhalten bis zu 40 t Kompost/ha. Unter den Gemüsearten vertragen frische organische Substanz gut: Tomaten und gurkenartigen Gewächse, schlecht: Kopfsalat, Rote Bete, Sellerie, gar nicht: Möhren, Zwiebeln, Knoblauch, Leguminosen.

Auch wegen der hohen und häufigen Düngegaben, v. a. aber wegen der schnelleren Aufeinanderfolge der Kulturen stellt ein guter verrotteter Kompost im Feldgemüsebau den idealen Dünger dar. Frischmist müßte hier erst vom Boden verarbeitet werden, wodurch die Neuaussaat verzögert würde.

Obst erhält, wenn die Anlage gemulcht wird, nur ab und zu eine zusätzliche organische Düngung und kann auch längere Zeit ohne Zufuhr von weiterem Dünger auskommen. Dabei ist auf die Versorgung mit Kali und Spurenelementen zu achten und Gesteinsmehl zur Deckung des Bedarfs an diesen Nährstoffen einzusetzen. Zu Junganlagen auf ärmeren Standorten kann eine einmalige Gabe von 10 t Kompost/ha ausgebracht werden.

Abb. 76:
Spezialmiststreuer für den Einsatz im Weinbau zwischen den Zeilen

Auch im **Weinbau** werden geringere Mengen gegeben, was zusätzlich von der Untersaatennutzung abhängt. Meist wird man einem reifen Kompost den Vorzug geben, weil weniger die Nähr- als die Dauerhumuswirkung erwünscht ist. Die Ausbringung erfolgt vor der Gründüngungseinsaat oder im Frühling.

Es empfiehlt sich aufgrund des Düngeplanes, des Tierbesatzes und des Anfalls an Stroh und anderen organischen Reststoffen, eine überschlägige Hofdüngerbilanz aufzustellen, um die Verwendung der Hofdünger gezielt planen zu können.

2.14. Ertrag und Qualität des Ertrages bei Kompostdüngung

Natürlich hängt der Ertrag von einer Reihe zusammenwirkender Maßnahmen ab, wovon die Düngung nur eine wesentliche ist.

In etlichen vergleichenden Untersuchungen, die bei RHODE (1956) zusammengefaßt sind, erbrachte jedoch die Kompostdüngung einen Mehrertrag gegenüber der Düngung mit Stapelmist, der in den meisten Fällen statistisch gesichert war.

Weiterhin zeigten RHODE et al. (1956), daß mit Mistkompost auf Kunstwiese auch höhere Erträge erzielt werden können als mit Mineraldüngung.

Auch andere Autoren weisen übereinstimmend auf Mehrerträge mit Mistkompost gegenüber Stallmist hin (SAUERLANDT, 1956, SCHUPHAN, 1976). Es besteht bei diesen Untersuchungen jedoch ein Problem darin, daß die Düngung auf der Basis gleicher Mengen an organischer Substanz durchgeführt wurde, was den Kompost bevorteilte, da er aufgrund der größeren Verluste an OS als konzentrierterer Dünger gelten muß.

Auch bei RHODE (1956, S. 135 ff.) wurde nur ein Teil der Versuche auf der Basis gleicher Ausgangsmengen an Frischmist durchgeführt, wodurch die Rotteverluste Berücksichtigung fanden.

Kultur	Versuchs-·glied	Ertrag (dt/ha)	Ertrag (rel.)	p (%)
Kartoffeln	H	120	100	—
	M	125	104,2	20,7
	M + H	131	109,2	13,0
	S + H	110	91,7	2,5
Hafer	H	28,9	100	—
	M	25,8	89	58,2
	S + H	28,1	97	20,7
	S	26,0	90	0,9
Stoppelklee (folgte dem Hafer = Nachwirkung)	H	48,9	100	—
	M	100,4	205	0,1
	S + H	58,6	138	4,4
	S	67,6	116	18,5
Raps	H	13,08	100	—
	M	11,72	89,6	18,5
	S + H	15,80	120,8	7,4
	S	11,80	90,2	26,3

H	= Nur Handelsdünger	S + H	= Stapelmist mit Handelsdünger
M	= Mistkompost ohne Handelsdünger	S	= Stapelmist ohne Handelsdünger
M + H	= Mistkompost mit Handelsdünger		

Tab. 48:
Ertragsergebnisse bei Düngung mit Stapelmist bzw. Mistkompost zu verschiedenen Kulturen; Basis der Düngung: gleiche Ausgangsmengen an Frischmist (RHODE, 1956, S. 136)

Zu dem erwähnten Vergleich mit den Mineraldüngern muß angemerkt werden, daß die Kompostmenge sehr hoch lag, hingegen die Mineraldüngermenge extrem niedrig. Außerdem sind die Ertragswerte nicht mehr aktuell.

Diese kurze Zusammenstellung zeigt, daß es unbedingt notwendig ist, den Bereich „Ertragswirkung der Hofdünger" weiteren Untersuchungen zu unterwerfen.

Die Tabelle 48 faßt einige Ergebnisse der Untersuchungen von RHODE (1956) zusammen.

Nicht allein die kurzfristige *Ertragsfähigkeit* eines Bodens, sondern auch die *Ertragssicherheit* wird durch eine organische Düngung infolge der Nachwirkung und aufgrund der günstigen Einflüsse auf den Boden erhöht (s. d. a. Kap. C 2.6.1.2. bis C 2.6.2.5.4. und C 2.7.).

In den folgenden Beispielen, die aus Untersuchungen von SPRINGER (1960) stammen, tritt dieser Effekt deutlich hervor. Es muß allerdings angemerkt werden, daß die Düngegaben sehr hoch und damit praxisunüblich waren. Selbst über die Ernterückstände mehrjähriger Kleegrasgemenge gelangen bei gleichzeitiger Düngung mit 20 t Mistkompost/ha und Jahr „nur" etwa 100 bis 150 dt Gesamt-TS/ha und Jahr in den Boden. Die Varianten bei SPRINGER (1960) erhielten jedoch 200 dt aschefreie TS/ha und Jahr.

Die Ergebnisse der ersten Untersuchung zeigen, wie die organische Düngung bei extremer Frühjahrstrockenheit die Ertragsbildung beeinflußt. Die Niederschläge betrugen im Mai 17 mm und im Juni 37 mm. Zum Anbau kam Sommerraps.

Die verschiedenen organischen Dünger waren in den drei Jahren zuvor jeweils im Herbst ausgebracht worden. Der Ertrag der Vergleichsparzelle ohne Düngung betrug 7,76 dt Korn (86 % TS) und wurde gleich 100 % gesetzt. Die Relativerträge auf den Parzellen mit unterschiedlicher Düngung sind in der Tabelle 49 a wiedergegeben.

Entsprechend der allmählichen Mineralisierung kann sich die Nachwirkung mancher organischer Dünger über mehrere Jahre erstrecken. Dies gilt nicht für Dünger, die frei von Huminstoffen sind, wie Stroh und Gründüngung (s. d. Kap. C 2.6.2.).

In den Feldversuchen von SPRINGER (1960) waren im Verlauf von zehn Jahren etwa 80 % der OS aus einem mehrwöchig gelagerten Stallmist mineralisiert worden und 60 % der OS aus einem reifen mehrjähri-

Parzelle	M	G	S	St I	St II	E	Mk	K	Angaben in
Tab. 49 a	104	183	133	162	188	169	188	261	%
Tab. 49 b	116	114	117	126	133	132	137	136	%

M = bei a) Parzelle mit „normaler" Mineraldüngung (80 kg N als KAS in 2 Gaben,
60 kg P_2O_5 (Superphos), 80 kg K_2O (40er Kali) —
bei b) Parzelle mit früher normaler Mineraldüngung ohne organische Dünger

G = Gründüngung   E = Erdmist
S = Stroh   Mk = Mistkompost
St I = Stallmist, 6 Wochen alt   K = mehrjähriger Kompost
St II = Stallmist, 6 Monate alt

Tab. 49:
Wirkung einer organischen Düngung auf den Ertrag (relativ)
von Sommerraps bei extremer Frühjahrstrockenheit (a) und Ertrag
bei Sommerweizen (relativ) bedingt durch die Nachwirkung
verschiedener organischer Dünger (b) (SPRINGER, 1960)

gen Kompost, wobei die Düngung nur über die ersten fünf Jahre erfolgte.

Als Beispiel für die Nachwirkung verschiedener organischer Düngung soll die Tabelle 49 b dienen. In diesem Versuch von SPRINGER (1960) wurden die Parzellen, die fünf Jahre lang organisch gedüngt worden waren, im Jahre 1958 mit Sommerweizen bebaut. Die letzte organische Düngung erfolgte im Jahre 1952. Die mineralische Düngung betrug umgerechnet 100 kg P/ha (in Form von Superphosphat), 100 kg K/ha (in Form von 40er Kali) und 20 kg N/ha (in Form von KAS). Die starke Limitierung der N-Gabe resultierte aus der bestehenden Lagergefahr. Der Ertrag der früher ungedüngten Parzellen betrug im Durchschnitt 27,2 dt/ha Korn mit 86 % TS und wurde gleich 100 % gesetzt.

Wie man sieht, beinhaltet die organische Düngung nicht allein einen auf die nächste Ernte ausgerichteten Aspekt. Vielmehr ist sie auch als eine Kulturmaßnahme anzusehen, die aus Überlegungen zu längerfristigen Entwicklungen entspringt.

Da die organische Düngung in diesem umfassenden Sinne für einen langfristig ertragreichen Pflanzenbau unentbehrlich ist, muß jener intensiv wirtschaftende Ackerbauer, der aus kurzfristigen Ertragsbetrachtungen heraus die organische Düngung vernachlässigt, die natürliche Fruchtbarkeit seiner Böden kontinuierlich minimieren.

Die Sorge um eine solche Entwicklung kennzeichnet schon seit langem die Überlegungen kompetenter, ackerbaulich orientierter Wissenschaftler.

ROEMER etwa schrieb 1950:

„Kann der Ackerboden jährlich genutzt (nicht ausgenutzt!) und gleichzeitig der Boden in seiner Fruchtbarkeit aufgebaut werden? Erst dann können wir mit Recht von Ackerbau sprechen, dann wird der Landwirt zum Bauherrn des Ackers" (z. n. SAUERLANDT und TIETJEN, 1970, S. 70).

Es muß weiterhin darauf geachtet werden, daß jede Ertragsbetrachtung zu verschieden aufbereiteten Hofdüngern bzw. Kompost im Vergleich zu Mineraldüngern mit erheblicher Unsicherheit behaftet ist, da anscheinend etliche Faktoren, die den Ertrag beeinflussen, noch gar nicht bekannt sind, aber selbstverständlich auch in die Untersuchungen mit einfließen, wenn sie nicht beachtet werden.

Variante	TS-Ertrag (dt/ha)		Vitamin C				Nitrat (mg NO₃/ 100 g TS)	
			(mg/kg FS)		(mg/100 g TS)			
	Nores[1]	Nobel[2]	Nores	Nobel	Nores	Nobel	Nores	Nobel
Mistkompost [3]								
100 kg N/ha	11,2	18,2	694	767	685	769	1 247	590
300 kg N/ha	12,5	19,5	705	763	728	800	929	541
Pflanzenkompost [4]								
100 kg N/ha	—	14,4	—	775	—	769	—	413
300 kg N/ha	—	18,0	—	761	—	805	—	629
N.P.K.								
100 kg N/ha	17,2	18,4	549	663	680	771	2 672	1 900
300 kg N/ha	20,5	18,7	499	555	691	693	3 968	3 587
Null	12,3	15,3	676	816	662	818	1 229	537

[1] = Spinatsorte Nores
[2] = Spinatsorte Nobel Original
[3] = aus Rindermist
[4] = aus Pflanzenabfällen

TS = Trockensubstanz
FS = Frischsubstanz

Tab. 50:
TS-Ertrag, Vitamin C- und Nitratgehalt von Spinat im Feldversuch in Abhängigkeit von der Düngung (SCHUDEL et al., 1980)

So hat sich in letzter Zeit herauskristallisiert, daß der Ertrag, der mit unterschiedlichen Düngern erzielt wird, weitgehend von der verwendeten Sorte der jeweils angebauten Kulturpflanze abhängen kann.

Untersuchungen am FIBL mit Spinat ergaben, daß alle verwendeten Sorten auf eine mineralische Düngung reagierten, aber nicht alle auf eine Kompostdüngung. Einige wenige Sorten sprachen hingegen auf eine Kompostdüngung besser an, als auf mineralische Düngung. Diese Ergebnisse weisen einmal mehr auf die enorme Bedeutung der *Sortenwahl* im biologischen Landbau hin.

Als weitere interessante Tatsache konnte man bei diesen Versuchen feststellen, daß der Ertrag auch von dem verwendeten Kompost abhängen kann. Mistkomposte erbrachten weit bessere Ergebnisse als reine Pflanzenkomposte (s. Tab. 50).

Schließlich und endlich stellt sich die Frage, welchen Parameter, den Frischertrag oder den *Trockensubstanzertrag* man für den „Erfolg" anerkennen will. Da die Pflanze durch die Mineraldüngung gezwungen wird, vermehrt Wasser einzulagern, liegen die Frischerträge bei Blatt- und Grünpflanzen im konventionellen Landbau von vornherein höher.

N-Gabe (kg N/ha)	FS g/Topf	TS %	TS-Ertrag mg/Topf	NO$_3$-N mg/g TS
0	8,0	10,1	810	9,0
60	15,6	10,6	1 650	24,0
90	16,1	10,4	1 680	27,6
120	15,0	10,5	1 560	26,7
180	16,4	11,1	1 810	38,5
240	16,8	9,8	1 640	62,1
(k) *) 360	16,2	13,2	2 120	1,9
SD	0,82	0,24	73	0,5
KGD 5 %	2,5	0,48	220	1,5
1 %	3,5	0,79	310	2,0

*) = als Stallmistkompost

Tab. 51:
Einfluß der Düngungsform und der Höhe der N-Gabe auf TS-Ertrag, TS-Gehalt und NO$_3$-N-Gehalt von Spinat (FIBL, 1977, z. n. VOGTMANN, 1981)

Andererseits ist der relative Trockenmasseanteil dabei oft so weit erniedrigt, daß sich die Erträge beim Trockensubstanzertrag, auf den es ja ankommt, wieder ausgleichen. Aus diesem Grund wird bei der Sauerkrautherstellung in der Schweiz inzwischen der angelieferte Kohl zum Teil nach TS-Gehalt bezahlt.

Die Tabelle 51 und die Abbildung 77 zeigen, daß mit hohen mineralischen Stickstoffgaben der TS-Gehalt im Spinat sinkt, bei Kompostdüngern hingegen sehr hoch liegt.

Gleichzeitig verringert sich mit sinkendem TS-Gehalt der Anteil des Eisens und des Vitamin C, *wertgebender Inhaltsstoffe* im Spinat (Abb. 77 und 78).

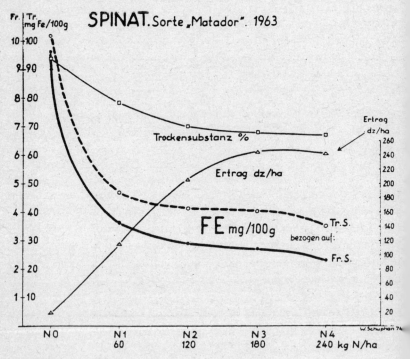

Abb. 77:
Zusammenhang zwischen N-Düngung, Ertrag, TS-Gehalt und Fe-Gehalt der Spinatsorte „Matador" (SCHUPHAN, 1976, S. 135)

250

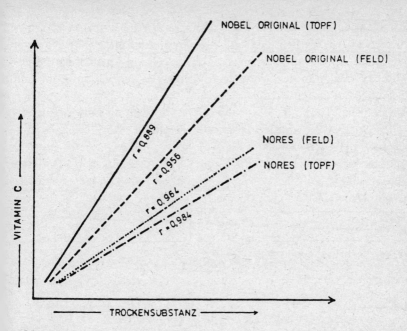

NOBEL ORIGINAL (TOPF)

NOBEL ORIGINAL (FELD)

NORES (FELD)

NORES (TOPF)

r = 0,889

r = 0,956

r = 0,964

r = 0,984

VITAMIN C

TROCKENSUBSTANZ

Abb. 78:

Abhängigkeit des Vitamin C-Gehaltes in Spinat von dessen Gehalt an Trockensubstanz (SCHUDEL et al., 1979, z. n. VOGTMANN, 1979, S. 7)

Umgekehrt steigt mit zunehmender Stickstoffdüngung auf mineralischer Basis die Konzentration des wertmindernden *Nitrats* erheblich an. Dies ist bei Düngung mit Kompost nicht der Fall (Tab. 50).

Der Nitratgehalt hängt überdies von der verwendeten Spinatsorte ab und steigt auch mit abnehmender Photosyntheseleistung, d. h. Mangel an Licht, Wärme, Feuchtigkeit und Nährstoffen, v. a. gegen den Winter zu (KORIATH et al., 1975, S. 218).

SCHUPHAN (1976) konnte in langjährigen Untersuchungen nachweisen, daß eine organische Düngung gegenüber einer mineralischen Düngung im allgemeinen den Anteil wertgebender Stoffe in der Pflanze erhöht und den Anteil wertmindernder Stoffe minimiert. Unterschiede zwischen der Stallmist- und der Kompostvariante traten hierbei nicht auf.

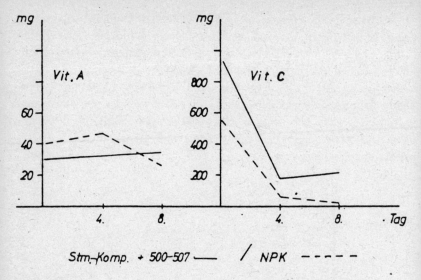

Stm.-Komp. + 500-507 —— / NPK - - - - -

Abb. 79:
Veränderung von Vit. A- und Vit. C-Gehalt in Spinat bei der
Lagerung in Abhängigkeit von der Düngung (ELSAIDY, 1981)

Produkt	Lagerverluste (%) [1]		Referenz
	konventionell	ökologisch	
Kartoffeln	24,5	16,3	ÅBERG, 1976
Kartoffeln [2]	30,2	12,5	PETTERSSON, 1978
Kartoffeln	26,1	15,9	WISTINGHAUSEN, 1973
verschiedene Gemüse (Durchschnitt)	46,2	30,0	SAMARAS, 1977
— bei Möhren	45,5	34,5	SAMARAS, 1977
— bei Kohlrüben	50,5	34,8	SAMARAS, 1977
— bei Rote Beete	59,8	30,4	SAMARAS, 1977

[1] = z. T. auch nur Vergleich organische — mineralische Düngung
[2] = Inklusive Kalibrierungsverluste

Tab. 52:
Lagerungsverlust bei verschiedenen Produkten aus unterschiedlichem
Anbau (zusammengestellt von VOGTMANN, 1979, S. 18)

ELSAIDY (1982) konnte mit rein organischer Düngung (Kompost) einen Spinat ziehen, der weniger Nitrat, geringere biochemische Umsetzungen und Keimzahlen, mehr Vitamin C, aber weniger Vitamin A aufwies. Ähnliche Verhältnisse fand ELSAIDY bei Bohnen.

Allerdings wurde bei der Lagerung des Spinates soviel Vitamin A abgebaut, daß der Gehalt in der mineralisch gedüngten Gruppe nach wenigen Tagen unter dem der Kompostvariante lag (s. Abb. 79).

Die organischen Varianten mit geringeren Erträgen als die mineralischen zeigten sehr gute Lagereigenschaften, während in einem Fall

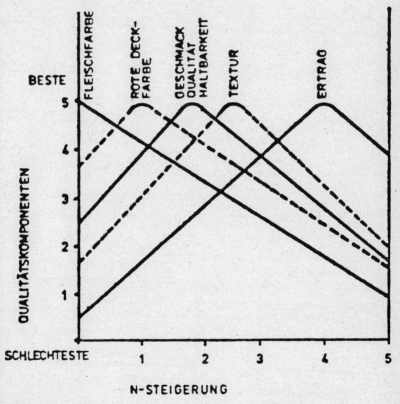

Abb. 80:
Qualitätsbeeinflussung durch steigende N-Düngung bei Äpfeln
(STOLL, 1969, z. n. VOGTMANN, 1979, S. 15)

höhere Erträge mit organischen Düngern an schlechtere Lagereigenschaften gekoppelt waren.

Im allgemeinen sind die *Lagerverluste* bei mineralischer Düngung gegenüber organischer Düngung erhöht, wie die Tabelle 52 zeigt. Eine Ausnahme dürften hierbei jedoch unbehandelte Flüssigmiste machen.

Insgesamt gesehen sollte deutlich werden, daß bestmögliche Qualität nicht zu erzielen ist, wenn gleichzeitig ein maximaler Ertrag angestrebt wird (s. Abb. 80).

D. Anhang

1. Verwendete Abkürzungen und Symbole

AcBr, AcS	—	Bromacetolyse, Sulfacetolyse — dienen zur Bestimmung von Huminstoffen
AK	—	Arbeitskreis
AhK	—	Arbeitskraftstunde
AZ	—	Azotobacter
C	—	Kohlenstoff
Ca	—	Kalzium
CO_2	—	Kohlendioxid
DGVE	—	Düngergroßvieheinheit, z. B. 1,5 ausgewachsene Rinder, 22 gemästete Schweine im Jahr, 3 Zuchtsauen mit Nachzucht (bei Festmist, bei Flüssigmist $2/3$, davon) oder 100 Legehennen bzw. 1 800 gemästete Hähnchen im Jahr
DOK	—	Feldversuch des FIBL mit folgenden Anbaumethoden: biologisch-dynamisch, organisch-biologisch und konventionell
E	—	Erdmist
EAWAG	—	Eidgenössische Anstalt für Wasserversorgung; Abwasserreinigung und Gewässerschutz
ETHZ	—	Eidgenössische Technische Hochschule Zürich
FB	—	Fachbereich (an Universitäten)
FIBL	—	Forschungsinstitut für biologischen Landbau (CH)-Oberwil/Bl.
G	—	Gründüngung
Gh	—	Gesamthochschule
GVE	—	Großvieh-Einheit
h	—	Stunde
Hrsg.	—	Herausgeber
HS	—	Huminstoffe

K	—	Kalium bzw. Kompost
KAK	—	Kationenaustauschkapazität
KAS	—	Kalkammonsalpeter
Mg	—	Magnesium
M(k)k	—	Müll(Klärschlamm)Kompost
N	—	Stickstoff
NHS	—	Nichthuminstoffe
OS	—	Organische Substanz
P	—	Phosphor
PN	—	Probenahme
PV	—	Porenvolumen (in %)
s.(d.)a.(S.)	—	Siehe (dazu) auch (Seite)
SD	—	Sonderdruck
St	—	Stallmist (vgl. 2.6.2.5.1.)
TS	—	Trockensubstanz
U	—	ungedüngt
VG	—	Volumengewicht (in g/cm^3)
ZG	—	Zersetzungsgrad (Maß für die Huminstoffbildung bei der Umsetzung organischer Substanz)
z. n.	—	Zitiert nach

Prozentangaben bei der Zugabe von mineralischen Stoffen zum Kompost etc. beziehen sich immer auf das Gewicht, wenn keine anderslautenden Angaben gemacht werden.

2. Literaturverzeichnis

ABELE, U.: Ertragssteigerung durch Flüssigmistbehandlung, KTBL-Schrift 224, Darmstadt, 1977.

ACHERMANN, B.: Wirkung unterschiedlich lang kompostierter Stalldünger auf die Ertragsbildung von Trifolium resupinatum, Diplomarbeit, ETH Zürich, 1977.

ADAMS, R. S. und STEVENSON, F. J.: Ammonium sorption and release from rocks and minerals, Soil Sci. Soc. Am. Proc. **28**, 345-351, 1964..

AK ÖKOLOGIE D. HOCHSCHÜLERSCHAFT/UNIV. WIEN (Hrsg.): Alternative Landwirtschaft, Vorträge eines Seminars an der Universität Wien, Eigenverlag, 1976.

AK ÖKOLOGIE D. HOCHSCHÜLERSCHAFT/UNIV. WIEN (Hrsg.): Ökologischer Landbau, Zusammenfassung eines Seminars der Hochschülerschaft mit dem FIBL, Eigenverlag, 1980.

ALBRECHT, W. A.: The Albrecht papers, Acres, Raytown/Missouri, 1975.

ANONYM: Korall-Algen Algomine, Prospekt der Timac-Werksvertretung.

ANONYM: Zur Klärschlammverordnung vom 8. 4. 1981, Bericht des Schweiz. Bundesamts für Umweltschutz, Mai 1981.

ANONYM: Bentonitmehl zum Bodenaufbau, Prospekt des Biogartenmarkts Keller, Freiburg.

ARNDT, W.: Umwandlungsmöglichkeiten von Modellphosphorsäureinsektiziden bei der Müllkompostierung, Diplomarbeit, FH München, 1981.

AUBERT, C.: Organischer Landbau, Ulmer-Verlag, Stuttgart, 1981.

AUGSTBURGER, F.; WIDMER, R.; VOGTMANN, H. und OTT, P.: Praxisversuch zur Kompostierung von Stallmist in Mieten, Lebendige Erde, H. 2 und 3, 56-61 und 99-105, 1981.

AUGSTBURGER, F. und VOGTMANN, H.: Düngung mit zugekauftem Hühnermist, Lebendige Erde, H. 2, 71-74, 1979.

BAUER, F. C. und HAAS, A. R. C.: The effect of lime, leaching, form of phosphate and nitrogen salt on plant and soil acidity and the relation of these to the feeding power of the plant, Soil Sci., **13**, 461-479, 1922.

BECKWITH, C. P. und PARSONS, J. W.: The influence of mineral amendments on the changes in the organic nitrogen components of composts, Plant and Soil, **54,** 259-270, 1980.

BESSON, J. M.: Behandlung von Gülle und Jauche, in: WILLI, J. und STAA, H. v.: Ökologische Landwirtschaft, Kongreßbericht „Grünes Forum Alpbach 1980".

BIDDLESTONE, A. J.; GRAY, K. R.; SHERMAN, K. und CLARK, R.: A review of composting — part 1-3, Reprint from Process Biochemistry, Juni 1971, Oktober 1971 und Oktober 1973.

BLANKEN, G.: Festmistkette technisch bewältigen, Mitteilung DLG, **16,** 894-897, 1975.

BLANKEN, G.: Fest- und Flüssigmist — seine Vor- und Nachteile, Landtechnik, H. 2, 49-52, 1976.

BOCKEMÜHL, J.: Vom Leben des Komposthaufens, Philosoph.-Anthroposoph. Verlag, Goetheanum Dornach/Schw., 1981.

BOEHNCKE, E.: Anatomie und Physiologie der landwirtschaftlichen Nutztiere, Skripte zur gleichnamigen Vorlesung (unveröffentlicht), Gh Kassel, FB Landwirtschaft, 1980 a.

BOEHNCKE, E.: Zum Mineralstoffwechsel der landwirtschaftlichen Nutztiere, Skripte zur gleichnamigen Vorlesung (unveröffentlicht), Gh Kassel, FB Landwirtschaft, 1980 b.

BRESCHKE, J.: Kompostfibel, Lehrmeister-Bücherei Nr. 635, Philler-Verlag, Minden, 1980.

BRINTON, W. F. Jr.: A Qualitative Method For Assessing Humus Condition, in: KNORR, D. (ed.): Substainable Food systems, AVI Inc., Westport, Connecticut, 382-391, 1983.

BRUCE, M. E.: Gartenglück durch Schnellkompost, Waerland-Verlagsgenossenschaft Mannheim, 4. Auflage.

BUDDECKE, E.: Grundriß der Biochemie, De Gruyter, Berlin, 1973.

CLAUS, D.; WITTMANN, H. und RIPPEL-BALDES, A.: Untersuchungen über die Zusammensetzung von Bakterienschleimen und deren Lösungsvermögen gegenüber schwerlöslichen anorganischer Verbindungen, Archiv für Mikrobiologie, **29,** 169-178, 1957.

COHRS, E. O., Fa. (Hrsg.): Algomine 400, Firmenprospekt zu Algenkalk

COOK, J. R.: The oxygen-ethylen cycle and the value of compost Compost Science **17**/2, 23-25, 1978.

CHRISTEN, H. R.: Chemie, S. 279, Verlag Diesterweg, 1974.

DOMONTOWITSCH, M. und SCHESTAKOW, A.: 7. Beiträge über die Löslichmachung von Rohphosphat durch die Wurzeln der Kulturpflanzen, Z. f. Pflanzenernährung und Düngung, **711**, 108-112, 1928.

DÖHRING, H.: Rohphosphataufschluß während der Stallmistrotte, Z. f. Pflanzenernährung und Bodenkunde, **66**, 202-211, 1954.

DRAKE, M. und STECKEL, J. M.: Solubilization of soil and rock phosphate as related to root cation exchange capacity, Soil Sci. Am. Proc., **19**, 449-450, 1955.

ECKHARDT, F. E. W.: Über die Einwirkung heterotropher Mikroorganismen auf die Zersetzung silikatischer Minerale, Z. f. Pflanzenernährung und Bodenkunde, **142**, 434-445, 1979.

EL-BARUNDI, B. und OLSEN, S. R.: Effects of manure on solubility of phosphorus in calcareous soils, Soil Sci., **128**/4, 219-225, 1979.

ELSAIDY, S. M.: Das Nachernteverhalten von Gemüsen, insbesondere Spinat unter besonderer Berücksichtigung der Nitritanreicherung in Abhängigkeit von den Lagerbedingungen und der Düngung, Dissertation, Gießen, 1982.

FAHN, R.: Die Gewinnung von Bentoniten in Bayern, Erzmetall, **26**/9, 425-476, 1973.

FAHN, R. und BUCKL, H.: Industrielle Verwendung von Bentonit, SD aus Keramische Zeitung, H. 5, 1968.

FILIP, Z.: Über die Beeinflussung der Bodenmikroorganismen, der Huminstoffbildung und der Krümelung von Bodenproben durch Bentonit, Landbauforschung Völkenrode, **20**/2, 91-96, 1970.

FLAIG,J W.: Humusstoffe, in: LINSER, H. (Hrsg.), Handbuch der Pflanzenernährung und Düngung, Bd. 2/1, 382-459, Springer-Verlag, Wien/New York, 1968.

FLOREY, E.: Lehrbuch der Tierphysiologie, S. 129, Thieme, Stuttgart, 1970.

FRAGSTEIN, P. v.: Steinmehle in der Landwirtschaft, SD aus DNI, 5/82, 1982 (vgl. ifoam **44**/45, 1983).

FRAGSTEIN, P. v. und HERMANN, U.: Degradation of agrochemicals, during composting, 2. Intern. Symp. on peat a. organic matter, Bet dagan/Israel, proceedings, in press, 1983.

FRAGSTEIN, P. v. und PERTL, W.: Mineralstoffe in Gesteinsmehlen, Unveröff. Untersuchungsergebnisse, Fachgebiet „Alternative Landbaumethoden" der Gh Kassel, 1983.

GAUTSCHI, H. und JAEGGI, W.: Versuche zur Förderung der Nitrifikation in Rindergülle, SD aus Mitteilungen für die Schweiz. Landwirtschaft, **26**/8, 141-147, 1978.

GERICKE, S.: Thomasphosphat, in: LINSER, H. (Hrsg.), Handbuch der Pflanzenernährung und Düngung, Bd. 2/2, 1168-1202, Springer-Verlag/New York, 1968.

GERRETSEN, F. C.: The influence of microorganisms on the phosphate intake by the plant, Plant and Soil, **1**, 51-81, 1949.

GOLUEKE, C. G.: Composting — a study of the process and its principles, Rodale Press, Emmaus Pa. (USA), 1972.

GLASSER, H.: Die Beeinflussung von Unkrautsamen und Pflanzenkrankheitserregern durch die Pflanzenrotte, Dissertation, Hohenheim, 1953.

GLATHE, G. und H.: Impfstoffe für Böden und Komposte, in: LINSER, H. (Hrsg.), Handbuch der Pflanzenernährung und Düngung, Bd. 2/2, 1455-1462, Springer-Verlag, Wien, 1968.

GRABBE, K.: Untersuchungen zum Stoffumsatz hochmolekularer Fraktionen im Flüssigmist, Grundlage der Landtechnik, **28**/2, 65-69, 1978.

GRABBE, K.: Behandlung von Rinderflüssigmist — 2. Teil: Verwertung bei der Herstellung von Pilzkultursubstraten, Sonderh. Ber. Landw., **192**, 882-902, 1975.

GRAEFE, G.: Energie aus Traubentrestern, Österr. Bundesministerium für Wissenschaft und Forschung, Wien, 1979.

GRAEFE, G.: Die chemisch-physikalischen Eigenschaften von Trauben trestern und die Technologie des Humifizierungsverfahrens, in CABELA, E. (Hrsg.), Informationskolloquium „Tresterverwertung" 5-14, Bericht Nr. 4149, Österr. Forschungszentrum Seibersdorf, 1982 a

GRAEFE, G.: Warmwasserbereitung durch Verrottungswärme, in CABELA, E. (Hrsg.), Informationskolloquium „Tresterverwertung", S. 69-75, Bericht Nr. 4149, Österr. Forschungszentrum Seibersdorf, 1982 b.

HAASE, H.: Ratgeber für den praktischen Landwirt, Siebeneicher Frankfurt, 1954.

HANGEN, H. O.: Landschaftsökologische Bedeutung der Anwendung von Siedlungskomposten auf erosionsgefährdeten Böden, in: ANS (Hrsg.), Ökologische Risiken unterschiedlicher Abfallentsorgungsverfahren, Wiesbaden, 1983.

HARPER, H. A.; LÖFFLER, G.; PETRIDES, P. E. und WEISS, L.: Physiologische Chemie, Springer-Verlag, Berlin/New York, 1975.

HEINZE, H.: Bodenaufbau und Düngung in der Entwicklung der biologisch-dynamischen Landwirtschaft, in: Forschungsring für biologisch-dynamischen Landbau (Hrsg.), Biologisch-dynamischer Land- und Gartenbau, Bd. 1, 58-65, Darmstadt, 1975.

HENN, C.: Wirkung der Kompostdüngung auf den Befall der Kulturpflanzen durch Krankheiten und Schädlinge, Diplomarbeit, Hohenheim, 1980.

HENNIG, E.: Urgesteinsmehl, in: Beiträge zur Bodenfruchtbarkeit, Vortragssammlung, 54-82, Verlag T. Marczell, München, 1981.

HENNIG, E.: Der Regenwurm — seine Bedeutung für einen fruchtbaren Boden, in: Die Rhizosphäre — Lebensraum für das Edaphon, Vortragssammlung, 27-64, Verlag. T. Marczell, München, 1981/82.

HERMANN, U.: Der Einfluß einer Kompostierung auf den Abbau von Insektiziden und die Wirkung von deren Rückständen im Kompost auf das Pflanzenwachstum, Diplomarbeit, Gh Kassel, Witzenhausen, 1982.

HERTELENDY, K.: Papierchromatographische Methode zur raschen Beurteilung des Huminifizierungsgrades von Müllkomposten, Müll und Abfall, 5, 167-172, 1975.

HESSE, H. und RAUHE, K.: Über Rohphosphat- und Superphosphatbeimischung zum Stalldung, Z. f. Pflanzenernährung und Bodenkunde, 112, 189-209, 1957.

HEYNITZ, K. v.: Zur Flächenkompostierung und deren Handhabung im Sommerhalbjahr, in: Forschungsring für biologisch-dynamischen Landbau (Hrsg.), Biologisch-dynamischer Land- und Gartenbau, Bd. 1, 106-109, Darmstadt, 1975.

HEYNITZ, K. v.: Kompost im Garten, Ulmer Verlag, 1983.

HEYNITZ, K. v. und MERCKENS, G.: Das biologische Gartenbuch, Ulmer Verlag, 1981.

HILL, S. B.: Composting for farm and garden, Reprint from The Mc. Donald Journal, Mc. Gill-Univ./Montreal, November 1975.

HIRSCHHEYDT, A. v.: Über den Zusammenhang zwischen Temperaturentwicklung und Wasserverlust während der ersten Rottephase in der Müllkompostierung, Wasser und Boden, **2**, 31-32, 1978.

HONCAMP, F. (Hrsg.): Über den Wert des Phonolitmehls (Kalisilikat) als Düngemittel — Sammelreferat, Biedermanns Zentralblatt für Agrikulturchemie, **39**, 224-229, 1910.

HOITINK, H. A. J.: Composted bark, a lightweight growth medium with fungicidal properties, Plant Disease, **64**/2, 142-147, 1980.

HOITINK, H. A. J.; HERR, L. J. und SCHMITTHENNER, A. F.: Survival of some plant pathogens during composting of hardwood tree bark, Phytopathology, **66**/11, 1369-1372, 1976.

HOITINK, H. A. J.; VAN DOREN, D. M. und SCHMITTHENNER, A. F.: Suppression of Phytophtora cinnamomi in a composted hardwood bark potting medium, Phytopathology, **67**/4, 561-565, 1977.

HOWARD, A.: Mein landwirtschaftliches Testament, Siebeneicher-Verlag, Frankfurt, 48 ff., 1948.

KABISCH, H.: Gedanken zur Entwicklung der Präparateanwendung, in: Forschungsring für biologisch-dynamischen Landbau (Hrsg.), Biologisch-dynamischer Land- und Gartenbau, Bd. 1, 109-111, Darmstadt, 1975.

KICKUTH, R.: Mündliche Mitteilung — 9. 11. 1982.

KICKUTH, R.: Ökotoxikologische Probleme bei der Anwendung von Herbiziden, in: KICKUTH, R. (Hrsg.), Die ökologische Landwirtschaft, Alternative Konzepte, Bd. 40, C. F. Müller Verlag, Karlsruhe, 1982.

KICKUTH, R.: Phosphatmobilisierung in der Rhizosphäre, Landwirtschaftliche Forschung, SM 19, 103-109, 1965.

KICKUTH, R.: Huminstoffe — ihre Chemie und Ökochemie, Chemie für Labor und Betrieb, **23**/11, 481-486 und 540-544, 1972.

KIRCHGESSNER, M.: Tierernährung, DLG-Verlag, Frankfurt, 1978.

KLAPP, E.: Lehrbuch des Acker- und Pflanzenbaus, Verlag P. Parey, Berlin/Hamburg, 1967.

KLASINK, A. und VETTER, H.: Einfluß starker Wirtschaftsdüngergaben auf Boden, Wasser und Pflanzen, SD aus Landwirtschaftliche Forschung, **28**/3, 249-268, 1975.

KNEER, F.: Bessere Verrottung bei der Mietenkompostierung mit Algomin, Kurzbericht, Kompostwerk Blaubeuren, 1968.

KNICKMANN, E.: Anorganische Abfälle als Düngemittel — a) Steinmehl, in: LINSER, H., Handbuch der Pflanzenernährung und Düngung, Bd. 2/2, 1439-1441, Springer-Verlag, Wien/New York, 1968.

KOCH, T. und SEEBERGER, J.: Ökologische Müllverwertung — Handbuch für optimale Müllkonzepte, Alternative Konzepte, Bd. 44, C. F. Müller Verlag, Karlsruhe, 1984.

KÖNEMANN, E.: Neuzeitliche Kompostbereitung, Waerland-Verlag EG, Mannheim, 1981.

KORIATH, H. (Hrsg.): Güllewirtschaft — Gülledüngung, VEB Landwirtschaftsverlag, Berlin, 1975.

KRIETER, M.: Bodenerosionen in Rheinhessischen Weinbergen — Teil 1, Ifoam-Bulletin, **33**, 6-9, 1980 a.

KRIETER, M.: Bodenerosionen in Rheinhessischen Weinbergen — Teil 2, Ifoam-Bulletin, **34**, 6-9, 1980 b.

KRIETER, M.: Bodenerosionen in Rheinhessischen Weinbergen — Teil 3, Ifoam-Bulletin, **35**, 10-13, 1980 c.

LIPPERT, F.: Vom Nutzen der Kräuter im Landbau, Schriftenreihe „Lebendige Erde", Forschungsring für biologisch-dynamischen Landbau, Darmstadt, 1973.

LÖTSCH, B.: Die Gefahren chemischer Schädlingsbekämpfungsmittel, Teil I-III, Ifoam-Bulletin, **33**, 2-6, **34**, 2-6, **35**, 5-10.

MAAS, G. und BELAU, L.: Untersuchungen zum Abbauverhalten von Rinder-, Schweine- und Hühnergülle, Archiv für Acker- und Pflanzenbau und Bodenkunde, **22**/4, 253-258, 1978.

MALETTO, S.: Über die biologischen Folgen des Gebrauchs von Zusatzstoffen in der Tierernährung, D. Praktische Tierarzt, **2**, 109-114, 1981.

MANNINGER und ZOLTAI: Examen en laboratoire du fumier de ferme fermenté avec du Kolaphosphate, Acta Agron. Acad. Scie. Hung., **8**, 171-185, 1958.

MARQUARDT, P.: Ist der Konsument durch die zeitgemäße Nahrungsproduktion gefährdet?, D. Praktische Tierarzt, **2**, 134-143, 1981.

MENGEL, K.: Ernährung und Stoffwechsel der Pflanze, G. Fischer-Verlag, Stuttgart, 1979.

MEYER, M.: Stickstoffumsatz bei der Hofdüngeraufbereitung, Diplomarbeit, ETH Zürich, 1975.

MEYER, M.: Der Stickstoffumsatz bei der Kompostierung von Stallmist, Bodenkundliche Gesellschaft der Schweiz, Bulletin **3**, 63-72, 1979.

MÜCKENHAUSEN, E.: Die Bodenkunde, DLG-Verlag, Frankfurt, 1982.

MÜLLER, G.: Bodenbiologie, VEB-Verlag G. Fischer, Jena, 1964.

MÜLLER, G. und FÖRSTER, I.: Ein Beitrag zur Dynamik der Nährstofffreisetzung aus primären Mineralien durch mikroskopische Bodenpilze, Albrecht-Thaer-Archiv, **8**, 153-163, 1964.

MÜLLER, H.: Feinvermahlenes Rohphosphat, in: LINSER, H. (Hrsg.), Handbuch der Pflanzenernährung und Düngung, Bd. 2/2, 1129-1139, Springer-Verlag, Wien/New York, 1968.

NEHRING, K.: Lehrbuch der Tierernährung und Futtermittelkunde, Neumann-Verlag, Radebeul, 1972.

NEHRING, K. und SCHIEMANN, R.: Untersuchungen zum Humusproblem — 1. Mitteilung, Z. f. Pflanzenernährung, Düngung und Bodenkunde, **57/2**, 97-112, 1952 a.

NEHRING, K. und SCHIEMANN, R.: Untersuchungen zum Humusproblem — 2. Mitteilung, Z. f. Pflanzenernährung, Düngung und Bodenkunde, **57/3**, 193-215, 1952 b.

NELL, J. H. und WIECHERS, S. G.: High temperature composting, Water SA, **4/4**, 203-212, 1975.

NIESE, G.: Die Kompostierung von Siedlungsabfällen unter Berücksichtigung mikrobieller Aspekte, Grundlagen der Landtechnik, **28/2**, 75-80, 1978.

NEUMÜLLER, O. A. (Hrsg.): Römpps Chemie-Lexikon, Franckh'sche Verlagsbuchhandlung, Stuttgart, 1973.

ORTHOFER, R.: Phenolische Inhaltsstoffe in Trauben und Trestern, in: CABELA, E. (Hrsg.), Informationskolloquium „Tresterverwertung", 35-42, Bericht Nr. 4149, Österr. Forschungszentrum Seibersdorf, 1982.

OTT, P.: Mündliche Mitteilung, Juni 1982.

OTT, P.: Behandlung und Verwertung von Wirtschaftsdüngern, in: WILLI, J. und STAA, H. v., Ökologische Landwirtschaft, Kongreßbericht „Grünes Forum Alpbach 1980".

OTTO, F.: Die direkte Wirkung von Humusstoffen auf die Pflanze, Diplomarbeit, Göttingen, 1974.

PAIN, I. und J.: Die Methoden Jean Pain oder „Ein anderer Garten", Eigenverlag, Comitée J. Pain. Aven. Princess Elisabeth 18, B-1030 Brüsse, 7. Auflage.

PENZLIN, H.: Lehrbuch der Tierphysiologie, Fischer-Verlag, Stuttgart, 1977.

PETTERSON, B.: Untersuchungen am Kompostierungs-Prozeß, SD aus Lebendige Erde, H. 6, 1973.

PFIRTER, A.; HIRSCHHEYDT, A. v.; OTT, P. und VOGTMANN, H.: Kompostieren — Anleitung für eine sinnvolle Verwertung von organischen Abfällen, Verlag Genossenschaft Migros, Aargau/Solothurn, Schweiz, 1982.

PFROPFE, H. Th.: Briefliche Mitteilung, 29. 3. 1982.

PLATZ, S.: Hygienisierung und Verwertungsmöglichkeit von Geflügelkot und -einstreu — eine Literaturübersicht, Archiv für Geflügelkunde, **5**, 158-166, 1975.

POINCELOT, P. R.: The biochemistry and methodology of composting, The Connecticut Agricultural Experiment Station, Bulletin 727, 1972.

POTTENGER, F. M.: The effect of heat processed foods and metabolized vitamin D milk on the dentofacial animals, Am. J. orthodonctics a. oral surgery **32**/8, 467-485, 1946.

RASSADI, F. und AMBERGER, H.: Veränderung der Stoffgruppen im Verlauf der Verrottung von Weizenstroh, SD aus Landwirtschaftliche Forschung, **28**/2, 102-115, 1975.

RAUHE, K.: Stallmist, in: LINSER, H. (Hrsg.), Handbuch der Pflanzenernährung und Düngung, Bd. 2/2, 908-942, Springer-Verlag, Wien/New York, 1968 a.

RAUHE, K.: Jauche und Gülle, Bd. 2/2, 943-952, 1968 b.

RAUHE, K.: Kompost, Bd. 2/2, 963-969, 1968 c.

REINMUTH, E. und DOWE, A.: Pilzliche Nematodenfeinde und die Möglichkeit ihrer Verwendung zur biologischen Nematodenbekämpfung, Mitteilung Biologische Bundesanstalt Land- und Forstwirtschaft, Berlin-Dahlem, H. 118, 117-131, 1966.

REMER, N.: Der organische Dünger — Seine Behandlung und Anwendung nach Hinweisen von R. Steiner, Vertr.: OHG Baukhof, D-2124 Amelinghausen, 1980.

RHODE, G.: Stalldünger und Bodenfruchtbarkeit, Deutscher Bauernverlag, Berlin, 1956.

ROEMER, Th.; SCHEIBE, A.; SCHMIDT, J. und WOERMANN, E.: Handbuch der Landwirtschaft, Bd. 1, Parey-Verlag, Berlin/Hamburg, 1952.

ROUX, M.: Kompostierung von Stallmist — Arbeitswirtschaftliche Untersuchung, Semesterarbeit, ETH Zürich, 1979.

RUHRSTICKSTOFF AG (Hrsg.): Faustzahlen für Landwirtschaft und Gartenbau, Landwirtschaftsverlag Münster-Hiltrup, 1980.

RUSCH, H. P.: Bodenfruchtbarkeit, Haug-Verlag, Heidelberg, 1968.

SACHSE, J.: Über die Aufnahme von Nährstoffen aus einem gemahlenen Basalt durch die Pflanze, Z. f. Pflanzenernährung und Düngung, **79**, 193-223, 1927.

SALTER, R. M. und SCHOLLENBERGER, C. J.: Farm manure, The Ohio Agriculture Experiment Station, Bulletin 605, 1939.

SAUERLANDT, W.: Stallmistkompost — ein zusammenfassender Bericht, SD aus Landwirtschaft-Angewandte Wissenschaft, H. 57, 1956.

SAUERLANDT, W. und TIETJEN, C.: Humuswirtschaft des Ackerbaus, DLG-Verlag, Frankfurt, 1970.

SCHAMSABADI, A. R.: Untersuchungen über die Verwertung von Müll-Klärschlammkompost im Pflanzenbau unter besonderer Berücksichtigung der Ertragsleistung sowie der Beeinflussung von Boden und Bodenwasser, Dissertation, Gießen, 1980.

SCHAERFENBERG, B.: Der Einfluß der Edelkompostdüngung auf das Auftreten des Kartoffelkäfers (Leptinotarsa decemlineata), Z. angew. Entomol., **62**, 90-97, 1968.

SCHARPF, H. C.: Die Auswirkungen der organischen Düngung auf das Abwehrpotential des Bodens gegen bodenbürtige Schaderreger im Gemüsebau, Ingenieurarbeit Hess. Lehr- und Forschungsanstalt für Wein-, Obst- und Gartenbau, Geisenheim, 1971.

SCHEEL, K. C.: Rohphosphat, in: LINSER, H. (Hrsg.), Handbuch der Pflanzenernährung und Düngung, Bd. 2/2, 1110-1128, Springer-Verlag, Wien/New York, 1968.

SCHEFFER, F. und ULRICH, B.: Humus und Humusdüngung, F. Enke-Verlag, Stuttgart, 1960.

SCHEFFER, F. und SCHACHTSCHABEL, P.: Lehrbuch der Bodenkunde, F. Enke-Verlag, Stuttgart, 1979.

SCHILLER, H.: Der interne Nährstoffkreislauf in Betrieben mit hohem Grünlandanteil, in: SCHILLER, H. (Hrsg.), Veröffentlichungen der Landwirtschaftlich-chemischen Bundesversuchsanstalt Linz, Bd. 10, 247-254, 1975 a.

SCHILLER, H.; LENGAUER, E. und GUSENLEITNER, J.: Weitere Daten zum Problem Fruchtbarkeitsstörungen bei Rindern, in: SCHILLER, H. (Hrsg.), Veröffentlichungen der Landwirtschaftlich-chemischen Bundesversuchsanstalt Linz, Bd. 10, 255-299, 1975 b.

SCHLIPF, H. und ZIMMERMANN, W. (Bearb.): Schlipfs praktisches Handbuch der Landwirtschaft, Verlag P. Parey, Berlin/Hamburg, 1952.

SCHMID, O.: Die Umstellung des Betriebes auf den ökologischen Landbau, Merkblätter für die Praxis, H. 1, 1978.

SCHUCHARDT, F.: Einfluß der Haufwerkstruktur auf den Kompostierungsverlauf dargestellt am Beispiel von Flüssigmist-Feststoffgemengen, Grundlagen der Landtechnik, 28/2, 69-75, 1978.

SCHULZ, H.: Wärmegewinnung bei der Festmistkompostierung, in: Bayr. Ministerium für Ernährung, Landwirtschaft und Forsten (Hrsg.), Einsatzmöglichkeiten verschiedener Energieträger in der Landwirtschaft, Forschungsbericht des landt. Vereins Weihenstephan, 1982.

SCHULZ, W.: Ergebnisse vergleichender Lagerungsversuche an Erd- und Stapelmisten, Z. f. Pflanzenernährung, Düngung und Bodenkunde, 57/3, 244-261, 1952.

SCHUDEL, P.; AUGSTBURGER, F.; EICHENBERGER, M.; VOGTMANN, H. und MATILE, Ph.: Kompost- und NPK-Düngung zu Spinat im Spiegel empfindlicher Kristallisation und analytischer Daten, Lebendige Erde, 2, 67-70, 1980.

SCHUMANN, W.: Steine und Mineralien, BLV-Verlagsgesellschaft, 1977.

SCHUPHAN, W.: Mensch und Nahrungspflanze, W. Junk B.V.-Verlag, Den Haag, 1976.

SEKERA, F.: Humuswirtschaft im Landbau, SD 67 aus Boden und Gesundheit 94, 1977.

SEIFERT, A.: Kompostwirtschaft im großen Garten, SD aus Lebendige Erde, H. 1, 1969.

SEILER, W. und CONRAD, R.: Mikrobielle Bildung von N_2O aus Mineraldüngern — ein Umweltproblem?, Forum Mikrobiologie, 4, 322-328, 1981.

SIEBENEICHER, G. E.: Kompostierungsmittel — Versuch einer Übersicht, Garten Organisch, **3**, 76-77, 1977.

SIEBERT, M.: Einflüsse der Kompostierung auf das Keimverhalten von Unkrautsamen, Examensarbeit, Ökologische Umweltsicherung der Gh Kassel, 1983.

SIMONIS, W.-C.: Kleines Taschenbuch der boden-heilenden Arzneipflanzen, Forschungsring für biologisch-dynamische Wirtschaftsweise, Darmstadt, 1974.

SPOHN, E.: Entscheidungen über Abfallfragen, Eden-Stiftung, Bad Soden/Ts., 1979.

SPOHN, E.: Schnellprüfung auf Kompostreife, Lebendige Erde, **1**, 35, 1981.

SPOHN, E.: Selber kompostieren für Garten und Feld, Schnitzer Verlag, St. Georgen, 2. Auflage o. J.

SPOHN, E. und KNEER, F.: Über die Atmung im Kompost, SD aus Organischer Landbau, H. 4, 1968.

SPRINGER, U.: Die Wirkung verschiedener organischer Dünger auf den Humuszustand des Bodens, Bayer. Landwirtschaftliches Jahrbuch, **37**, 3-39, 1960.

STADELMANN, F. X.: Der Einfluß von N-Mobilisierung, Nitrifikation und Düngung auf die Nitratauswaschung ins Grundwasser, in: Gottlieb-Duttweiler-Institut (Hrsg.), Nitrat in Gemüsebau und Landwirtschaft, Tagungsbericht, 49-84, Rüschlikon/Zürich, 1981.

STEINER, R.: Von der Bedeutung des Düngens, Zit. bei: Forschungsring für biologisch-dynamischen Landbau (Hrsg.), Biologisch-dynamischer Land- und Gartenbau, Bd. 1, 103, Darmstadt, 1975.

STÖCKLI, A.: Die biologische Komponente der Vererdung, der Gare und der Nährstoffpufferung, SD aus Schweiz. Landw. Monatshefte, **24**/10 und 11, 1946.

STRAUCH, D.; BAADER, W. und TIETJEN, C.: Abfälle aus der Tierhaltung, Verlag E. Ulmer, Stuttgart, 1977.

STRAUCH, D.; GAUL, D.; SCHOLL, W.; MÜLLER, W. und MIERSCH, K.: Versuche zur Herstellung von hygienisch einwandfreiem Kompost aus luftgetrocknetem Faulschlamm unter Verwendung verschiedener Zusätze, SD aus Umwelthygiene, H. 10, 1974.

SÜD-CHEMIE (Hrsg.): Agrar-Bentonit „Edasil", Firmenprospekt, München.

TIETJEN, C.: Untersuchungen mit flüssigen Stalldüngern zu Hackfrüchten und Getreide, Z. f. Acker- und Pflanzenbau, **118**, 149-165, 1963.

TIETJEN, C.: Gefäßversuche mit Hafer über den Einfluß von Futteradditiven auf die Düngewirkung der Exkremente, SD aus dem Bericht über die 6. Arbeitstagung „Fragen der Güllerei", Gumpenstein, 1974.

TROLLDENIER, G.: Bodenbiologie, Franckh'sche Verlagsbuchhandlung, Stuttgart, 1971.

VAN RAY, B. und VAN DIEST, A.: Utilization of phosphate from different sources by six plant spezies, Plant and Soil, **51**, 577-589, 1979.

VIRTANEN, A. I.: Some aspects of amino acid synthesis in plants and related subjects, Ann. Rev. Plant. Physiol., **12**, 8, 1961.

VOGTMANN, H.: Die Qualität landwirtschaftlicher Produkte aus unterschiedlichen Anbausystemen, SD aus: Stiftung Ökologischer Landbau (Hrsg.), Der Ökologische Landbau: eine Realität, 70-103, C. F. Müller Verlag, Karlsruhe, 1979.

VOGTMANN, H. und OTT, P.: Zur Frage der Stallmistkompostierung, Ifoam-Bulletin, **32**, 1-3, 1980.

VOGTMANN, H.; OTT, P. und SCHMID, O.: Kurzinformation betreffend Kompostzusätze, Forschungsinstitut für biologischen Landbau, Oberwil/Bl., 1980.

VOGTMANN, H.: Ausgewählte Kapitel des biologischen Landbaus — Hofdüngeraufbereitung, Vorlesung an der Gh Kassel, Witzenhausen (unveröffentlicht), 1981.

VOITL, H.; GUGGENBERGER, E. und WILLI, J.: Das große Buch vom biologischen Land- und Gartenbau, Verlag Orac Pietsch, Wien, 1980.

WAGNER, M. und SCHWARTZ, W.: Über das Verhalten von Bakterien auf der Oberfläche von Gesteinen und Mineralien und ihre Rolle bei der Verwitterung, Z. f. Allgemeine Mikrobiologie, **7**, 33-52, 1967 a.

WAGNER, M. und SCHWARTZ, W.: Die Verwertung von Gesteins- und Mineralpulvern als Mineralsalzquelle für Bakterien, Z. f. Allgemeine Mikrobiologie, **7**, 129-141, 1967 b.

WEICHEL, E.: Der Weichel-Streuwagen, Prospekt der Firma Weichel, Heiningen, 1977 und 1982.

WEICHEL, E.: Mündliche Mitteilung, Vortrag Gh Kassel, Witzenhausen, 1980.

WINTER, W. und WILLEKE, L.: Beziehungen zwischen Edaphon und Pflanzen im Lichte neuerer Biozönoseforschung, Z. f. Pflanzenkrankheiten und Pflanzenschutz, **64**, 407-415, 1951.

WURST, F.: Resistenz und phenolische Verbindungen in Pflanzen, in: CABELA, E. (Hrsg.), Informationskolloquium „Tresterverwertung", 28-34, Bericht Nr. 4149, Österr. Forschungszentrum Seibersdorf, 1982.

ZELLER, A.: Phosphat-Verfügbarkeit und Phosphat-Aneignungsvermögen der Pflanzen, Landwirtschaftliche Forschung, SM 19, 95-102, 1965.

ZIMMERMANN, W.: Der Bio-Brüter, SD 72 aus Boden und Gesundheit, 104-105, 1979.

3. Abbildungsnachweis

Abbildungen ohne Quellenangabe stammen vom Autor.

Fotos:
— Nr. 4, 10, 53, 54, 61, 67, 68 und 69 von Hardy Vogtmann
— Nr. 2 und 3 von Haas/Siebeneicher Verlag, Frankfurt
— Nr. 65 von Spohn/Eden-Stiftung, Bad Soden/Ts.
— Nr. 74 von Firma Weichel, Heiningen
— Nr. 5, 6, 7, 9, 12, 23, 24, 57, 58, 59, 60, 62, 66, 70, 75, 76 von
  R. Gottschall

4. Sachwortverzeichnis

5. Tabellenanhang

Herkunft Art	C/N-Verhältnis Nährstoff-Angebot	Struktur-Stabilität	Feuchtigkeit beim Anfall	Verrottungs-möglichkeit	Verarbeitung	Unerwünschte Inhaltsstoffe
Holzindustrie						
Rinde	100–130 Arm: P, Ca pH: tief	gut	variabel, eher zu trocken	mittel	mahlen	Insektizid-Behandlung
Papier-schlamm	100–110 Arm: K	schlecht	handge-presst: gut sonst: schlecht	gut	pressen	–
Sägemehl (Buche) (Fichte) (alt)	um 100 um 230 um 500	gut	frisch: zu trocken gelagert: mittel	schlecht	–	–
Papier-Karton	200–500	mittel	zu trocken	gut	häckseln	Farbe
Asche	Mg, Spuren-elemente	schlecht	zu trocken	keine	–	–
Stadt und Haushalt						
Müll	30–40	gut	mittel – gut	mittel – gut	mahlen	Schwermetall
Schlamm	11	schlecht	zu nass	gut	pressen	Schwermetall und org. Verb.
Küchenabfall	12–20	schlecht – mittel	zu nass – mittel	gut	evtl. pressen	–
Kaffeesatz		schlecht – mittel	gut	mittel	–	–
Landschaftsverwaltung (Pflege)						
Holzschnitt	100–150	gut	zu trocken	schlecht	häckseln	–
Gartenabfälle	20–60	gut	mittel	mittel	häckseln	–
Laub	30–60	mittel – gut	mittel – zu trocken	gut	–	–
Rasenschnitt	12–25	schlecht	zu nass nach Welken: gut	gut	–	–
Riedstreu	20–30	gut	zu trocken	gut	häckseln	–
Schilf	20–50	gut	zu trocken	mittel	häckseln	–
Graben-schlamm	10–15	schlecht	zu nass	mittel	evtl. pressen	Salz (NaCl) und Blei (Pb), wenn neben einer Strasse
Landwirtschaft						
Hühnerkot (frisch)	10	schlecht	zu nass	gut	–	–
Hühnermist (Tiefstreu)	13–18	mittel	mittel – zu trocken	gut	–	–
Harngülle	2–3	schlecht	flüssig	gut	–	–
Vollgülle (Rinder)	8–13	schlecht	flüssig	gut	–	–
Vollgülle (Schweine)	5–7	schlecht	flüssig	gut	–	–
Mist (Rinder)	20	mittel	mittel	gut	–	–
Strohreicher Mist	25–30	gut	gut	gut	–	–

Herkunft Art	C/N-Verhältnis Nährstoff- Angebot	Struktur– Stabilität	Feuchtigkeit beim Anfall	Verrottungs- möglichkeit	Verarbei- tung	Uner- wünschte Inhaltsstoffe
Pferdemist	25	gut	gut	gut	–	–
Torfhaltiger Pferdemist	30–60	gut	zu trocken	schlecht	–	–
Gemüse- abfälle	13	schlecht	zu nass	gut	häckseln	–
Stroh: Hafer/ Roggen	60	gut	zu trocken	mittel	grob-häcks.	CCC- Behandlung
Weizen/ Gerste	100	gut	zu trocken	mittel	grob-häcks.	schlechter Abbau
Hülsen- früchte	40–50	gut	zu trocken	gut	–	–
Trester: Trauben	P und Ca arm	schlecht–	mittel	mittel	–	–
Obst	P und Ca arm	mittel	mittel	gut	–	–
Sonstige						
Torf (schwarz/ weiss)	30–50	gut	mittel	schlecht	–	–
Schlachthaus- abfall (Panseninh.)	15–18	schlecht	zu nass	gut	–	–
Champignon- substrat	40	gut	gut	gut–mittel	–	–
Gesteins- mehle (Staub)	Ca, K, evtl. Mg Spuren- elemente	schlecht	keine	keine	–	–

Tab. 53:
Rohstoffe der Kompostierung und ihre wichtigsten Eigenschaften (nach PFIRTER et al., 1982)

Material	SiO$_2$	Al$_2$O$_3$	Fe$_2$O$_3$ FeO	MnO	CaO (als CO$_3$)	MgO (als CO$_3$)	P$_2$O$_5$	SO$_3$	K$_2$O	Na$_2$O
Steinmehle	40—70	10—20	6—12	0,1—0,5	8—12	0,6—16	0,2—0,9	0,01—0,3	1—4	3—4
Tonmehl (Bentonit)	56—60	16—17	4—5	—	3—4	4	—	—	2	0,2—0,4
Algenkalk (Algomin)	3—5	—	—	—	(75—85)	(8—12)	—	—	0,1—0,2	—
Roh-phosphat	0,2—7,8	0,2—1,5	0,1—1,1	—	46—54	0—0,5	27—41	0—3	0—0,5	—
Thomas-phosphat	6—11	1—3	14—20	3—6,6	45—50	1—5	16—20	—	—	—
Knochen-mehl	—	—	—	—	27—30	—	18—22	—	—	—
Kali-magnesia	—	—	—	—	—	5—8	—	—	26—28	—
Holzasche	—	—	—	—	30—45	—	2—6	—	6—11	—

Tab. 54 a:
Zusammensetzung von mineralischen Zuschlagstoffen bei der Kompostierung (Angaben in Gew. %) (alle Materialien mit Ausnahme des Kalimagnesia sind überdies reich an Spurenelementen; Algenkalk enthält außerdem 2 bis 4 % OS, nicht entleimtes Knochenmehl 3–5 % N) (nach verschiedenen Autoren)

Nährstoffe wasserlöslich *) (in mg/100 g)								
Gesteinsart	CaO	MgO	K₂O	Na₂O	Fe	Mn	Cu	Zn
Basalt (Vokawind)	1,82	8,00	1,90	43,40	38,50	0,63	—	—
Basalt (Nordhessen)	11,36	6,88	7,60	9,30	—	—	—	—
Basalt (Südniedersachsen)[1]	31,13	328,60	197,30	420,20	2,28	1,73	14,83	0,58
Lavamehl	56,64	9,70	23,60	15,50	—	—	—	—
Diabas	5,05	2,00	3,80	18,60	—	—	—	—
Phonolit	53,98	0,00	0,00	80,60	—	—	—	—
Granit/Gneis	5,33	2,00	8,50	9,30	3,50	—	—	—
Nährstoffe HCl-löslich **) (in mg/100 g)								
Gesteinsart	CaO	MgO	K₂O	Na₂O	Fe	Mn	Cu	Zn
Basalt (Vokawind)	2 100	5 011	529	2 355	1 746	31,80	2,80	3,28
Basalt (Nordhessen)	2 443	5 321	1 699	2 045	1 683	35,30	3,05	3,35
Basalt (Südniedersachsen)[1]	13 039	2 866	245	744	159	9,30	12,00	6,13
Lavamehl	5 423	2 288	2 020	1 426	1 757	40,80	3,20	2,38
Diabas	7 175	3 978	113	124	3 212	46,30	1,90	5,48
Phonolit	5 956	187	151	558	154	36,00	1,35	9,80
Granit/Gneis	1 685	5 109	850	124	1 527	26,00	1,05	3,05

[1]   = eventuell mit Carbonatbeimischung
 *) = 2 h Schütteln in Wasser
**) = 10 Minuten Kochen in 1 n HCl

Tab. 54 b:
Verfügbarkeit der mineralischen Nährstoffe in Gesteinsmehlen
(FRAGSTEIN und PERTL, 1983)

Dünger	H_2O	OS	N	P_2O_5	K_2O	CaO	MgO
Frischmist vom:							
Rind	77,3	20,3	0,46	0,20	0,65	0,45	0,10
Pferd	71,3	25,4	0,60	0,28	0,53	0,25	0,14
Schaf	64,3	31,8	0,80	0,23	0,67	0,33	0,18
Schwein	80,0	18,0	0,55	0,75	0,30	0,40	0,20
Huhn	56,0	33,0	1,70	1,60	0,90	2,00	—
Kompost aus:							
Hofdünger	—	60,0	2,80	2,20	2,60	3,10	—
Stadtmüll	—	33,0	0,80	0,90	0,60	7,30	—
Grünmüll *)	—	40,0	1,60	1,10	2,00	3,00	0,90

*) = Haus- und Gartenabfälle

Tab. 55:
*Nährstoffgehalte von Mist (Angaben in % der Frischmasse)
und Kompost (Angaben in % der Trockenmasse) unterschiedlicher
Herkunft (nach verschiedenen Autoren)*

Mit zunehmender Rotte- bzw. Lagerungsdauer	Wertung	Mist-kompost	Stapel-mist
Bildung von Hemm- bzw. Schadstoffen		o	+ + +
C-Verluste	⊖	+ + +	+ +
N-Verluste		+ +	+
Organisch gebundener N		+ + +	+
Ammonium-N	⊕	o	+ + +
Nitrat-N		+	o
Bildung von Huminstoffen		+ + +	(+) +
Bildung von „Wirkstoffen"		+ + +	o ?
Besiedelung mit Nützlingen		+ + +	o
Abtötung von Samen und	⊕		
Krankheitserregern		+ + +	+
Abbau von Bioziden und			
Futterzusätzen		+ + + / o	o ?
Wurzelverträglichkeit		+ + +	o

+ + + = gut/stark/viel → + + → + → o = schlecht/schwach/wenig   ? = ungeklärt

Abb. 81:
*Zusammenfassung der Eigenschaften von aerob gegenüber anaerob
aufbreitetem Festmist*

„Alternative Konzepte"

Schriftenreihe der Georg Michael Pfaff Gedächtnisstiftung
in Zusammenarbeit mit der Stiftung Ökologische Konzepte und
der Stiftung Ökologischer Landbau

Der ökologische Landbau — eine Realität
Selbstdarstellung und Richtigstellung
Stiftung Ökologischer Landbau (Hrsg.)
2. Auflage 1982 · Band **30** · 152 Seiten · ISBN 3-7880-9633-0

Stromtarife — Anreiz zur Energieverschwendung?
Diskussionsbeiträge zur Strompreispolitik
G. Luther / M. Horn / H. J. Luhmann
1979 · Band **31** · 132 Seiten · ISBN 3-7880-9634-9

Der Ökologische Weinbau
Ein Leitfaden für Praktiker und Berater
Mit drei Erfahrungsberichten von *Brugger, Frick und Sander*
Gerhardt Preuschen
5., ergänzte Auflage 1990 · Band **32** · 243 Seiten · ISBN 3-7880-9778-7
Abgestützt auf Erfahrungen und Erkenntnisse von mehr als 30 Winzern werden
Wege zu einem zukunftssicheren Weinbau gezeigt. Im Anhang die Rahmen-
richtlinien für den ökologischen Weinbau.

Ökonomie und Ökologie
Auswege aus einem Konflikt
Udo Ernst Simonis (Hrsg.)
5., erweiterte Auflage 1989 · Band **33** · 212 Seiten · ISBN 3-7880-9724-8
Zwischen ökonomischem Handeln und ökologischen Notwendigkeiten besteht
keine ausreichende Harmonie. Deswegen zeigt das vorliegende Buch Auswege
aus diesem Konflikt — sowohl im Mikrobereich als auch im Makrobereich öko-
nomischen Handelns.

Ökologische Forschung
Wege zur verantworteten Wissenschaft
Hartmut Bossel / Wolfhart Dürrschmidt (Hrsg.)
1981 · Band **35** · 128 Seiten · ISBN 3-7880-9656-X

Ganzheitliche Ingenieurausbildung
Eine Antwort auf die Technikkritik unserer Zeit
Pierre Fornallaz (Hrsg.)
1982 · Band **38** · 192 Seiten · ISBN 3-7880-9667-5

Wirtschaftlichster Energieeinsatz: Lösung des CO_2-Problems
Amory B. Lovins / L. Hunter Lovins / Florentin Krause / Wilfrid Bach
1983 · Band **42** · 288 Seiten · ISBN 3-7880-9671-3
Diese im Auftrag der Bundesregierung erstellte Weltenergiestudie findet erst heute internationale Beachtung, nachdem die Wissenschaft einvernehmlich vor den verheerenden Klimaänderungen durch den Treibhauseffekt warnt. Sie folgert eine drastische Effizienzsteigerung bei der Energiebereitstellung und -nutzung sowie gleichzeitig den Verzicht auf die Kernenergie als logisch zwingend. Die ermittelten Werte des globalen Energieverbrauchs bis 2030 sind zwar zu aktualisieren, an der Datenbasis dieser weltweit einzigen Studie sowie der Konsequenzen kommt jedoch keine Lösungsstrategie vorbei.

Ernährung und Psyche
Erkenntnisse der Klinischen Ökologie und
der Orthomolekularen Psychiatrie
Anne Calatin (Hrsg.)
3. Auflage 1988 · Band **43** · 104 Seiten · ISBN 3-7880-9763-9
Die Ursachen psychischer Erkrankungen sind nicht immer seelische Konflikte. Mit den physischen, ernährungsbedingten Ursachen psychischer Erkrankungen befassen sich zwei Richtungen der Medizin, die *Klinische Ökologie* und die *Orthomolekulare Psychiatrie.* Es ist bekannt, daß zahlreiche Patienten mit Depressionen, Angstgefühlen, Wahrnehmungsstörungen überempfindlich gegen Bestandteile ihrer täglichen Kost, in vielen Fällen auch gegen Umweltchemikalien in Nahrung, Trinkwasser und Luft reagieren. Durch spezifische Tests wurden Allergien auf Nahrungsmittel und Chemikalien nachgewiesen und Mangelzustände an Vitaminen und Spurenelementen festgestellt. Eine erfolgsorientierte Therapie muß sich stärker auf diese Umweltfaktoren ausrichten.

Ökologische Müllverwertung
Handbuch für optimale Abfall-Konzepte
Thilo C. Koch / Jürgen Seeberger / Helmut Petrik
2., völlig überarbeitete und erweiterte Auflage 1986 · Band **44** · 402 Seiten
ISBN 3-7880-9725-6
Auch im Bereich der Müllverwertung zeigt sich, daß ein ökologisches Konzept langfristig das ökonomisch beste ist. Gegenüber der herkömmlichen Müll*ent*sorgung über Luft, Wasser und Boden werden die Vorzüge einer ökologischen Müll*verwertung* aufgezeigt. Die Gliederung nach einzelnen Müllverwertungstechniken, ein detaillierter Verfahrensvergleich mit einer Gesamtbewertung sowie die Vorstellung eines optimalen Konzepts machen dieses Handbuch zu einer wertvollen Hilfe bei der Erstellung regionaler und kommunaler Müll- und Recycling-Konzepte. Diese *zweite, völlig überarbeitete, aktualisierte und um 100 Seiten erweiterte Auflage* gibt den gegenwärtigen Stand einer ökologisch optimierten Abfallwirtschaft wieder.

Kompostierung
Optimale Aufbereitung und Verwendung
organischer Materialien für den ökologischen Landbau
Ralf Gottschall
4. Auflage 1990 · Band **45** · 296 Seiten · ISBN 3-7880-9798-1
In diesem Buch werden Fragen der Kompostierung umfassend und zusammenhängend dargestellt. Dies beginnt bei den zugrundeliegenden Prinzipien und reicht über die Handhabung im landwirtschaftlichen Betrieb bis hin zu vielfältigen Nutzungen des Kompostes. Naturwissenschaftliche Erkenntnisse und die Erfahrungen der Praxis werden miteinander verknüpft.

Der Wald stirbt!
Forstliche Konsequenzen
Hermann Graf Hatzfeldt (Hrsg.)
1984 · Band **46** ·200 Seiten · ISBN 3-7880-9691-8
In diesem Buch wird zunächst ein Überblick über den derzeitigen Wissensstand bezüglich der Ursachen und Wirkungsweisen des Waldsterbens gegeben. Danach werden die Möglichkeiten und die Grenzen der Düngung und sonstiger waldbaulicher Maßnahmen diskutiert und entsprechende politische Konsequenzen daraus abgeleitet.

Ökologischer Landbau in den Tropen
Ecofarming in Theorie und Praxis
Peter Rottach (Hrsg.)
3., durchgesehene Auflage 1988 · Band **47** · 304 Seiten · ISBN 3-7880-9762-0
Wichtige Publikationen und ausgewählte Literatur engagierter Wissenschaftler und Praktiker geben einen umfassenden Einblick in Konzeption und Methoden des Ecofarming (Öko-Landbau). Besondere Beachtung wird dem von der Stiftung Ökologischer Landbau geförderten Projekt „Standortgerechter Landbau in Rwanda" zuteil. Beiträge über entwicklungspolitische Zielsetzungen und Rahmenbedingungen der tropischen Landwirtschaft sowie ähnliche, ökologisch orientierte Modelle (wie Agrarforstwirtschaft) runden die Thematik ab.

Mehr Technik — weniger Arbeit? *Buchpreis*
Plädoyers für sozial- und   *„Nürnberger Trichter"*
umweltverträgliche Technologien
Udo Ernst Simonis (Hrsg.)
1984 · Band **48** · 220 Seiten · ISBN 3-7880-9697-7
Die zunehmende Technisierung von Wirtschaft und Gesellschaft stößt bei vielen Menschen auf große Skepsis. Die Technikentwicklung wird dabei in engem Zusammenhang mit Arbeitslosigkeit und Umweltbelastung gesehen. Für eine qualitative Steuerung des technischen Wandels plädiert inzwischen der Großteil der Bevölkerung. Diesen und anderen Fragen ist dieses Buch gewidmet. Es zeigt die Tendenzen der Entwicklung von Technik und Arbeit auf und stellt Konzepte zu ihrer aktiven Harmonisierung vor: Qualitatives Wachstum, Arbeitszeitverkürzung, Humanisierung der Lohnarbeit, gesellschaftliche Aufwertung der Eigenarbeit, Technologieberatung und -kontrolle, soziale und ökologische Ausrichtung des technischen Wandels.

Allergien: Folgen von Umweltbelastung und Ernährung
Chronische Erkrankungen aus der Sicht der Klinischen Ökologie
Theron G. Randolph / Ralph W. Moss
5. Auflage 1990 · Band **49** · 372 Seiten · ISBN 3-7880-9796-5
Der Begründer der Klinischen Ökologie, Dr. Theron G. Randolph, schildert in
Zusammenarbeit mit dem Medizinschriftsteller Dr. Ralph W. Moss die in der
Schulmedizin bisher wenig diskutierten Zusammenhänge zwischen Nahrungs-
mitteln, Umweltchemikalien (Pestizidrückständen, Kunststoffen, Verunreini-
gungen von Luft und Wasser) und chronischen Erkrankungen (wie z. B. Ver-
dauungsstörungen, Kopfweh, Rheuma, Depressionen). Die Autoren zeigen, wie
Arzt und Patient diesen Krankheitsursachen auf die Spur kommen können und
wie sich Patienten verhalten sollten.

Öko-Landbau — eine weltweite Notwendigkeit
Die Bedeutung der Öko-Landwirtschaft in einer Welt mit zur Neige
gehenden Ressourcen
Hartmut Vogtmann / Engelhard Boehncke / Inka Fricke (Hrsg.)
1986 · Band **50** · 352 Seiten · ISBN 3-7880-9707-8
Über 300 Wissenschaftler und Praktiker aus etwa 40 Nationen trafen sich Ende
August 1984 zum fünften internationalen IFOAM-Kongreß über ökologischen
Landbau (IFOAM = International Federation of Organic Agriculture Movements = Internationale Vereinigung ökologischer Landbaubewegungen). Organisiert wurde der Kongreß vom Fachgebiet „Methoden des alternativen Landbaus", das seit 1981 im Fachbereich Landwirtschaft der Gesamthochschule Kassel in Witzenhausen besteht. Von den zahlreichen Referaten sind die wichtigsten
für diesen Band ausgewählt worden. Sie beinhalten die wesentlichen Aspekte
einer umweltschonenden und ressourcensparenden Agrikultur, wie z. B. die
Erhaltung und Förderung der Bodenfruchtbarkeit, u. a. durch optimale Aufbereitung und Anwendung organischer Düngemittel, nichtchemischem Pflanzenschutz und die Verwendung von geeigneten Pflanzensorten für standort-
gerechte Landbausysteme. Berichte aus verschiedenen Teilen der Erde informie-
ren über das zunehmende Interesse an der Öko-Landwirtschaft.

Autoverkehr 2000
Wege zu einem ökologisch und sozial verträglichen Straßenverkehr
Helmut Holzapfel / Klaus Traube / Otto Ullrich
2., durchgesehene Auflage 1988 · Band **51** · 210 Seiten · ISBN 3-7880-9712-4
Ausgehend von einer Analyse der negativen Folgen des Autoverkehrs (Unfälle,
Lärm, Luftbelastung, Energie- und Flächenverbrauch) wird die Geschwindigkeit als wesentlicher verursachender Faktor dieser Folgen ausgemacht. Eine
Abschätzung zeigt, daß eine verschärfte und technisch unterstützte Geschwin-
digkeitsbegrenzung die negativen Auswirkungen der Autonutzung erheblich
vermindern würde. Daß für eine ausreichende ökologische und soziale Verträg-
lichkeit des Verkehrs jedoch auch das Volumen des motorisierten Individualver-
kehrs verringert werden müßte, zeigt das Schlußkapitel.

Waldschäden durch Radioaktivität?
Synergismen beim Waldsterben
Günther Reichelt / Roland Kollert
Mit einem Vorwort von *Hermann Graf Hatzfeldt*
1985 · Band **52** · 220 Seiten · ISBN 3-7880-9713-2
Ist Radioaktivität bei dem komplexen Zusammenwirken verschiedener Ursachen des Waldsterbens beteiligt? Welche Rolle spielen dabei synergistische Effekte, also sich wechselseitig verstärkende Wirkungen? In Teil 1 wird aufgrund von Waldschadenskartierungen gezeigt, daß in der Umgebung kerntechnischer Anlagen ein erhöhtes Waldsterben zu verzeichnen ist. In Teil II wird die physikalische und chemische Bedeutung der natürlichen und künstlichen Radioaktivität für synergistische Kombinationswirkungen in der verunreinigten Atmosphäre untersucht. Aus beiden Studien resultieren Konsequenzen zur Reduktion der Emission aller Luftschadstoffe einschließlich radioaktiver Edelgase.

Ökologische Tierhaltung
Theoretische und praktische Grundlagen für die biologische Landwirtschaft
Hans Hinrich Sambraus / Engelhard Boehncke (Hrsg.)
2., durchgesehene Auflage 1988 · Band **53** · 280 Seiten · ISBN 3-7880-9748-5
Im 1. Teil werden ethische und ethologische Fragen diskutiert. Anschließend werden im 2. Teil praktische Hinweise für die Tierhaltung, -züchtung und -ernährung von Rind, Schwein und Huhn gegeben; dabei steht die Eingliederung in das Ökosystem des biologischen Landbaus immer im Vordergrund.

Computer und Ökologie
Eine problematische Beziehung
Hartmut Bossel / Karl-Heinz Simon (Hrsg.)
1986 · Band **54** · 244 Seiten · ISBN 3-7880-9728-0
Welche Möglichkeiten bieten Computer für die Bewältigung der wachsenden Umweltprobleme? Welche Kriterien müssen an die Entwicklung von Informationstechnologien gestellt werden, damit keine gesundheitlichen und sozialen Schäden durch einen vermehrten Computereinsatz hervorgerufen werden? Beschleunigt die computerisierte Wirtschaft die Umweltschäden, oder kann sie diese umgekehrt eindämmen? Welche neuen Erkenntnisse lassen sich durch die Ökosystemforschung gewinnen? Der Band enthält Beiträge über den Zusammenhang von modernen Informations- und Kommunikationstechniken mit Ökologie und Umweltschutz.

Mehr autonome Produktion — weniger globale Werkbänke
Mit einem Blick in die Zukunft:
Bericht von der „Alternativen Weltwirtschaftskonferenz" im Jahr 2003
Willy Bierter
1986 · Band **55** · 172 Seiten · ISBN 3-7880-9738-8
Welche Möglichkeiten eröffnen sich, lebensfreundlichere Formen des Zusammenwirkens von lebendiger Arbeit, Technologie und sozialer Organisation zu

schaffen? Der Autor analysiert die Entwicklung der Massenproduktion von den Anfängen bei Ford bis zur heutigen weltumspannenden Produktion und wagt einen originellen Ausblick auf die mögliche technisch-wirtschaftliche Zukunft.

Altlasten
Handbuch zur Ermittlung und Abwehr von Gefahren durch kontaminierte Standorte
Dietmar Barkowski / Petra Günther / Eckart Hinz / Ralf Röchert
1987 · Band **56** · 270 Seiten · ISBN 3-7880-9739-6
Im Abfall von gestern tickt in vielen der 50 000 bis 300 000 Altlasten der Bundesrepublik eine chemische Zeitbombe. Dieses Handbuch vermittelt Kommunen, Firmen und interessierten Bürgern Wissen über die Möglichkeiten der Erkennung und Untersuchung gefährlicher Altlasten, die Abschätzung des Gefährdungspotentials und die verschiedenen Sanierungstechniken.

Wohnbiotop
Energiesparendes Studentenwohnheim — Ein ökologisches Projekt an der Universität Kaiserslautern
Heinrich Eissler / Wolf Hoffmann
1988 · Band **57** · 318 Seiten · ISBN 3-7880-9740-X
Ein architektonisches Innovations-, Versuchs- und Lehrobjekt entstand an der Universität Kaiserslautern: Unter den Aspekten Solarenergienutzung, Energieeinsparung und ökologisches Planen, Entwerfen und Bauen wurde ein Studentenwohnheim als begrünte Wohnanlage in einem Glashaus errichtet.

Beikrautregulierung statt Unkrautbekämpfung
Methoden der mechanischen und thermischen Regulierung
Manfred Hoffmann / Bernward Geier (Hrsg.)
2. Auflage 1989 · Band **58** · 178 Seiten · ISBN 3-7880-9742-6
Die Herausgeber haben 1985 und 1986 zwei internationale IFOAM-Konferenzen zu Fragen einer ökologisch orientierten Unkrautregulierung organisiert. Für dieses Buch wurden die wichtigsten für die Praxis verwertbaren Beiträge ausgewählt und überarbeitet. Zwei weitere Aufsätze befassen sich mit der Bedeutung der Begleitflora und zeigen einen Vergleich des Ackerunkrautbesatzes und dessen Kontrolle auf ökologisch und konventionell bewirtschafteten Böden.

Männlich + weiblich = ökologisch?
Läßt sich die männliche Dominanz in Wirtschaft, Wissenschaft und Technik überwinden?
Joan Davis / Iris Fulda (Hrsg.) · Mit Karikaturen von Marie Marcks
2. Quartal 1990 · Band **59** · ca. 200 Seiten · ISBN 3-7880-9753-1
Wirtschaft, Wissenschaft und Technik werden in besonders starkem Maße von Männern und männlichen Eigenschaften geprägt. Ist die gegenwärtige globale ökologische Krise ein Ergebnis dieser Dominanz und Einseitigkeit? Kann nur ein ausgewogenes Gleichgewicht von Männern und Frauen bzw. männlicher und weiblichen Eigenschaften die Voraussetzung für den Aufbau einer menschlich und ökologisch verantwortbaren Gesellschaft sein?

Pflanzengesundheit und ihre Beeinträchtigung
Die Schädigung durch synthetische Dünge- und Pflanzenbehandlungsmittel
Francis Chaboussou
1987 · Band **60** · 150 Seiten · ISBN 3-7880-9741-8
Warum erkranken Pflanzen? Der französische Forscher F. Chaboussou hat sein
Leben dieser Frage gewidmet. Er beschreibt in diesem Werk die Ursachen der
gegenwärtigen Zunahme der Pflanzenkrankheiten und Schädlingsprobleme.
Eine dieser Ursachen bilden die Pestizide, die hier mit zahlreichen Beispielen auf
der Anklagebank stehen. Die andere Ursache liegt in dem Stoffwechsel der
Pflanzen, die durch „moderne" Anbauverfahren aus dem Gleichgewicht
gebracht werden. Aus diesen Erkenntnissen zeigt der Autor neue Wege zur
Pflanzengesundheit ohne Pestizide.

Öko-Philosophie
Entwurf für neue Lebensstrategien —
Eine Übersetzung aus dem Amerikanischen
Henryk Skolimowski
1989 · Band **61** · 131 Seiten · ISBN 3-7880-9765-5
Die Ursachen für die Krisen in unserer Welt liegen tiefer als nur in Management-
fehlern oder mangelhafter Wissenschaft. Die hier entwickelte Philosophie des
Ökologischen Humanismus beinhaltet eine fundamentale Neuorientierung der
gesellschaftlichen Werte. Sie ist auf eine Erhöhung der Lebensqualität gerichtet,
will zu verantwortungsvollem politischem Handeln anregen, neue Hoffnung
geben und den Weg zu einer ökologischen Lebensweise bereiten.

Bauern stellen um
Praxisberichte aus dem ökologischen Landbau
Jochen Benecke / Barbara Kiesewetter / Hans Urbauer (Hrsg.)
1988 · Band **62** · 176 Seiten · ISBN 3-7880-9754-X
Die Schweisfurth-Stiftung hat in drei Tagungen Landwirten Gelegenheit gege-
ben, im gegenseitigen Gespräch und im Austausch mit Wissenschaftlern die
Betriebsumstellung und die Folgemaßnahmen zu durchleuchten und am eigenen
Beispiel die Schwierigkeiten und Erfolge darzustellen. Aufbauend auf sieben
Betriebsberichten werden alle Probleme der Umstellung und Betriebsführung
behandelt, vom sozialen Bereich bis hin zum Generationsproblem, vom Ackerbau bis zur Tiergesundheit, von der Betriebswirtschaft bis zur Vermarktung,
von der Beratung bis zur Kritik an der Wissenschaft.

Die Grenzenlosigkeit der Grenzwerte
Zur Problematik eines politischen Instruments im Umweltschutz —
Ergebnisse eines Symposiums des Öko-Instituts und der Stiftung
Mittlere Technologie
Andreas Kortenkamp / Birgit Grahl / L. Horst Grimme (Hrsg.)
1988 · Band **63** · 287 Seiten · ISBN 3-7880-9756-6

Garantieren Grenzwerte tatsächlich Schutz vor Gesundheits- und Umweltschäden durch Chemikalien? Gibt es Alternativen? Die in diesem Band zusammengestellten Beiträge von Fachleuten der verschiedensten Disziplinen reichen von einer Bestandsaufnahme wissenschaftlicher und politischer Probleme bei der Aufstellung von Grenzwerten bis hin zu Überlegungen zu neuen Lösungsansätzen im Umweltschutz.

Gentechnik und Landwirtschaft
Folgen für Umwelt und Lebensmittelerzeugung
Günter Altner / Wanda Krauth / Immo Lünzer / Hartmut Vogtmann (Hrsg.)
1988 · Band **64** · 216 Seiten · ISBN 3-7880-9751-5
1987 trafen sich an der Gesamthochschule Kassel in Witzenhausen 65 Experten zu dem Kolloquium „Die Rolle der Biotechnologie für den ökologischen Landbau". Diese Tagung wurde veranstaltet von der Stiftung Ökologischer Landbau, der Gesamthochschule Kassel (Fachgebiet „Methoden des Alternativen Landbaus") und der IFOAM. Dieses Kolloquium hat schwerpunktmäßig die Bereiche Pflanzenproduktion, Tierproduktion, Lebensmittelerzeugung/-Verarbeitung, Nahrungsmittel-Design und nachwachsende Rohstoffe behandelt sowie die Konsequenzen, die sich dabei für die dritte Welt ergeben.

Wasser nutzen, verbrauchen oder verschwenden?
Neue Wege zu einem schonenden und sparsamen Umgang mit Wasser und einer naturnahen Abwasserreinigung
Gabriela Kocsis
1988 · Band **65** · 233 Seiten · ISBN 3-7880-9757-4
Wasser ist ein unentbehrliches und vielleicht unser wertvollstes Lebenselement. Bestrebungen, das Wasser zu schonen und einzusparen, müssen deshalb erste Priorität haben. Die Autorin stellt die Problematik der heutigen Wasserverschwendung und -verunreinigung dar und entwickelt konkrete Vorschläge für den Aufbau wassersparender Versorgungskonzepte in Haushalt, Landwirtschaft und Kommunen. Sie beschreibt ausführlich die vorhandenen naturnahen Reinigungsverfahren und die Möglichkeiten eines insgesamt schonenden Umgangs mit dem Element Wasser.

Lebensmittelqualität — ganzheitliche Methoden und Konzepte
Angelika Meier-Ploeger / Hartmut Vogtmann (Hrsg.)
1988 · Band **66** · 296 Seiten · ISBN 3-7880-9752-3
Nach der Problematisierung des Qualitätsbegriffes aus Sicht der Wissenschaft und der Verbraucher werden neue Dimensionen aufgrund wissenschaftlicher Erkenntnisse zur Erweiterung der Definition des Qualitätsbegriffes vorgestellt. Die entsprechenden Methoden (u. a. Sensorik, Nachernteverhalten, Vitalaktivitätsbestimmung, Biophotonenmessung) und Ergebnisse werden von den jeweiligen Fachleuten dargestellt. Auf der Basis ernährungsphysiologischer Untersuchungen als Indikatoren für die Lebensmittelqualität werden die entsprechenden Forderungen für alternative Ernährungsformen definiert.

Ökologisch denken und handeln: Strategien mittlerer Technologie:
Schadstoffvermeidung und Gesundheitsvorsorge · erneuerbare Energien und
Energiesparen · ökologische Landwirtschaft · ganzheitliche Wissenschaft ·
Selbstverantwortung
*Karl Werner Kieffer / Wolfhart Dürrschmidt / Immo Lünzer /
Gerhard Möller (Hrsg.)*
Mit einem Vorwort von *Robert Jungk*
1988 · Band **67** · 452 Seiten · ISBN 3-7880-9758-2
Die in diesen Sammelband aufgenommenen Artikel sind in den letzten Jahren
in der Zeitschrift „Ökologische Konzepte" (Hrsg. Georg Michael Pfaff
Gedächtnisstiftung, Stiftung Ökologischer Landbau, Stiftung Mittlere Techno-
logie) erschienen. Sie sollen das Konzept der mittleren Technologie dokumentie-
ren, den gegenwärtigen Stand der Forschung wiedergeben, aber auch zeigen,
daß die Stiftungen im Sinne eines Frühwarnsystems umweltrelevante Themen zu
einem sehr frühen Zeitpunkt aufgegriffen haben. Sie belegen zudem die
zukunftsweisende Erkenntnis, daß die bisher dominierende nachsorgende
Umweltpolitik nur ein erster Schritt sein konnte, eine langfristig ausgerichtete
Politik aber vorsorgender Konzepte bedarf.

Ökologisches Ernährungssystem
Das Konzept einer umwelt- und sozialförderlichen Ernährung
Karl Friedrich Müller-Reißmann / Joey Schaffner (Hrsg.)
1. Quartal 1990 · Band **68** · ca. 200 Seiten · ISBN 3-7880-9773-6
In dem Buch wird die Ernährung des Menschen von der Landwirtschaft bis zur
fertigen Nahrung auf dem Tisch als technologisches Gesamtsystem begriffen
und als ganzes einer Kritik unterzogen. Gemessen an den Kriterien der mittleren
Technologie erweist sich das heute vorherrschende Ernährungssystem als ineffi-
zient und anachronistisch: Es belastet die Natur weit mehr als nötig; es beraubt
den Menschen der Fähigkeit, sich selbst zu helfen; und es macht die Ernährung
zu einer Hauptursache der Krankheit. Hierzu wird ein geschlossener Gegen-
entwurf entwickelt, in den als Bausteine der Ökologische Landbau, eine regio-
nale Vermarktung und die Vollwertnahrung integriert sind, und am Beispiel des
Brotes konkretisiert.

Die ökologische Wirtschaft
Auf dem Weg zu einer verantworteten Wirtschaftsweise
Pierre Fornallaz
1989 · Band **69** · 128 Seiten · ISBN 3-7880-9771-X
Gesucht ist eine umwelt- und sozialverträgliche Wirtschaftsweise. Durch die zu
wenig beherrschte Produktion werden mannigfältige Umweltschäden verursacht. Die soziale Relevanz der Produktion fehlt allzu oft! Die Technik ist nicht
mehr im Dienste des Menschen, sondern sichert betriebswirtschaftliche Gewinne
ohne Rücksicht auf volkswirtschaftliche Verluste. Der Rückeroberungsprozeß
von Lebensqualität ohne Preisgabe von realem Wohlstand muß deshalb eingeleitet werden. Das Buch weist den Weg, der einzuschlagen ist.

Ökologische Landwirtschaft
Landbau mit Zukunft
Hartmut Vogtmann (Hrsg.)
2. Quartal 1990 · Band **70** · ca. 250 Seiten · ISBN 3-7880-9754-X
Von namhaften Fachleuten werden die Grundkenntnisse über Ökologie und Landbau vermittelt. Dabei wird besonders eingegangen auf ökologische und bodenbiologische Fragen, Lebensmittelqualität, Vermarktung, Ökonomie, Biotechnologie, Tierhaltung und standortgerechten Landbau, auch in der Dritten Welt. Es ist ein Buch für Interessierte an einer zukunftsorientierten Agrikultur, für Bauern, Wissenschaftler und Studenten, für Politiker und Bürger, die den Ausweg aus der Krise der industrialisierten Landwirtschaft suchen. Dieses Buch zeigt: der ökologische Landbau ist ein realisierbarer Weg, ein Weg der Vernunft.

Leben in der Risikogesellschaft
Der Umgang mit modernen Zivilisationsrisiken
Mario Schmidt (Hrsg.)
1989 · Band **71** · 271 Seiten · ISBN 3-7880-9772-8
Der Umgang mit den Risiken unserer Industriegesellschaft, wie der Kernenergie, der chemischen Industrie oder dem Straßenverkehr, rückt immer mehr in den Brennpunkt des öffentlichen Interesses. Neben der Diskussion der Detailprobleme stellt sich dabei aber auch die Frage nach den grundsätzlichen Mechanismen der „Risikobewältigung": Wie werden Risiken ermittelt und abgeschätzt, wie werden sie bewertet, verteilt, beseitigt oder gar nur wegdefiniert? Gibt es ein akzeptables Risiko oder — wie es in der Kernenergie heißt — ein vertretbares „Restrisiko"? Beiträge von Naturwissenschaftlern, Soziologen, Theologen, Psychologen und Politiker sind in diesem Buch zusammengefaßt.

Ökologischer Feldgemüsebau
Beiträge aus Praxis Wissenschaft und Beratung
Hartmut Heilmann / Ulrich Otto Zimmer (Hrsg.)
2. Quartal 1990 · Band **72** · ca. 200 Seiten · ISBN 3-7880-9775-2
Praktiker, Wissenschaftler und Berater des ökologischen Landbaus behandeln in verschiedenen Beiträgen Probleme und Möglichkeiten des Feldgemüsebaus im bäuerlichen Betrieb. Die Beiträge zu Bodenpflege, Jungpflanzenanzucht, Pflanzenschutz und mechanischer/thermischer Beikrautregulierung werden ergänzt durch Anregungen zur Anbautechnik ausgewählter Kulturen. Als wichtige Kriterien der Entscheidungsfindung werden Vermarktungs- und betriebswirtschaftliche Fragen berücksichtigt. Darüber hinaus wird der Qualität der Ernteprodukte besondere Beachtung geschenkt. Die Beiträge sollen Grundlage und Anregung zur Diskussion bieten, aber auch Hilfe geben bei der Planung und Prüfung der Anbau- und Vermarktungsmöglichkeiten von Gemüse im landwirtschaftlichen Betrieb.

Öko-Steuern
Umweltsteuern und -abgaben in der Diskussion
Hans Nutzinger / Angelika Zahrnt (Hrsg.)
1989 · Band **73** · 345 Seiten · ISBN 3-7880-9776-0

Nach einem jahrelangen Schattendasein ist in den letzten Monaten bei Parteien und Verbänden sowie in der Öffentlichkeit ein reges Interesse an einer ökologischen Ausrichtung des Steuer- und Abgabensystems festzustellen. Mit diesem Buch soll die neue Unübersichtlichkeit der Diskussion geordnet werden. 18 Beiträge namhafter Wissenschaftler und Wissenschaftlerinnen gehen im Anschluß an eine ausführliche Einführung auf die Möglichkeiten des Einsatzes von Steuern in Bereichen wie Chemie, Verkehr, Abfall, Energie oder Wasser ein. Den Abschluß bildet ein Überblick über den Stand der politischen Diskussion.

Pestizide und Gesundheit
Vorkommen, Bedeutung und Präventation von Pestizidvergiftungen
Beiträge anläßlich eines Seminars des Pestizid Aktions-Netzwerk (PAN)
Wolfgang Bödeker / Christa Dümmler (Hrsg.)
Anfang 1990 · Band **74** · ca. 190 Seiten · ISBN 3-7880-9777-9
Rückstände der sogenannten Pflanzenschutzmittel finden sich inzwischen in der Luft, der Nahrung und dem Trinkwasser. Darüber hinaus sind die Anwender von Pestiziden und die Anrainer landwirtschaftlich genutzter Flächen oft direkt diesen Stoffen ausgesetzt. Welche gesundheitlichen Auswirkungen von einer Exposition gegenüber Pestiziden zu erwarten und bereits beschrieben sind, wird in diesem Band zusammengestellt.

Verpackungen
Umweltbelastungen und Strategien zur Vermeidung
Andreas Fußer (Hrsg.)
2. Quartal 1990 · Band **76** · ca. 240 Seiten · ISBN 3-7880-9779-5
Rund die Hälfte des Hausmüllvolumens und 30 % des Gesamtmüllgewichts gehen in der Bundesrepublik auf Verpackungsmaterial zurück, ca. 6 % des Primärenergieverbrauchs wurden im Jahre 1980 allein für Verpackungen aufgewandt. Das sind nur einige Zahlen, die auf die hohen Umweltbelastungen von Verpackungen hinweisen. Aber es gibt Alternativen. Dieses Buch, das Anfang 1990 erscheinen wird, will einen umfassenden Überblick über die Verpackungswirtschaft geben, Verpackungsmaterialien und deren Umweltbelastungen bei der Herstellung, Verbrennung und Deponierung darstellen, vor allem aber technische, politische und rechtliche Strategien zur Vermeidung von Verpackungsabfällen aufzeigen.

Die *Schriftenreihe „Alternative Konzepte"* wird von der **Georg Michael Pfaff Gedächtnisstiftung** in Zusammenarbeit mit der **Stiftung Ökologische Konzepte** und der **Stiftung Ökologischer Landbau** herausgegeben. Sie ist im Buchhandel erhältlich und erscheint im **Verlag C. F. Müller,** Amalienstr. 29, 7500 Karlsruhe 1. (Bitte ausführliches, kostenloses Verzeichnis anfordern.)

STIFTUNG ÖKOLOGISCHER LANDBAU

Weinstraße Süd 51, D-6702 Bad Dürkheim
Telefon (0 63 22) 86 66, Telefax (0 63 22) 87 94

errichtet: 1975

Zweck:
— Förderung wissenschaftlicher Vorhaben auf dem Gebiet der Erzeugung agrarischer Produkte im Hinblick auf die Einsparung von Ressourcen, die Erhaltung des ökologischen Gleichgewichts sowie auf die Herstellung hochwertiger Nahrungsmittel ohne Einsatz von Agrochemikalien
— Sammlung aller einschlägigen Informationen
— Verbreitung der gewonnenen Erkenntnisse

Schwerpunkte:
— Unterstützung des Umdenkprozesses in den Agrarwissenschaften und in der landwirtschaftlichen Praxis
— Koordinierung des Erkenntnis- und Erfahrungsaustausches
— Initiativen für Maßnahmen in den Bereichen Ausbildung, Wissenschaft und Praxis
— Durchführung von Informations- und Beratungsseminaren sowie Einrichtung von Gesprächskreisen
— Zusammenstellung von Informationsmaterialien und praktischen Anleitungen für Landwirte, Gärtner und Weinbauern, die an einer Umstellung ihrer Betriebe interessiert sind

Der Stiftung stehen nur bescheidene Mittel zur Verfügung. Es ist zu hoffen, daß die Einsicht in die Notwendigkeit des ökologischen Landbaus rasch wächst und von zukunftsbewußten Menschen weitere Mittel gestiftet werden. Dies soll durch entsprechende Aufklärungsarbeit erreicht werden. Dazu werden die jetzigen Stiftungsmittel sparsam eingesetzt.

Zuwendungen (steuerabzugsfähig):
Postgiroamt Ludwigshafen/Rh.
Konto-Nr. 868 11 - 671 (BLZ 545 100 67)
Stiftung Ökologischer Landbau

ÖKOLOGIE
UND
LANDBAU

ZEITSCHRIFT DER STIFTUNG ÖKOLOGISCHER LANDBAU

Herausgeber:
Stiftung
Ökologischer
Landbau

Weinstraße Süd 51,
D-6702 Bad Dürkheim
Telefon (0 63 22) 86 66
Telefax (0 63 22) 87 94

„Ökologie und Landbau" (früher ifoam-Bulletin) erscheint vierteljährlich und enthält Berichte aus aller Welt über Forschungsprojekte und neue Verfahren auf dem Gebiet des ökologischen Land- und Weinbaus.

Darüber hinaus erscheinen Praxisberichte, agrarpolitische Themen, Beiträge zur Diskussion um die „Biotechnologie", aktuelle Kurznachrichten, Hinweise und Berichte von wichtigen Veranstaltungen sowie Literaturrezensionen.

Abonnement-Preis:

24,— DM/M pro Jahr (Einzelheft 6,— DM/M) für in Ausbildung Befindliche (mit Nachweis): 16,— DM/M pro Jahr

Preise inkl. Versandgebühren und 7 % MwSt. (außereuropäisches Ausland zuzgl. 6,— DM für Luftpost). Abbestellungen nur zum Ende des jeweiligen Bezugszeitraumes möglich.

IFOAM-Mitgliedsbeitrag:

85,— DM (bzw. 42,50 DM für in Ausbildung Befindliche) inkl. Bezug von „Ökologie und Landbau", „Internal Letter" u. a. Informationen

(Preisstand: 1. 1. 1990)

Kostenlose Probehefte:

SÖL-Vertrieb,
Maienfels, D-7156 Wüstenrot

Redaktion:
Karl-Heinz Hillebrecht
Dagi Kieffer,
Dr. Wanda Krauth,
Immo Lünzer (verantwortlich),
Prof. Dr. Gerhardt Preuschen,
Prof. Dr. Hartmut Vogtmann

Wissenschaftlicher Beirat:
Prof. Dr. Dr. Frederik Bakels, Universität München; Dipl.-Ing. Arch. Dr. techn. Helmut Bartussek, Referent für Landw. Bauwesen, Irdning; Prof. Dr. Hartmut Bick, Universität Bonn; Prof. Dr. Hans-Christoph Binswanger, Hochschule St. Gallen; Prof. Dr. Kurt Egger, Universität Heidelberg; Prof. Dr. Jost M. Franz, Darmstadt; Prof. Dr. Reinhold Kickuth, Gesamthochschule Kassel; Prof. Dr. Dietrich W. Knorr, Delaware/USA; Prof. Dr. Werner Koch, Universität München; Dr. William Lockeretz, Cambridge, Massachusetts; Bernd Lötsch, Wien; Dr. T. Rautavaara, Helsinki 26

Organ der

INTERNATIONAL
FEDERATION of
ORGANIC
AGRICULTURE
MOVEMENTS

INTERNATIONALE
VEREINIGUNG
BIOLOGISCHER
LANDBAU
BEWEGUNGEN